［入門］

社会「科学」方法論

美馬佑造——著

晃洋書房

は じ め に

> 要約
> 提言は，単なる言表やドグマではなく，命題でなければならない．

　皆さんは，「ひとを助ける」ということは，どのようにすることか，を考えられたことはあるだろうか．よく見られるケースが，「お金に困っている人がいる．だったら，お金をあげればいい」として，金銭を与えるケースがあるのである．与えた本人は，「なんと良いことをしたのだろう」と，悦に入るのが，多くの人々ではないだろうか．なかには，「思い遣りの心」を持っているだけで，実際の金銭の支給は公に委ね，自身の懐は傷めるつもりはない人もおられる．しかも，自身は情け深い，慈悲心にあふれた人間だと思い込んでいる方もおられるようである．

　しかしながら，例えば，こうした「ひとを助ける」という文章記述は，命題（注：命題（proposition）：真偽（真理値）を判定することのできる文（平叙文：物事を主観をまじえずありのままに述べる文．疑問文，命令文，感動文などに対していう．『広辞苑』第 7 版，2018 年，2628 頁）．とされる（なお，「すべての命題は主語と述語と繫素との三部分からできている」．J.S. ミル著，大関將一訳『論理学体系──論証と帰納──』Ⅰ，春秋社，1949 年，28 頁），ともされる．）ではなく，言表（注：「言表」は句や文や複数の文からなる文章（アリストテレス著，早瀬篤訳『命題論』（アリストテレス全集 1（全 20 巻＋別巻））岩波書店，2013 年，121 頁）のことであり，命題は言表に包摂される．）である．

　「ひとを助ける」という文章記述には，「ひと＝人」と「助ける」という言葉（単語（名辞））が含まれている．この名辞には，単称名辞と複称名辞の区分がなされ，1 つの個体を指す役目を持つ語という意味では，「単称名辞」と呼ばれる（単称名辞には，固有名：金星，菅原道真，明けの明星，宵の明星，確定記述：太陽系第三惑星，フランス国王，指示代名詞：あれ，これ，指標代名詞：私，今，などがある（八木沢敬『意味・真理・存在──分析哲学入門・中級編──』講談社，2013 年，30 頁）．なお，複称名辞は筆者が作成した用語であり，複数の意味内容を有する名辞，であることを意味している）．「人」や「助ける」という言葉には，複数の意味内容が含まれている

から，複称名辞であろう．とすれば，この簡単な文章記述においてさえ，そこには「不確定名辞」が刷り込まれているのでは，と思われる．ここで問題になるのは，そもそも「ひと＝人」とは誰を指すのか，他人なのか，自分自身なのか，それとも両者なのか，あるいは自身を含めた全ての人間を指すのか，また，「助ける」とは何をもってそう理解するのかが，まったく明らかにされていないのである．よって，「人を助ける」という言表には「これから絶対に金銭的に困らないように，1人に100億円を支給する」といったことも，含まれてしまうのである．つまり，提言された言表（仮説：後述）がはたして確定された意味内容を示し得る命題なのか，が重要となる．

　よって，現在では「分析哲学」において文意の確定化が試みられている．その時，例えばラッセルの「記述理論」がもちいられる．岩波の『哲学思想事典』では，「「5と7の間の偶数は3の倍数である」と「6は3の倍数である」の真理値が共通である．「5と7の間の偶数」といえば「6」という名を挙げないでも6を確定的に表すことができ，このとき，「5と7の間の偶数」という句は「確定記述」と呼ばれる．「5と9の間の偶数」なら「すべての」と解さない限り不確定記述となる．単に〔記述〕というときは通常確定記述を指す」とされ，さらに，「ただ1つの対象は固有名か確定記述であらわされるが，記述理論によれば記述を主語とする「唯一の対象かくかくはしかじかである」という命題は，「あるxはかくかくしかじかであり，かつ任意のyがかくかくしかじかであるならばそれはxと同一である」と分析され，その結果「かくかく」という句はもはや主語には現れず，述語と論理記号の組み合わせに書き直される」と説明されている（注：廣松渉ほか編『岩波哲学・思想事典』岩波書店，1998年，312頁．つまり，ここでは対象とする名辞を確定する作業が実施されていると考えられる．）．

　この点，ラッセルはその著書『西洋哲学史』で実例を挙げている．「いま「ソクラテスは人間である」と「すべてのギリシャ人は人間である」という2つの言明（命題）を考察する．「すべてのギリシャ人は人間である」という1つの言明（命題）を2つにわけて「ギリシャ人は存在する」と，「もし何物（ママ）かがギリシャ人であれば，それは人間である」とにしなければならない．あとの言明（命題）はまったく仮言的（ある仮定・条件のもとでなにかを言明する命題のあり方．仮説的（新村出編『広辞苑』第6版，岩波書店，2008年，512頁）なもので，ギリシャ人が存在するということに含意してはいないのである．

　「すべてのギリシャ人は人間である」という言明（命題）は，このように「ソクラテスは人間である」という言明（命題）よりも，その形式ではるかに複雑なのである．「ソクラテスは人間である」の方は，ソクラテスを主語としているが，「すべてのギリシャ人は人間である」という言い方では，「すべてのギリシャ人」は主語ではない．なぜなら，「ギリシャ人は存在する」という言明（命題），あるいは「もし何物かがギリシャ人であれば，それは人間である」という言明（命題）のいずれにも「すべてのギリシャ人」については何も述べられてはいないからである（よって，主語は「ギリシャ人がもし存在するとしたら」，述語は「存在するギリシャ人はすべて人間である」，という言明（命題）になると考えられる），と，言明（命題）での意味の曖昧さの存在を指摘しているのである（ラッセル著，市井三郎訳『西洋哲学史――古代より現代に至る政治的・社会的諸条件との関連における哲学史――』みすず書房，1961 年，200-201 頁）．

　ただ，ここでは単語の意味は 1 つに確定していることが前提となっている．よって，提示された仮説は，さらに名辞の意味内容を確定しておく作業が求められることとなるであろう．ここから，記述される文章は十分に検討される必要があることが解るだろう．よって，以下，極力研究の方法の具体例を見ていきたいと思う．なお，本書は社会科学が対象となっているが，全ての科学はほぼ共通の方法論によって進められるので，社会科学以外の分野の科学を目指される方も，本書を参考にされれば良いのではと思う次第である（注：以上から，確定した文意を示すためには，① その文が「命題」であること，つまりその文意で真偽が判断できること．単なる主観の提示（たとえば，「神は万能である」）でないこと．② 名辞が確定記述となっていること．つまり，対象とする名辞が 1 つに確定していること．③ 確定している名辞の意味内容も，1 つに確定していること．つまり，様々な解釈がなされないこと．このような，厳密さが求められるのである（こうした内容を示す用語（言葉）は，すべてにおいてはまだ確定していないようだが，一案として ① 命題と言表，② 確定記述と不確定記述，③ 確定名辞（単称名辞を含む）と不確定名辞または複称名辞，という用語を提示したい．以上のうち，確定名辞，不確定名辞，複称名辞という用語は筆者の提示によるものである．ただし，ひょっとしたら，既使用であるかもしれない）．なお，命題化した文の例を示せば「様々な人々のメタとしての問題点を本当に解消できる手段を実行することは，正しく望ましい行為である．」となろう．）．

目　　次

要　　約

　我々は社会科学を，何気なく自然科学と同じ科学であると思ってきた．しかし，詳細にみれば両者の言う科学は全く異なるものであることに気付く．社会科学では，単に論理的な推敲がなされていれば科学的であるとみなされるのに，自然科学では論理的推敲は当然の前提であり，更にその提言が反証可能であり，また一般的には，実験等で確認されることを持って科学とされているのである．とするなら，我々は早急に社会科学も本来の科学に近づけねばならないであろう．なぜなら，このままでは単なるドグマが提示し続けられることになる恐れがあるからである．よって，社会科学でも自然科学と同じく論理的推敲は勿論，確定記述で反証可能な提言，さらに可能な限り実験実証を試みる，という過程が必要になろう．またこれに加え，社会科学に特徴的な人間心理を加味した法則の解釈，提言の提示が求められる，ということであろう．なぜなら，自然科学は自然という既に定まっている原理を見出すことを目的としているが，社会科学では，自然の一部を構成する人間の行動の結果として出現する社会現象を対象として，そこでの法則性を見出そうとしているからである．よって，その「法則」は単に人間の多数（全員によるものではない）によって出現したものにすぎず，心理の変化によって，内実は変化してしまうものなのである．例えば，「10 kg 米 ＝1 kg 鉄」という交換式が示された場合，この式が意味するのは「両辺の財の各々に等しい量の「価値」が含まれている，つまり等価による交換（マルクスの考え）」ではなく，単に「各々の財の各々の量が交換された」という事実を示しているだけに過ぎない．つまり，交換の当事者が互いに「合意」し合った結果を示しているにすぎない．自然科学における「2＝2」という等量を示しているものではない，ということである．よって，次回の交換では，「10 kg 米 ＝2 kg 鉄」となっている可能性が高い．社会科学ではこのような，「心理の結果」という内実を常に念頭におきながら，仮説，予測，を推敲し，また，法則を評価せねばならないということが求められる，ということである．さらに，社会科学では法則性を見つけるにせよ提言を提示するにせよ，それが「人間の自己保存と種の存続を，真の公平・平等と肉体的精神的に平穏のうちに実現，存続する」ことに抵触しないことを常に勘案しながら推敲せねばなら

ない，ということである．この点を怠ると，多大の不幸を人間社会に招来するであろう．なお，本書では，主として自然科学に準じた方法論について，見てゆきたい．こうした推敲を進める方法論として論理実証主義があり，具体的なツールには，アブダクション，帰納，演繹，類推がある．

序　章　社会科学は科学か

要約

　条件を満たせば，社会を対象とする学問も科学たりうる．よって，そのための方法論を用いることが，重要となる．様々な「科学方法論」が提唱されているが，すべて「論理実証主義」の展開過程に集約化されると思われる．パースの「アブダクション」も，仮説の提示の段階での，帰納法と並ぶ方法であろう．

　社会を対象とした研究が科学的であるために必要な条件は，自然科学と同じ手順を踏むことである．このことは，既にカントが指摘し（カント著，篠田英雄訳『純粋理性批判　上』岩波文庫，1961 年，32 頁），J. S. ミルも述べている（J. S. ミル著，大関將一訳『論理学体系——論証と帰納——』I，春秋社，1949 年，73-126 頁）．また，論理実証主義者であるカルナップも，直接的ではないものの，同じ様に説明している（ルドルフ・カルナップ著，吉田謙二訳『論理的構文論』晃洋書房，2007 年）．

　社会「科学」では，こうしたまだまだ遵守されない自然科学の手順に加え，さらに社会の現象に特有な，つまり，自然科学とは異なる特徴に配慮した分析が，必要であるということである．それは，自然現象がストレートに自然を体現した現象であるのに対し，社会現象は自然の一部をなす人間という存在を通して，いわば間接的に出現する現象であるということである．よって社会の現象は人間の欲求，つまり主観が引き出したものであり，しかも多数の合意によって成立するのである．全員による合意は必要ないのである．提示された「法則」は，こうした前提に強く影響されているということである．ここで，人間の欲望は，大きく 2 つに区分されるであろう．1 つが人間の本性からくるものであり，もう 1 つがそれ以外の，様々な生活に関連するものである．前者は，自己保存と種の存続に直結する欲求であり，後者は，例えば技術に関わるもの等である．ただ製品に対する技術は，自然科学の対象となるから，ここでは事務的なものとなるだろう．ともあれ，ある社会の現象を研究対象として，仮説

を提示したなら，どちらにせよそれが「自己保存と種の存続を，真の公平・平等的に肉体的に，精神的にも平穏のうちに存続せしめる」ことに抵触しないか，を見ておくことが必要になる．次に，人間の基本的性質を踏まえながら仮説を構築し，提示された仮説を人間の基本的性質を踏まえつつ，十分に解釈する必要があるということである．これらは，予測・実証の段階（後述）でも常に考慮されなければならない．

　ところで，人間はまず自身の存在を図ろうとし，次いで，種の存続を考慮する．種の存続には自身の分身を設けることと共に，全体としての人類を存続させようという意志がある．ここで，自己保存と種の存続は対立することとなる．何故なら，自己が存しなければ，子供は生まれ得ない．また，自己保存を強く主張すれば，他の自己との摩擦が大きくなり，互いの存続が危うくなるからである．これを解消する手段は，互いが「利他心」を培うことであろう．ともあれ，利己的な遺伝子に従う自己は，得てして「他の自己を従えよう」と行動するものである．あるいはミルが指摘するように，人間は利益を求めて，かつ，より大きなそれを目指して行動するものだ（J.S.ミル著，大関將一訳『論理学体系──論証と帰納──』I，春秋社，1959年，122頁），といった様々な基本的性格を踏まえた上で，提言・解釈が求められるということである．

　そこで，社会科学を本来の科学たらしめるためには，① 社会現象を自然科学での方法論にしたがって推敲する．② さらに，社会現象の特徴を勘案して，それに相応しい意味付けを加味する，という2点が求められることとなる．本書では，主として①につき見ていくこととした．②については，配慮せねばならない諸点につき触れたものの，一般化については力量不足と時間の制約があり，示すことはできなかった．ただ，以下若干の概要のまとめを述べよう．

　自然科学の方法論に従うというのは，① まず，新しく提言された仮説としての文＝言表の内，主要なものを選び出し，それらの文＝言表が命題（真偽が確定した言表）となっているかを確認する．

　ついで，それが確定記述（1つの名辞に定まっている）であり，かつ，その名辞が1つの意味内容に決定していることをも，確認する．これは，議論の対象が厳密に定まっていることを意味する．命題が「真偽が確定した文」であるという意味には，(i) その現象がもともと確定したものである，(ii) 単なる主観ではない，という2つがある．まず(i)は，その内実が，検討することなく最初から真偽が定まっていることを意味する．例えば，自然現象の法則は当初から定

まったものとして存在しているのである．他方で，海峡に架けられた橋の存在
真偽は，架橋される以前と以後で異なることとなる（八木沢敬『意味・真理・存在
──分析哲学入門・中級編──』講談社，2013 年，17 頁）．したがって，この場合は時
間の要素を加味することで，ようやく真偽を確定することが可能となる．

　次に，(ⅱ)はポパーの言う「反証可能＝何らかの方法で，命題の真偽の検討
が，必ず可能であること」なものか，ということであろう．つまり，その提言
が現実に検討可能であり，推敲により内容が確認され，かつ高めることができ
ることである，ということであろう．いわば，現実に立脚したものであらねば
ならないのである．こうした 2 つの意味合いの少なくともどちらかを満たして
いる必要があるということである．

　② さらに，そのうえでその研究の命題が現実社会に存在するかを，事実の
資料で調べる．なければ命題を，間接的であっても実現可能であることを実証
できる，現実社会の事実を示す．極力，その予測がもたらす影響を，推定する
ことが重要である．

　次に，社会現象の特徴を勘案するというのは，自己保存と種の存続に適って
いるか，ということ共に特異性を勘案すると言うことである．

　③ 社会を対象とした研究において，決定的な違いのポイントは，社会現象
は自然現象と同質のものではない，という点である．つまり，自然現象は，自
然がもたらす客観的な事象であり，ある条件に従って必ずそのように現象は生
じることとなる．しかし，社会現象とは人間という自然を通じて，合意された
人間の意志が現象として現れたものである．したがって，合意さえあれば，前
提条件が異なっても出現してしまう現象なのである．よって，ある社会的行為
を数式で示したとしても，それはあくまで人々の「合意」によってその行為が
実現した，ということを示している式にすぎない．しかも，全員が合意しなく
とも，それは実現する．「＝」という等号の記号は，自然科学での「同値」を
意味するのではなく，単に多数の人々が合意した，という結果を示しているだ
けにすぎない．不等価でも，合意があれば成立するのである．

　よって，社会科学では，以下の様な対応策が求められる．社会科学で自然科
学のように数式により論が組み立てられたとしても，そこで成立する結論に対
する判断は，自然科学に対するものと同じ解釈であってはならない．ともかく，
対象とする事項の特異性に応じて適切な解釈を，その都度勘案し適応すべきで
ある．以上をまとめると，

イ，単に人間の多数人による合意がその結論を導出した（少数の同意では生じない可能性がある）という根本を，まず弁えておくことが必要である．しかし，この点は既に社会科学の一部では取り入れている内実である．例えば，経済学で金利の低下が生産設備投資の額を引き上げると考えるのは，そのことがコストの低下をもたらすから，万一の事態に対処し易くなり，よって投資がし易くなる，という人間心理を勘案したものとなっているのである．

ロ，よって，ここで示された等号の意味するところは，単に合意が成立した，ということであり，何か量的なものが「等しい」ことを示しているのではないことである．強いて言えば，多数の人間の「満足度」が両辺で同じである，あるいは，同じに近いという意味を示しているということである．勿論，その数式が物の数量を対象としているなら，いわゆる「等量」として解釈すべきであるか否かを勘案する必要があるのは，言うまでもない．

ハ，多数の人間が合意するのは，多くの人々が「利益」を享受し得るという予想が前提されている，ということを常に忘れてはならない．よって，その社会法則は，人間心理の帰結を予想した上で成立せしめられているということである．例えば，獲得対象が食品，衣服，電化製品等の場合，優先順位第一は，本来は食品であるはずである．食品は自己保存を実現してくれる第1番目のものであるからである．こうした前提の下，考察を進めねばならない，ということである．

ニ，逆に，少数者であっても権力があれば，自身の利益に合致するなら，多数に不利益を与えるとしても行為を実行するものである，という面も，考えておく必要がある．ともかく，人間行為の出現は，各々の利害によって異なる，ということである．ただ，一般的には多数の人々の合意により，多数の人々に利益をもたらすような仕組みや制度が出現していくであろうと，予測されることとなろう．

ホ，ここで利益の内実は一般的には，経済的利益であるが，より根本的な，人間に共通の利益として，「自己保存と種の存続を，真の公平・平等的に肉体的に，精神的にも平穏のうちに存続せしめる」と言うことに合致していることである．したがって，この利益に反する経済的利益を実現する手段は，たとえ多数が合意したとしても，採用されてはならない，ということである．つまり，いくら論理的であっても人間を害する考えなら，採用されないのは当然である．倫理的配慮が必要である．

　ここで，自己保存のためには，人は常に他者よりも自身の方が優れた存在であると信じようとする傾向にある．したがって，この心情は常に対立を生み出すこととなる．このことは自己保存と種の存続が，二律背反的な内容を持つということにつながる．何故なら，自己保存を主張すれば他の自己と対立する場面により多く遭遇してしまうであろう．つまり，他の自己を克服することで自己保存の欲求が達成されることとなるケースが多々存するであろうからである．しかし，他の自己の克服は，種全体の数の減少に繋がることが多いから，種全体の存続を否定することに繋がってしまうこととなる．よって，自己保存と種の存続の両者を成り立たしめるためには，種の存続をまず第一義的な目標としつつ，その上で自己保存を図るという順序を弁えることが必要となるだろう．勿論，自己保存は同時的に実現されていることも，要求されてはいる．

　では，このような状況を成り立たしめる手段は，存在するのであろうか．それが「利他的行為」の実践であろう．つまり，利己心を極力抑えた上で，「他人への思いやりの心」で，接してゆくということであろう．そして，互いがそのような行為を実現しておれば，他も，自身も，利他行為によって，平穏のうちに自己存続を実現できていることになると考えられる．このことから，種の存続のためには，「他者への慈しみの心情」を培う必要性が，どうしても求められることとなる．他者への慈しみは，自身が実行し，他者も自己に同様に対応してくれれば，結果的に互いが全て平穏のうちに過ごせる，という現実が実現するのである．しかし，今日，現実社会は自己利への執着を，世界中で強めつつある．よって，基本的なこの原理に早く気付くように，努力すべきであろう．

　このように社会科学では，提示された数式は勿論仮説には，こうした人間心理の検討を加えることが要求されるということである．関係するであろう人間心理を，極力広く加味することが，求められるであろう．以上から，社会科学の「法則」は，人間の心理状況の変遷と共に変化することが当然である，という姿をしめす．よって，自然科学の様な不変の法則は，ほとんど存在し得ないであろう．また，「科学」という概念も，両者では異なるであろう（後述．なお，人間の主観（あくまで個人が対象であるが，個人の価値観の形成が既存か否かに関わらず，最初に得た情報を，まず正しいものと信じてしまう傾向にあり，一度形成されると是正が如何に困難であるかが，指摘されている事例であると考えられる）の形成の状況につき，鋭く接近した論考の事例として，篠田英朗氏の「橋下徹氏に見る憲法学通説の病理」が存在

6

する（月刊 Hanada　2022 年 7 月号，飛鳥新社，308-317 頁）がある）．

　④ その提言が人間社会のトレンドの延長線上にあるかを確認する．断絶するような提言は，実現は無理であろう．人間の意志は急には変われないからである．

　⑤ 様々な「科学方法論」が提唱されているが，すべて「論理実証主義」の展開過程に集約化されると思われる（パースの「アブダクション」も，仮説の提示の段階での「より広範・詳細な，帰納の形式に囚われないデータの提示と検討」と理解される．ただ，のみならずその後の予測，実証という論理実証主義と同じ展開過程を含めた全体として理解をされるケースもある）．

　よって以上から，社会法則の性質としては，少なくとも適応範囲性，効果性や，堅固性，持続性等への判断が考慮されねばならないだろう．この点につき事例をあげれば，例えばケインズの有効需要の原理に基づく「公共投資政策」は，近年あまり効果が見られなくなってきている．その理由を推測すると，政策が実施される前に，人々がそれを予想して，価格を上げておく．これによって，生産量は変化せず，単に収益だけが特定の企業にのみもたらされる．よって，生産量の拡大による傘下の企業や関連企業への原材料の需要の拡大はなく，乗数効果はほぼ生じないこととなる．収益を拡大した企業では，これは泡銭に等しいから気が大きくなり，製品の品質向上等に資金を振り向けるのではなく，株や金融商品に振り向けていく，という行動をとる可能性が高い．そして，恐らく投下資金は，消失の過程を辿るであろう．結果，有効需要政策はほとんど機能しなくなってしまうこととなる．ここで，「有効需要政策」はその「持続性」という面から見ればせいぜい 20 から 30 年程度であり，「堅固性」では意外に「簡単に無効化が可能で脆い」ことが分かる．また，「適応範囲性」については，対象が狭いことが判明する．他方，金利政策は，生産に関わる全体に影響を及ぼす，幅広いものであることが分かる．このように，人間の本性や性質を考慮して様々な態様を推察する必要があるということである．つまり，対象とする事象に人々は何を期待するかを考えるということである（なお，命題として提示可能な記号論理学の形式には，命題論理学と述語論理学の 2 つがある．前者は命題を 1 つの記号で，後者は主辞（主語）と賓辞（述語）を分けて示す．例えば，前者は a⊃b（a ならば b），後者は，∀xFx（すべての x は F である）となる（寺沢恒信『形式論理学要説』清水弘文堂，昭和 43 年（1968 年），26，29，35 頁）．

　現在，社会科学の分野においては，閉塞状況が続いているのではと，思われ

る．原因は，社会を対象とする学問で使われる「科学」と，自然科学での「科学」は似て非なるものであり，前者では単に「論理的考察」であれば科学的とされるのに対し，後者では，論理的であることは勿論，反証可能であり，さらに実験で確認されることをもって，科学的と称していると，考えられる．したがって，前者ではドグマが存する提言さえ問題視されることがないのが現状である（注：G. グランジェは，哲学についてはそもそも科学ではないとする．人文科学や自然科学は，現象の抽象的モデルの構成を目指しているが，哲学は「事実一般とは何か」という問いが真の根本問題である，とする．つまり，対象の確定作業がその目的となるとしているのである（ジル＝ガストン・グランジェ著，植木哲也訳『哲学的認識のために』法政大学出版局叢書・ウニベルシタス　523，1996 年，5-6 頁）．また，世良晃志郎氏によれば，科学的とは ① 論理的整合性を持っている，② 反証可能であることとされている．また，その研究が科学性を保証されるのは，その研究者が所属する学会では，思想と言論の自由が認められていること（自由に反証が行えること）であるとされる（世良晃志郎『歴史学方法論の諸問題（第 2 版）』木鐸社，1975 年，19 頁）．ただ，さらに提言の実証実験による確認という過程も，科学的であるための要件であると思われる．現状をみると，歴史学会の多くでこうした自由に制限を加える（マルクス主義的であらねばならない）ところがあり，しかも，文系学会にそうした傾向が広がりつつあることが懸念される．なお，文系研究で「論理実証主義」と同じ手法を採用していることが確認されるのは，少なくとも近代経済学と政治学である．ただ，研究者の全てが敷衍しているかどうかは，分からない．なお，科学についての定義について，私見を示しておこう．「科学とは，その時点での，真実と確認できる理論や法則を提示し得る論理的手段であり（つまり真偽を判定する手段でもある），したがって永遠に真理に接近する道具に過ぎない．よって，単なるドグマ的提言は科学としての価値は存しない．何故なら，それは真理か否かが証明されていないからである．よって，それが反証可能であることや，それが真実であることを証明するための手段として，実験・実証を実施することが科学と見なされる要素の 1 つである．ただし，文化科学ではほとんどのケースで実験・実証はできないし，自然科学でも一部では不可能なことがある．こうした場合は，間接的に関連する事象をもって代替することとなる」．また，J. S. ミルによれば，「人間精神が我々の確かめていない無数の事情によって取り囲まれ，曖昧にされている」とする（J. S. ミル著，大関將一・小林篤郎訳『論理学体系──論証と帰納──』III，春秋社，1959 年，178頁）しかし人間は自己保存や種の存続を優先させて行為するはずである．とするなら自己保存のためには，まず自身の安全と経済的利益を図るであろう．つまり，この 2 つの実現を目指して，それに適う手段を，優先的に行為するであろう．また，種の保存のためには，平穏

的な社会の実現を目指し，よって，それに適う「利他意識」の社会への普遍化行為を行うであろう．よって，一程度の人間行為の絞り込みは，可能であるだろう．）．

結果，社会科学の「科学」分野では一見論理的ではあるが，そもそもその論が提案する内容を確認できない「理論・法則」があれこれと存在している可能性が存すると思われる．そして，論理的には言及はしているが，明らかに単にドグマに過ぎない「理論・法則」にもかかわらず，その「理論・法則」を理解しようとしたり，高めようとしたりして，膨大な時間を費やしているケースが存在するのではと考えられる．そのため，その「理論・法則」はあたかも真実であるかのような誤解を人々に与え，そこからさらに誤った「理論・法則」が提唱されるという悪循環が現実化しているのではと，懸念されるのである．また，結果，本来の究めるべき分野の研究が疎かになっているのではと，危惧されるのである．なお，社会科学では，フリードマンの指摘する「科学的分析と規範的判断（「客観的判断」と「かくあるべし，という主張＝主観）」を区分することが重要である（M. フリードマン著，佐藤隆三・長谷川啓之訳『実証的経済学の方法と展開』富士書房，1977年，42頁）．後者を科学的提言と錯覚すると，多大の不利益を被る事態が生じる場合がある．以上から，論題の『社会科学方法論』において科学に「かっこ」を付したのである（注：このように本書では，社会科学は自然科学とは全く同質の法則は存在しないという理解に立って論を展開している．社会科学に客観法則が存在する，という考えは，そのように考えることができなかった人間社会にとり，誠に有意義であった．何故なら，そうした考えによって我々人間社会が神の手ではなく我々人間が現出せしめている，という基本的認識を人々に確認させることに役立ったからである．しかし，この考えは社会法則があたかも自然現象における法則と同質のものであるとの考えを生み出し，したがって，社会現象は我々人間の意志の外において現出してゆくかの如き理解を生み出してしまった（例えば，マルクスは人間の歴史は法則に従って必ず変化する，として歴史法則主義により共産主義社会は必然的に到来すると主張した．その根拠は「弁証法」によるものである．しかし，弁証法は成立しないから（本書，補論2参照），この考えは明らかに誤りである．なお，ポパーは，自然科学と社会科学の方法論は同じであるとしたが，これはあくまで同じ手法によって進めるべきである，としたもので，今日の社会科学の進め方全般を容認したものではない（K. R. ポパー著，久野収・市井三郎訳『歴史主義の貧困——社会科学の方法と実践——』中央公論社，1965年，204-208頁））．勿論，人間自身も自然現象の一部を構成する存在であるから人間が創り出した社会も自然の一部であることに変わりはない．なお，自然科学ではその法則自体には価値判断による内実変化は存しない（勿論，

意図的な虚偽は常に存在する）が，研究対象の選定の段階では，人間社会に役立つか否かといった判断が加わっているケースがあることを忘れてはいけない．また，現実の問題として自然科学で到達した結論が，利害によって意図的に採用されたり無視されたりすることがあることに注意が必要である．この場合，採用された結論が正しく，無視された結論は誤りであるかのように錯覚してしまいがちである．十分な検討が必要である．

　しかし，一般に言う自然科学が対象とする自然現象と根本的に異なる点は，自然現象の一部を構成する社会現象は人間現象，つまり人間によって引き起こされた現象である，という点である．自然現象がストレートに自然を体現した現象であるのに対し，社会現象は自然の一部をなす人間という存在を通して，いわば間接的に出現する現象であるということである．とすれば，社会科学が法則を見出すか否かについては，議論が分かれるところとなるかもしれない．即ち，人間行為，つまり主観の集合によって形成される社会行動には，そもそも法則などなく，有るのは単に規則である，という考え方に対し，その主観＝個々の人間行為の根底にある根本原因の存在を予想して，まさに主観の集合としての人間行為は，1つの方向性を帯びるものとして理解される，とする立場が存することとなる．社会現象は人間行動によって引き起こされるが，その行動を指示するのは人間の意志であることは明白である．即ち，我々は「ある事をしたい」と欲するから「ある事をしよう」と思い，決断し，それを実行するからまさにそこに社会現象が発生する．しかも，その行動は個々人によって全くバラバラなものではなく，一定の範囲に納まるから，全体としてある1つの行動が発生したかのように見える．つまり，社会現象としてたちあらわれるのである．とするなら，社会現象とは人間の意志（物的条件に規定されでいるとはいえ）が引き起した現象に他ならないこととなる．したがって，社会科学とは実に「人間の心理」によって生ぜしめられた現象をあつかう学問なのである（つまり，心理学を抜きにしては論を進めることは不可能なのではないか，ということに気づくのである）．よって，人間の心理的動向がその現象をいかに生起せしめるかがまず基本に捉えられておらねばならない．その上で，その現象が二次的，三次的＝副次的に引き起こすであろう現象として，その影響をみてゆく必要がある（ここに，思想・史，心理学の重要性が見出されるのである（拙著『入門日本商業史』晃洋書房，2003年，第2部第1章注（5），69頁，拙稿「沼田藩領河州太田村東の米納率──近世後期を対象として──」大阪府立大学『歴史研究』第36号，1998年，同「河州沼田藩領一農村における貢租形態──幕末期を中心として──」大阪府立大学『歴史研究』第37号，1999年）．）．

　ところで，ここでは法則存在の立場に立つが，ただ，実際の現象は法則がストレートに反映された形で出現されるのではなく，まさに人間行為が主観に基づくが故に，法則を巡っていわば法則の周りを往来＝俳個しつつあらわれるよ

うに見えるものである，という理解にたっている．即ち，社会科学には自然科学と全く同質の法則は存在しないという見解である．今一度繰り返せば自然現象がストレートに自然を体現したそれであるのにたいして，社会現象は，自然の一部をなす人間という存在を通して，いわば間接的に出現する現象であるということである．その現象は，人々の合意によって出現し，したがって，人間という生物に共通的に存するであろう性質が，1つの方向性をもって出現してくるのであり，したがって，突拍子もない現象が突然現出せしめられることはない．あくまで合意が成立しうる範囲での方向性，規則性である．しかも，合意は万人が，つまり100人が100人とも成すのではない．したがって，現象は徘徊（ブレる）せざるを得ないのである．よって，社会法則とは「人間が何かを欲望し」，その欲望を満たすために「いかなる行動を起すか」という，その行動の方向性そのものを意味することとなる．この時，大多数の人々も同様に行動することが必要であり，これが「合意」と呼ばれるものである．方向性（＝実際行動），つまりその，人々の行動の束が社会現象でありそれが一定の性質を内包しているなら（例えば，1つの周期性を持つ），それが社会法則と呼ばれるものである．よって，社会法則をみる場合，単にある事象に対する人間の大きな方向性をみるだけでは不充分であり，その方向性を導いた原因，つまり欲望とは何か（何故生じたのか），その原因＝要素は，いかなる作用を人間に与え，したがって，人間行動の方向性に影響を与え，よって法則をいかに成立させるか，を見る，と同時にその方向性ははたして正しいのか否かを考察する必要があるということである．しかも，ここで問題となるのは「正しい」とはいかなる意味を指すのか，ということである．その「何をもって正しいとするのか」，あるいは，「それが正しいものとして合意を与えあう要素は何か」につき，人々の合意が存しないなら，判断そのものが不定となり，かつ誤りとなる．だからと言って，合意が存するからそれが本当に正しい，とは言い切れない．何しろ，人間社会では多数が認めあったことが「正しい」ということになってしまうからである．とするなら，実は社会科学はその根底に「人間とは何か」ということに対する一定度の解答を有していないと，考察を進めることができないことが判明する．即ち，根底に「人間の本質についての見解」が必要となるのである．否，進めたかに見えても，実はまことに欠陥だらけの，誤った考察と結論しか導出し得ないであろう．まさに，現在はそうした誤った社会科学が満ち溢れているのである．この時，万人に共通的に合意されうる内容とみなさ

れる（正しいとみなされる）もの，それが「人間の自己保存と種の存続を真の公平・平等的にかつ精神的，肉体的に平穏的に存続させる」という到達への理念なのではないだろうか．なお，こうした人間の心理にも配慮する必要性については，既に J. S. ミルが指摘している．彼は「人性の法則」を知り，加味することで研究に生かすべきだ，とした（J. S. ミル著，大関將一・小林篤郎訳『論理学体系──論証と帰納──』Ⅵ，春秋社，1950年，114-116頁）．さらに，「国民的性格学」によって，国という地域的な人性まで勘案すべきである，とするのである（同書，130頁）．

　社会法則とは，かかる意味での客観法則なのである．とするなら，合意さえ得られるのならその内容は如何様にも変形させうる性質を有していると考えられる．よって，社会法則は常に変化することこそがその本質なのではないだろうか．否，実は社会法則は我々人間が導出可能な法則なのではないだろうか．自然科学における法則は，自然自身が指し示した法則として不変である．しかし，社会科学で導出された法則は，人間が変化させ得るのである．したがって，没価値的な社会科学の考察は，そもそも不可能であり，かつ誤りなのである．そして，法則が変化すれば，前の法則はもはや法則ではないのである．この区分をしなかったがために，社会科学において多くの誤りが導出されたものと考えられる．とするなら，得られた「法則」なるものは，確固とした存在ではなく，① 幅がある（幅の程度），② 変化する可能性がある（持続する期間）などを加味する必要があることとなる（拙著『入門日本商業史』晃洋書房，2003年，第2部第1章注（5），69-70頁，拙稿「沼田藩領河州太田村東の米納率 近世後期を対象として」大阪府立大学『歴史研究』第36号，平成10年（1998年），ただし，一部を追記，変更した）．

　以上みたように，社会現象の分析には人間の本性や基本的な性向を踏まえる必要があることとなる．ただ筆者は，先述の如く，その点についてはまだ十分に確認していない．能力不足と時間的に余裕がなかったためである．よって，ここでは気づいた基本的な性向につき，まとめておきたい．以下に挙げた人間の基本的な性格を，対象とする人間行為の前提として，考慮する必要があるということである．

　人間は，自己保存を目指す怠惰な存在であり，結果として次のような利己的人間行為の基本を行為することとなる．

　　① 経済的利益の獲得を目的とするものであり，利益の最大化を目指すも

のである．ただし，時として，必ずしも最大利益を目指さない行為も実行する．

②多くの他の個人より，自身の方が優れた存在であると，信じている．よって，人種による差別なども生じる．

③したがって，他の個人，特に他国人を制圧しようと行為する．

④支配は戦争などによる．

⑤自己防衛のため，所属する組織内では極力発言を控える．あるいは，上役に追従を発言する．よって，政治的権力者が現実に力を発揮する．

⑥宗教，過去に提言された思想，等から，多大の影響を受け，しかも一度信じると是正は困難である．つまり，最初に是とした考えを改めるには，相当の努力が必要とされてしまう．

⑦最大の問題は，人間は怠惰な存在であるため，手をこまねいていれば人間の劣化に歯止めがかからないことである．何よりも，民主主義制度は万人が賢人であることを前提としたものであるから，我々は常に自身を高めるべく努力することが求められていることを忘れてはならない．今後，如何にして，劣化を防ぐかが課題となっていくだろう（例えば，現在世界中で一番安全な国，と考えられているのが日本であるが，残念ながらどんどんと劣化しつつあることは，否めないであろう．なお，「何をもって劣化と見なすか」は，各人が考えていただきたい．人間の価値観に左右されるであろうことは，予想されるであろう）．

　なお，結果として大国となった国，例えばロシアの大国化のノウハウは，次のようなものである（このほとんどは，ロシアがウクライナに対して行った事実行為であり，ロシアが過去から営々と実践してきた，人が人を支配する典型例の1つの事例である）．まず前提として，自国で，強力な武器を多数開発し，周辺国に供与，または販売し，同時にそれらの武器が如何に優れているかを，対外的に宣伝する．つまり，武器による，属国化を目論む．よって，如何に自国が軍事大国であるかを喧伝する．①隣接する，侵略対象の国に工作員を送り込み，隣接地域に親ロシア人を育成する（買収，恐喝，罠にはめる，など）．②ある程度の人数が揃うと，独立運動をさせ，取り締まりが強くなると，ロシアに援助を求めさせる．③要請を受ける形で，武力で攻め入る．ただ，当初は過去に支配に収めた地域から，兵を募り，攻めさせる．④攻める対象は，病院，保育園，学校や，婦女子が避難している教会や施設であり，占領状態に至ると，特に子供や女子

を対象に，悲惨な行為（虐殺，凌辱の上虐殺）を重点的に行う．目的は，相手の恐怖感，無力感，絶望感を引き出すためである．よって，相手国の気力を奪い，早急の降伏が期待できることとなる．相手を見下している人（歪んだ教育によって，意図的に育成される）は，平気でこうした残虐行為を行う．⑤降伏しなければ，生活に関わる施設を徹底的に破壊して居住できなくしてしまう．あるいは占領した接続地域で偽りの住民投票を行い，住民の意志だ，として，ロシアに編入してしまう．このほか，隣接地域ではなく，逆の遠方の場所に飛び地を作らせることがある．そうすれば，新たな国に侵略し易くなるからである．つまり，ロシア人と言っても元々の大国ロシアの人々は数が限られ，多くは被征服民がロシア人化させられているに過ぎないのである．そして，多くは辺境地の開拓に従事させられて，差別されているのである．なお，ロシアと類似している国が中共である．同国も，ロシアに負けず劣らずの残虐手段で，領土を拡大してきた．

　このような覇権主義大国は，大国としての伝統を守り，常に侵略の意志を培っている．こうした国は，これからも生じてくるだろう．よって，大国の中小国化が，こうした残忍行為を防ぐための１つの手段であろう．なお，侵略の手段には武力の他，洗脳のために行う情報統制，教育の劣化，などが行われる．また，経済的手段による場合もある．ところで，民主主義大国家でも他国の制圧志向は存し，さすがに砲艦外交はしないが，貨幣をその手段（合法的手段）とすることがある（拙著『貨幣帝国主義論』晃洋書房，2004 年）．なお，「戦術核は使用されても，戦略核は人類の滅亡に繋がるから，使用されない」という論があるが，平気で使用されるであろう．何故なら，互いに使用されても，一部の人間は生き残る可能性が高いと考えるのが，人間であるからである．よって，このような特性を加味しながら「社会法則」の性質（適応範囲性，効果性，堅固性，持続性等）を予想する必要があるということである．

　なお覇権大国は特に，自民族の存続・拡大のためには平気で嘘をつき，約束を破り，盗みを繰り返す．よって，こうした行為が存在する限り，真の平穏社会が到来することは有り得ない．しかも，これが人間の本性なのである．ただ，他方で人間は安定した平穏な生活をも，求めている．よって，こうした本来の欲求を強め，平穏な社会を実現するためには，日本社会の平穏さを体験させ，この社会の実現の根本精神が，実は他人への思いやりの心，つまり利他心であることに気付かせることが，その確実な方法であろう．仏教用語で言う，「慈

悲の心」の涵養である．多くの他国人の来日を促す政策が，当面のその手段，つまり「利他心」を培う手段となろう．

　（こうした人間の本性を示したのは，対立を煽るためではない．事実を知ることによって，対応策が講じられることができるであろうからである．人間の本性は，まず自身の存在を確立しようとする．よって，仲間の頂点に立てば，安泰である．ただ，皆がそのように行動すれば，軋轢が絶えることはなく，混乱した社会が常に続くこととなろう．

　それでは「利己的な遺伝子」を制御する手段はあるのだろうか．それが「利他心」である．人間は意識的に「利他心」を培うことで穏やかな内に存続は可能になる．何故なら，人間は考える，しかも深く考える動物であるからである．利他心が平穏な社会を実現するという事実を体験すれば，人々はまずそれを求めて行為するであろう．

　なお，人間の性質について触れた著書には，リチャード・ドーキンス著，日高敏隆・岸由二・羽田節子・垂水雄二訳『利己的な遺伝子——増補改題「生物＝生存機械論」——』紀伊国屋書店，1993 年．ニコラス・マネー著，世波貴子訳『利己的なサル——人間の本性と滅亡への道——』さくら舎，2021 年，などがある．）

　ところで，社会現象に特有な人間心理も考慮にいれた学問分野が既に存在する．それが行動経済学と呼ばれるものである．

　一言で言えば，心理学の成果を，経済行為に応用したものと言えよう．ただ，この新しい分野の経済学は，まだ発展途上であり，分析の方法論が確定されていないのでは，と思われる．現状では，主としてミクロ経済学を対象としていると思われる．例えば，消費行動は，今までは経済的合理主義を実行する「経済人」の行動を想定して論が展開されていたが，行動経済学では，人間行動の実際に基いたもので分析することとなる．

　マクロ経済学への応用は，消費税が消費行動に及ぼす影響についてであり（大竹文雄『行動経済学の使い方』岩波新書，2019 年，177-178 頁），その結果はほぼ固定されたものとなるであろう．ただ万人が賢人となった時には，再考が必要となるであろう．ともかく，経済行動・現象の基本的分析といった，マクロ的経済法則については，論はまだ十分及んでいないようである．が，いずれは人間心理の基本を加味した思惟段階が必要となるであろう．

　行動経済学は，1970 年代中頃に生まれた．研究の第一人者フイリップ・コトラーは，行動経済学新星は『マーケティング』の別称に過ぎない，と語っているという（阿部誠『サクッとわかる　ビジネス教養　行動経済学』新星出版社，2021 年，26 頁）．よって，行動経済学は，内容や目的は「マーケティング論」そのもの

であることに，注意しておく必要がある．ただ，このような，経済学と心理学を組み合わせた分析は，学問研究がようやく「統合の段階」に入りつつあるかのように見え，何よりも，社会現象が自然現象とは異なって，人間心理によって引き起こされた現象であることに，ようやく焦点が当てられ始めたもの，という大きな意義が存すると思われる．1つの重要な進歩であると考えられる．

　ところで，人間心理の実態を活用する場合，それが本性的な心理かあるいは派生的な心理なのかが，区分される必要があるだろう．なぜなら，それらが与える影響の対象が異なると考えられるからである．しかし，ここでは，そうした区別は見られない．

　筆者の場合，まず，行動での性質 → 基本的本性 → これは，導きだされた法則の適応範囲性，堅固性・持続性，効果性等に強く影響すると思われる．影響が強く，広く長く作用するであろうからである．

　　例
　　① 自己保存：結果，人々は自分は他者より優れた存在であると，信じようとする．また，エスノセントリズム（自民族中心主義）に陥る．
　　② 種の存続：そのために，利他心を少しは持っている．
　　③ 怠惰 → 法則の「効果性」に対する影響．
　　④ 最大利を求める：経済的利益獲得を第一として行動する．ただし，現実には，必ずしもそのようには行動しない．
　　⑤ はじめに接した情報に絶対的信頼を置く．
　　⑥ 宗教や過去に提示された知識などから多大の影響を受け，一度信じると是正は困難である．
　　⑦ 社会的行為での等号が意味するのは，一般的には，等量ではなく「合意の成立」である．
　　⑧ 社会的行為は，すべての人間が行為しなくとも，多数，おそらくは過半の行動で「一般的な事実行為」と認識されるであろう．

という心理である．
　次に，心理状況についての「場合のケース」は，30以上考えられている．例えば，ナッジ，ヒューリスティック，現在バイアス，プロスペクト理論，サンクコスト，アンカリングなどである．基本的には，経済行為，例えば「財の購入」での人間行動の分析を行うとき，これらを応用して行う．ただ，対象は

経済行為に限らず，コロナ禍での，人々の外出を抑えるキャンペーンにおける「標語」の内容を検討することも，含まれる．とするなら，行動経済学は経済学と言うより，限りなく心理学とその結果の応用に近いものと思われる．もし，伝統的経済学での「経済人」の設定に疑問を持つなら，まさに「一般的な人間」による経済学をこそ，考察してゆくべきであろう．行動経済学では，少なくとも経済行為全体に目を向けた研究はなされていないのが現状であろう．つまり，社会全体としての生産，交換，分配，消費に対する新しい分析方法ではないのである．

行動での性質 → 派生的性質 → これは，ミクロ的経済行為に対する影響を見たいのである．この具体的内容は，行動経済学で示されている（注：① 大竹文雄『あなたを変える行動経済学――よりよい意思決定・行動をめざして――』東京書籍，2022年，② 阿部誠『サクッとわかる　ビジネス教養　行動経済学』新星出版社，2021年，③ 真壁昭夫監修『イラスト＆図解　知識ゼロでも楽しく読める！行動経済学のしくみ』西東社，2022年.）．

ただ，こうした派生的心理は基本的なものから生じていると考えられるから，各々を紐づけてみよう．先に挙げた基本的心理を整理すると次の通りになるだろう．

自己保存と種の存続に関わる心理
① 怠惰：生活にゆとりが生じると，どんどん劣化し始める．飽き性，ともなる．法則の「効果性」に対する影響．
② 利己心：他人より自己が優れる．→ 他国を侵略，人種差別
自己保存が優先．立場の安定のため，組織内での発言を控える．また，経済的利益の獲得を第一の目的として行動する．
③ 宗教・過去に提言された思想から，多大の影響を受ける．一度信じると，是正は困難．また，最初に得た情報に拘泥する（宗教，自然現象に対する畏怖心が絶対者を求めたから生じた）．
④ 利他心：種の存続に貢献

以上の心理から，社会的行為での等号が意味するのは，一般的には，等量ではなく「合意の成立」という内実であることとなる．

以下の心理名称の出典は，直前の注で示した ①〜③ の文献番号によっている．

　ここで，行為の前提は「感情ヒューリスティック：感情によって意思決定すること（③187頁）」による．人間は，まさに心理で行動するのである．

　(1)　怠惰・直ぐに飽きる（オオカミ少年）．よって，人間はどんどん劣化，つまり，自己保存と種の存続の維持から遠ざかっていく．また，他人に依存し始める．
　1　ヒューリスティック（面倒なことには，とかく近道で考えてしまう（①126-127頁））．物事を即座に判断できるのは，過去の知識やその場の情報を参照するから（③32-33頁）．→ 怠惰
　2　テンション・リダクション効果：大きな買い物をした後は，集中力がなくなり，続けて買い物してしまう（③186頁）．→ 直ぐ飽きてしまう．

　(2)　自己保存・利己心＝経済的利益の最大化が実際行動
　1　サンクスコスト（埋没費用）：もはや取り戻せない費用や時間（①34-35頁）．
　例：一度払った費用は，取り戻せない．よって，「元を取り戻したい」，つまり，支払った費用分は，対価を得たい，と思う．→ 経済的利益
　2　損失回避（現状＝参照点にしがみついて非合理な意思決定をする（①60-61頁））．→ 経済的利益
　3　現在バイアス（遠い将来なら冷静に対処できるが，目先のことにはできない（①77-78頁）），（今の効用を過大に評価すること．人は今を重視する（②72頁））．楽をしたい → 自己保存・利己心
　4　ヴェブレン効果：高価なもので，優越感をもつ（利己的心情の結果だろう（②77頁））．→ 自己保存・利己心
　5　互恵性：見返りを期待して，親切にする（②79頁）．→ 自己保存・利己心
　6　プロスペクト理論：意思決定は，編集段階＝前処理，評価段階＝価値関数：損得勘定と確率の計算（低い確率を過大に評価する（②96頁））で，行動を決定する．（得より損した嘆きの方が大きい．→ 損を恐れる（②83頁 → 3経済的利益））
　7　参照点：結果の評価が反転する点（②92頁）．期待している程度との差に関する心理 → 楽観と悲観 → 自己保存に対する執着度
　8　コントラスト効果：対比で印象，つまり参照点が変わること（②93

18

頁）状況で心理が変化する．→ 自己保存に対する執着度が変化

9　メンタルアカウンティング：心理的勘定（② 100 頁）．様々な費用に充てる金額を「費用対効果」で，まず頭の中で前処理する．→ 経済的利益＝自己保存

10　ハウスマネー効果：ギャンブルなどで得た金の使い道は荒い（② 101 頁）．簡単に手に入れると，粗末に扱う → 自己保存はしんどいもの．

11　解釈レベル理論：損得を勘案して行動を決定する（② 103 頁）→ 経済的利益最大化

12　クレショフ効果：となり合っていると，無意識に関連付けてしまう（③ 185 頁）．自身への影響を懸念する → 自己保存

13　ゲイン・ロス効果：心理的なギャップが大きいほど，影響は大きい（③ 185 頁）（良いイメージが強いほど，反転した場合の落差が大きくなる）．→ 参照点と同じ

14　ディドロ効果：新しい価値を持つ所有物に合わせて他の物を揃え，所有物に統一感を持たせる（③ 185 頁）．自己主張を強める．→ 自己保存

(3)　宗教，最初に得た情報に，拘泥する．

1　フレーミング効果：表現の方法が変わると，印象が変わる（② 55, 62 頁）．つまり，印象に残るほうを，選択する → 宗教，最初に得た情報に，拘泥する．よって，この心理で洗脳も解かれる可能性ある．

2　アンカリング：フレーミング効果の 1 つで，最初に提示された情報がのちの判定に影響を与えること（② 55, 65 頁）．→ 宗教，最初に得た情報に，拘泥する

3　ハロー効果：目立ちやすい特徴に引きずられてしまいやすい（② 57 頁）．→ フレーミング効果と同じ．

4　プラシーボ効果：偽薬でも症状が改善．思い込みによる効果（② 59 頁）．よって，「嘘の情報」が，人々をうまく騙せる．→ フレーミング効果と同じ．

5　レストルフ効果：変わった特徴のモノは記憶に残りやすい（③ 187 頁）．→ 印象が強いことに流され易い．→ 考えの訂正に役立つ．

(4)　利他心＝種の存続

1　極端の回避効果：中庸を好む．＝おとり効果，とも言う（② 67 頁）．

種の存続につながる．みんなと同じで安心．→ 利他心

　2　スノッブ効果：他人を意識し，違うものを選択する（② 76 頁）（利己的心情の結果だろう）．→ 利他心

　3　バンドワン効果：他人と同じ行動をとる（② 77 頁）．→ 利他心

　4　利他心：相手の喜びを喜ぶ（② 81 頁）．→ まさに利他心

　5　バーナム効果：あいまいな性格記述を，自分のことだと思う（③ 184頁）．→ 種の存続，みんなと同じ．

　6　フォール・コンセンサス効果：自分の意見が多数派（正常）だと思い込むこと（③ 186 頁）．→ 皆と同じ・種の存続

　これらは，人間行為にどのような影響をもたらすか．状況ではなく，具体的行動をいかなる姿にしていくか，を見ていく必要がある．たとえば，怠惰は行為に杜撰さをもたらすから，消費や生産行為は相当の幅を生ぜしめるであろう．したがって，需要曲線と供給曲線は，単なる直線ではなく幅を持った帯状の形態として示される必要があるだろう．

　なお，行動経済学では，リバタリアン（望ましくない取り決めには，拒否する自由が与えられるべき，という考え）・パターナリズム（人が健康でより良い暮らしをするためには，政策が人に影響を与えるのは当然であるという考え（大垣昌夫・田中沙織『行動経済学——伝統的経済学との統合による新しい経済学を目指して——（新版）』有斐閣，2018年，249 頁））に基づく政策が提唱される．ともかく，明らかになった人間の性質を，如何に仮説に内実化していくか，そのことによって，より実態に近い内包を示すことが可能になると考えられる．

　さらに，自然科学と文化科学の決定的な違いは，前者は過去に積み上げてきた実績＝真実を，常に前提しながら新しい論を展開してゆくのに対して，文化科学ではそうした手続きをとることなく（既に提言された実績への考慮は，自身の特定分野の内容に限られ，しかも，その真偽が十分に検討されることは期待薄である．とくに，学問の基礎である論理学での成果等については顧みられることは，まずなく），新しい「論」を展開してゆくのである．しかも，現状ではそれが許されているのである．結果，自然科学での成果は，それを「信頼し得る」のに対し，文化科学ではその成果は「信頼可能か否かを十分に吟味する必要がある」という状況が生じてしまっているのである．これはいうところの「体系性（後述）」にも関連する問題であろう．なお，すでに，拙著『入門日本商業史』（晃洋書房，2003 年）

において，日本商業史の研究の方法論について，概論を示していた．ただ，そこでは弁証法を正しいものと思っていたため，自身で弁証法が主張していると思われる内容を加筆していた．よって，弁証法に関わる部分の内「必然」と「常なる変化」以外については，撤回したい．しかし，弁証法に変えて「対話法（討論で，議論の内容を高める）」を前提するなら，必然および常なる変化は正当視できるであろう．討論では必ずある結論が提示されるし，時間が前提される限り，変化を否定できないからである．よって，変化も必然であると認識されるであろう．それ以外の主張（例えば量から質への転換等）は，確認されねばならないから正当視するには疑問が残る．ここでは，もう少し方法を具体的に示せればと思っている．なお，ここでさらに問題になるのは，研究における「価値自由」である．この問題は M.ウェーバーが価値自由（没価値論と呼称されることもあるが，価値観を全くなくすことなど不可能である）という表現で提言したものである．ただ価値自由の意味は「価値観に左右されない認識を求める態度」という意味ではなく，「一定の価値判断から出発しつつもそれに囚われないで，自らの前提となる価値理念をも対象にして吟味に付す認識主体のこの自由な態度」を意味し，その実現の手段は「相互批判をなす諸主体の協働的な営み」であるとした（廣松渉ほか編『岩波哲学・思想事典』岩波書店，1998 年，243-244 頁）．この点，筆者もそもそも文化科学（社会・人文科学）は人間の主観が生み出した現象を研究対象としているのであり，また，研究の主体も人間そのものであるから，ある特定の価値判断が研究の前提になるのは必要なことであると考える．この点，濱田嘉昭氏が指摘されるように，「研究者は，どういった価値観あるいは理由のもとに，どういった研究手順を踏んだのかをすべて明らかに」し，「他の研究者がその研究結果を，今度はその研究者の価値観によって判断する（濱田嘉昭ほか『科学的探究の方法』放送大学教育振興会，（NHK），2011 年，70 頁）」ようにすればよい，のではと述べられる．

　濱田氏はさらに，「現代の科学はさまざまな分野にわたって，互いに矛盾のない理解で結ばれている．すなわち，体系性が科学の重要な要件となる」とされ，その提言が総合的に見ても整合性を持っていることが必要である，と指摘されている（同書，22 頁）．

　こうした状況を打破するには，論理的な思考をさらに高め，少なくとも単なるドグマを提唱したりしない「論理的能力」を養い，たとえ提唱されてもドグマであることを直ぐに見破る力を培っていく必要があると思われる．そうした

能力を培う学問こそ論理学であろう．よって，以下では社会科学の方法論を提示することで，具体的な論理力向上につなげていきたいと思う．

　自然現象では，実験が不可能な場合仮説や予測の結果に伴う関連する現象を推測し，その現象を確認することで正しいと推定する．よって，社会でもこの過程を援用して，その正当性を確認すればよいのでは，と思われる．ただ，社会現象ではそれよりも，まずその主張が「ドグマ」でないことを確認することが重要である．なぜなら，そもそもの出発点の正当性の確認が，従来ほとんど無視されてきたと思われるからである．本書では，どうしても自身の専門分野の，歴史学についての方法論が主体になってしまった．ただ，極力他の分野についても触れようと努力した．なにより，一般的な方法論については丁寧に示そうと試みた．既説の学説は，勿論ないがしろにすることは避けなければならないが，かと言って，それらが完成されたものとしてそのまま受け入れてしまうことも問題であろう．まずは十分に検討を加えて，真偽を確認することが重要であろう．現在，すべての文系研究につき検討せねばならない段階に到達したものと考えられる．

　ところで，論理的に検討し，かつその成果を示すためにはどのようなプロセスを踏むのであろう．物事を正しく判断して，そこから新しい人間にとって有益な考えをみちびきだすための思考（注：ここで，思考の論理的構造とは，広義には人間の知的作用の総称．思惟．狭義には，概念，判断，推理の作用をいう．感性や意欲の作用と区別して，概念，判断，推理の悟性的，理性的な作用をいう．知的直観をこれに加える説もある（新村出編『広辞苑』第6版，岩波書店，2008年，1215頁）．）には，まず，対象を正しく，かつ深く認識することが必要となるであろう．ここで，深くとは，対象の「本質」を認識することであろう．ついで，認識した対象を，分析，統合（総合）することで，新しいより優れた考えを導出することとなるだろう．ただ，ここでいう分析・総合は，デカルトのいう，対象のより簡易なものへの細分化＝分析と，それらのより高次への統合＝総合，ということ，つまり，具象から抽象へ（下向），抽象から高められた具象へ（上向），という意味とともに，カントの言う分析，つまり，その言明（命題）の主語の内に述語概念がすでに含まれている判断（よって，新しい考えは引き出せない）と，総合，つまり，主語概念の内には入っていない内容が述語概念を付加された判断（よって，新しい考えが引き出せる）の検討，という意味をも包摂している．そして，そうした新しい考えは，より分かりやすく，かつ真意を正しく示すように表現，表記されね

ばならない．よって，研究の過程は，「認識，分析と総合，表記」という３つ
の段階を踏むこととなるだろう（注：カントはこの他，それ自身で客観的に真である
事象をア・プリオリな認識対象，その言明（命題）の真偽は，他の事実＝経験に拠る必要が
ある事象をア・ポステリオリな認識対象という区分も提示している（カント著，篠田英雄訳
『純粋理性批判　上』岩波文庫，1961 年；カント著，篠田英雄訳『純粋理性批判　中』岩波
文庫，1961 年；カント著，篠田英雄訳『純粋理性批判　下』岩波文庫，1962 年）．なお，文
系研究を目指す人，また既に所属している人は，まず濱田嘉昭ほか『科学的探究の方法』放
送大学教育振興会，（NHK），2011 年を参考にされることをお勧めする．現在，いかに文系
研究がいびつな状態になっているか，つまり，多くの学生諸君のほとんどが恐らく初見であ
る内容が，数多く示されているであろうことをから，それを理解できるであろう．ただ，定
量的と定性的についての説明がやや明確ではない点には，注意をされたい．なお，政治学の
分野では，この定性的研究と定量的研究という方法論が用いられている．定性的研究とは，
少数の事例をより深く分析し，主に文章によって表記する研究のことであり，定量的研究と
は，主に統計手法を用いて数多くの標本＝数値を提示し分析する．基本的には，回帰分析や
確率理論といった数学を用いることが特徴である（H. ブレイディ・D. コリアー著，泉川泰
博・宮下明聡訳『社会科学の方法論争――多様な分析道具と共通の基準――』勁草書房，
2008 年，1，8 頁）．したがって，深く分析するためには，本書で示す方法論が当然ながら前
提される必要があることとなる．本書で説明するのは，データの収集や処理といった，既に
多くの参考書で示されているような内容ではなく，提言したい「仮説」の正当性の確立の仕
方である．そのような旧来的な内容については，白井利明・高橋一郎『よくわかる卒論の書
き方』ミネルヴァ書房，2008 年，等を参照されたい．また，自然科学分野については，先掲
の濱田嘉昭ほか『科学的探究の方法』，および宮原琢磨編著『21 世紀の学問方法論』日本大
学文理学部，2013 年（この著書では，哲学史，歴史学，心理学の所属分野整理が，果たして
合理的かという点などについては，各自が十分に考えていただきたい），高田誠二『科学方
法論序説――自然への問いかけ働きかけ――』朝倉書店，1988 年，等々を参照されたい．た
だ，どの分野を目指されても，論理実証主義という共通の方法論が適用されることに変わり
はないことに注意されたい．）．

　ところで，パース（アブダクションを提唱）は，「「すべての正しい推論は演繹
的か帰納的か，推定（アブダクション）的」かであり，さもなければそれら３つ
のうちの２つあるいはすべての結合したものである（パース著，上山春平，山下正
男訳「論文集，パースⅡ，記号論の哲学的基礎，第四章人間記号論の試み，2，すべての精
神作用は推論である」（中公バックス，責任編集上山春平『世界の名著，59――パース，ジ

ェイムズ, デューイ』中央公論社, 1980 年, 135 頁), としており, 「ミルは類推による推論を特殊から特殊への推論とよんだが, こうした推論の正当性は, 帰納の性質と推定の性質の結合から生じるものであり, 事実, 類推による推論は, 「帰納と演繹」および「推定と演繹」に分解できるのである (138 頁)」としている. とするなら, 仮説の導出, 仮説の予測化, それらの実証には (第 1 章参照), 推測手段としての, 帰納, 演繹, 類推, アブダクションがすべて動員される必要があることとなる. なお, アブダクションもパースの示した事例からすれば, 類推と演繹と帰納に類似した推論ではないかと, 考えられる.

　こうした考えに至った問題意識は, 以下の通りである.

　①特に「文系研究」で「創造的思考」が欠けている. よって, 新しい考えをもたらす, あるいは生み出せる研究の方法論を知ることが必要.
　②特に「文系研究」の提言で, 単なるドグマがあたかも実現可能な理論であるかのように流布されていることがある. つまり, 「科学」とはおよそ無縁の提言が従来から多量に述べられてきている.
　③しかも, そのうちの特定の「理論」が絶対視され, それに沿わない考えが拒否され, 他の提言そのものが拒絶される. ＝学問の自由が拒否される, という由々しい段階に入ってしまっている.

　要するに根本は, 社会科学, 人文科学分野で, 多くの提言が単なる言表であり, 命題になっていない. また, その言表がドグマとなっていることであろう. また, その検証すらほとんどなされない状況となっている. ここでは, 方法論の重要性を提言しているが, もう 1 点, 学問の見方についても申し上げたい. それは, 帰納的であろうと演繹的であろうとまた, アブダクションによろうとも, 仮説が提言できればその形式を事細かに問うことは余り必要ではないのではないか, ということである. つまり, われわれはアリストテレスの考えに細部にわたって左右される必要はないのではないか, ということである. それよりも, 現実を打開できる提言を, より多く示すことのほうが求められているのでは, と考えられる. まず要求されるのは, 米盛氏のいわれる「創造的想像力」であろう (米盛裕二『アブダクション——仮説と発見の論理——』勁草書房, 2007 年, 46 頁) 文化科学での科学的とは, 自然科学で要求される「客観性」そのままではなく, さらに「人間の存続に貢献しうること」という価値判断が求められるであろう. 客観的な存在であったとしても, 人間存続に相応しくない法則なら,

当然相応しいものに変えてゆくこととなるであろう.

　なお，検証事例がどうしても見出せない時には，提言をもう一度洗いなおし，やや異なった視点から提言しなおし，実証を試みる．つまり，以上の5点をもう一度繰り返し，実証実験の可能性を，念入りに確認する，という作業を十分に行うべきである.

　以上が，文化科学，特に社会経済制度に関わる「入門　社会「科学」方法論」における方法論全体の主要なやり方である．そして，これらの条件をクリアーできない提言は「科学」の範疇には属さない，有害無益な存在であることを，肝に銘じておく必要がある.

　経済学者フリードマンは，論理実証主義を方法論とした研究にもとづく方法につき，詳述している（本書第3章参照）．よって，ここで「実証的経済学」というのは，いわゆる論理実証主義での実証を示していると考えられる．つまり，論理実証主義と同じ方法論による研究であることを示しているということであり，内容もそのようになっている（よって，近代経済学は，論理実証主義に準拠していることが分かる）.

　また，先述したように，世良晃志郎氏によれば，科学的とは①論理的整合性を持っている，②反証可能であることとされている．また，その研究が科学性を保証されるのは，その研究者が所属する学会では，思想と言論の自由が認められていること（自由に反証が行えること）であるとされる（世良晃志郎『歴史学方法論の諸問題，第2版』木鐸社，1975年，19頁）．ただ，さらに提言の実証実験とによる確認という過程も，科学的であるための要件であると思われる.

　現状をみると，先述の如く歴史学会の多くでこうした自由に制限を加える（既存の内容の範疇外に出ないことや，マルクス主義的であらねばならない）ところがあり，しかも，文系学会にそうした傾向が広がりつつあることが懸念される．また，その研究が科学性を保証されるのは，今見たように，その研究者が所属する学会では，思想と言論の自由が認められていること（自由に反証が行えること）であるとされる（世良晃志郎『歴史学方法論の諸問題（第2版）』木鐸社，1975年，19頁）.

　結果，文化面の「科学」分野では一見論理的ではあるが，そもそもその論が提案する内容を確認できない「理論・法則」があれこれと存在している可能性が存すると思われる.

　社会科学において，科学の条件に適う命題を提言するには，どのようにすれ

ばよいかについては，既に述べたところである．まず，文章推敲のツールである帰納法や演繹法によって，文章を練り上げていくことが必要であろう．そのとき，ラッセルの言う「確定記述」を実現するために，分析哲学で検討されている「文の意味の正確な提示」についての条件を，実現することに十分配慮する必要があるだろう（例えば，時間軸の重視）．しかし，「真理値」の完全な成立にこだわる必要はない．疑いようのない「真理値」とは，あまりにも当然である内容となるからである．たとえば「地球は丸い，という言明は「地球は丸い」という意味である．」という命題は，真理値では真であるが当たり前すぎる内容となってしまっている．こうした事態が生じたのは，真理値の対象を「事実」に限定したからであり，価値判断に基づくものまで拡張しなかったためであると，考えられる．

　まとめとしてもう一度確認しておこう．新しく提言される考えは，提言された言表が，① 命題となっているか，つまり，真偽が確定した意味のある有意義な，つまり検討に値する内容を示せているか，よって，その命題が「確定記述」となっているか，つまり，様々な意味を含むことにならず，1 つの確定した意味を示すものとなっているか．② その命題が反証可能（何らかの方法で，命題の真偽の検討が可能であること）な内容となっているか，つまり，単なるドグマとして，批判不可能な，例えば「神は万能なり」のような提言になっていないか（ポパーが提示した「反証可能性」にかなっているか否か）．③ よって，間接的でもよいから，それが証明され得るものか．社会現象についての提言は，実験実証は，つまり，「試しにやってみる」ということはできない（本来は，小さな集団で実験すれば良いのだろうが，規模が小さいとやはり異なった結果が出てしまうし，有害な結果なら犠牲を強いることとなる）．よって，自然科学における「実験実証」の代わりに，示された提言につき現状の社会に提言された事象が存在しないかどうかを広く確認する．次いで，直接的な事象でなくとも，間接的に裏付ける事象が存しないかを確認する必要がある．④ 社会現象は，人間の合意された主観が引き出したものであるから，提言された仮説の意味や得られた結果の解釈は，自然科学と同様にしてはならない．例えば，数式での $=$（等号）が意味するのは，多くの場合，量が等しいことを示すのではなく，単に合意が成立したことを表しているだけに過ぎない．⑤ いくら論理的であっても，その結論が「人間の自己保存と種の存続を，真の公平・平等と肉体的精神的に平穏のうちに実現，存続する」ことを阻害することに繋がっていないかが，最大のポイントと

なる．⑥提言は，現状の改良的な内容たるべきであり，内容が十分予測できるものであり，かつ，実現可能なものでなければならない．

　どうしても関連した事実を見出せない時には，提言をもう一度洗いなおし，やや異なった視点から提言しなおし，実証を試みる．つまり，以上の6点をもう一度繰り返し，実証実験の可能性を，念入りに確認する，という作業を十分に行うべきである．

　次章から，具体的な内容につき順次みていこう．

第1章　研究深化の手順

1　認識・分析・統合（総合）＝推敲・表記（記述）

> **要約**
>
> 　物事を正しく判断して，そこから新しい人間にとって有益な考えをみちびきだすためには，まず，対象を正しく，かつ深く認識することが必要となるであろう．ここで，深くとは，対象の本質を認識することである．
>
> 　ついで，認識した対象を，分析，統合（総合）することで，新しいより優れた考えを導出することとなるだろう．そうした新しい考えは，より分かりやすく，かつ真意を正しく示すように表現，表記されねばならない．よって，研究の過程は，認識，推敲（分析と総合），表記という3つの段階を踏むこととなるだろう．

1）認識論

> **要約**
>
> 　認識の対象は，いま解明したい新しい考えのポイントであり，その考えが，「人間の自己保存と種の存続を，公平・真の平等と肉体的精神的に平穏のうちに実現，存続する」にかなっているかを検討する．そして，そのことが新しい考え，つまり，新しい概念の本質をとらえることとなる．

　認識の目的は，仮説の導出のための事実をより正しく把握することにある．ところで，認識論は多岐にわたる（認識論には，「認識の要素」「認識の程度」「認識能力の段階」「認識能力の範囲」「認識の起源や発生」「認識の仕方の方向」「認識の受容」「認識の仕方において成立する世界の構造」等といった様々な側面が問題とされている（廣松渉ほか編『岩波哲学・思想事典』岩波書店，1998年，1242-1243頁）．なお，G.フォルマーに

28

よれば，認識論一般は，「世界の認識可能性」であり，いかにして認識するのか，「なぜ認識することができるのか」を問題にするとする（G. フォルマー著，入江重吉訳『認識の進化論』新思索社，1995 年，319 頁)）．しかしここでは，あくまで「認識を如何に深め得るか」という点に絞ってみてゆきたい．ただ，認識の対象につき，カントは「ア・プリオリ（先験的（超越論的））な存在」を提示した．認識には「先験的（超越論的）総合判断」が存するというものである．つまり，経験によって確かめる以前に「真」である事象を，人間はその「真」を経験＝実験・実証によって確認する＝認識する，という形態の認識である（注：カントのこの区分につき，筆者は当初，「認識の仕方」と誤って解釈していた．しかし，本来は「認識の正当性がいかにして担保されるか」，についての区分なのである（八木沢敬『意味・真理・存在――分析哲学入門・中級編――』講談社，2013 年，37-38 頁).

5＋7＝12 は，それ自身で真である．しかし，八木沢敬氏の挙げられた「鳴門海峡には橋が架かっている」（同書，17 頁）という命題の真偽は，経験によってしか確認できない．50 年前には，橋は存在せず，この命題は偽であった．しかし，現在は橋が架かっている．よって，この命題は真である．その判断は，経験によってのみ確認されるのである（よって，自然現象に対する法則は，すべてこれに，つまりア・プリオリなものとなるだろう).).

なお，カントは認識の種類を，分析的か総合的か，および今見た，経験によらずとも真だが，経験によってそれが認識されるものと，経験によってのみ真が確認されるものかにより，4 つに区分している．なお，分析的判断とは，そこから新しい認識は引き出し得ないもので，総合的判断は，新しい認識を引き出せるものをいう，と定義づけている．

① ア・プリオリ（経験以前，経験に先立って）（加藤尚武責任編集『哲学の歴史――7 理性の劇場，18～19 世紀，カントとドイツ観念論』中央公論新社，2007 年，126 頁）な総合判断での認識（同書，126-127 頁）つまり，ア・プリオリ（経験によって左右されず），また総合判断（主語概念に新しい内容を付加している判断）としての判断．
例1，7＋5＝12
　　主語にない内容を述語として獲得した総合判断
例2，直線は2点間を結ぶ最短線である．（同書，128 頁）
② ア・プリオリな分析判断
③ ア・ポステリオリ（経験による，経験によって）な総合判断での認識，わ

れわれが普段おこなう認識行為（同書，126頁）

④ ア・ポステリオリな分析判断

という認識論である．

　ただ，②，④は無意味である，とする．分析判断というのはそもそも主語概念の内容を述語として繰り返したにすぎないからである，とする．また，純粋理性批判の重要述語は，アリストテレスに由来する（分析論，弁論術，カテゴリー，トピカ，等）（同書，120頁）．よって，①のア・プリオリな総合判断が，重要であるとするのである．カントはこのア・プリオリな総合判断は，数学や自然科学で実施されている，とする．なおカントは，人間の認識能力は，「感性」「悟性」「理性」があり，感性には論理学の「概念（筆者は直観も対象に加わると考える）」が，悟性には「判断」が，理性には「推論（帰納，演繹，類推など）」が関係づけられている，とした（同書，117頁）．

　また，カントは認識の対象とその仕方につき検討した，と指摘されるのが寺沢恒信氏である．結果，認識の対象には，ア・プリオリ＝先験的＝超越的なものが存在し，それを正しく認識するためには，概念の12の形式を考慮しつつ，行う必要があるとしたとされる（寺沢恒信『認識論史』青木書店，現代哲学全書1，1956年，125，126，132頁）．「経験を基礎づけるもの」は，「経験の根拠であるから，経験を超越するといっても，経験と無関係になることは許されない．経験の根拠とは，それ自身もはや経験ではないが，逆にそれがあってはじめて経験が成立するようなあるものである」．「カントは，このようなものを「先天的＝超越的なもの」とよび，この先天的なものに関する認識を先験的とよんだ」．「カントは，」「先天的な要素」を「感性論では，空間と時間」「分析論では，十二の先天的概念が示される」．それは，量での，単一性，数多性，全体性，質での実在性，否定性，制限性，関係では，属性と実体，原因性と依存性，相互性様相では，可能性と不可能性，存在性と否存在性，必然性と偶然性，であるとする（同書，132頁）．そして，「先験的方法とは，まず先天的なものを発見し，次にこの先天的なものを用いれば経験が成立することを証明し，こうすることによって，この先天的なものの客観的妥当性を確かめる，という二重のプロセスを含んでいる．このように見てくると，先験的方法とは，自然科学でおこなわれている実験的方法と本質的には同じプロセスをふむものであることがわかる．それは，科学者が理論的に立てた仮説（理性の計画）を，実際に自然の中に

移し入れてみて，その結果予期したとおりの結果がえられれば，それによって
はじめの仮説が正しかった，と考える方法である」とされている（同書，126
頁）．

　事実，カントは『純粋理性批判』（カント著，篠田英雄訳『純粋理性批判　下』岩
波文庫，1962年）において，先験的方法論では「純粋理性の訓練」として，仮説
に関する純粋理性の訓練，理性の証明に関する純粋理性の訓練等につき論述す
る．が，視点を変えれば，「仮説に関する」では，まさに仮説の導出での注意
点，「理性の証明」では実験・実証についての解説ではないかと推察される．
ただ，「論争的使用に関する純粋理性の訓練」では「（純粋理性による提言は，）何
びともこの主張の反対説を必然的な確実さをもって（中略）主張し得るもので
ない（同書，40頁）」としており，「論争的使用」では，ポパーの提言した反証
可能性にはまだ気づいてはいなかったようである．

　特に仮説については，「仮説から導来された帰結の真理性（これらの帰結が互い
に一致すると同時にまた経験とも一致すること）（中略）そしてア・プリオリにかつ綜
合的に考えられたところのものは，ア・ポステリオリにかつ分析的に再び与え
られた両者は完全に一致する，ということである（カント著，篠田英雄訳『純粋理
性批判　上』岩波文庫，1961年，161頁）」とされ，論理実証主義での予測と実験・
実証に相当すると思われる推敲過程が述べられているのである．そしてこうし
た方法論は，「形而上学では，ア・プリオリな認識，つまり対象が我々に与え
られる前に対象について何ごとかを決定するような認識の可能性が要求されて
いる（同書，33頁）」．それは「形而上学が数学および自然科学と同じく理性認
識である（同書，32頁）」からだとする．「形而上学の従来の方法を変改しよう
とする試みこそ，しかも幾何学者および自然科学者を範として形而上学の全面
的革新を企てることによってかかる変改を成就しようとする試みこそ，この思
弁的純粋理性批判の本旨なのである（同書，38頁）」，とするのである．よって，
この批判書が形而上学を正すためのものであったことが判明するのである．と
すれば，カントのいう形而上学を文化科学一般へと広げて理解すれば，本書の
課題をすでにカントが，一定度提言していたと思われ，その先見性に驚かされ
るのである．ただカントは，その重要性に気づかなかったのか，観念論の世界
に踏み止まってしまうのである．

　しかし，存在の認識過程は相当煩雑なものになるだろう．よって，対象がよ
り詳しく認識されるかもしれないが，あまり細かくではなく「いかにより正し

く認識するか」に目的をおくべきである．それは，社会経済制度を対象とするなら，「人間の自己保存と種の存続を，真の公平・平等と肉体的精神的に平穏のうちに実現，存続する」にかなったものとなっているかが，目安となるであろう．その後仮説の提示とその予測化の段階に論を進めることとなろう．なお，仮説，予測の概念のポイントは，提示された言表が「確定記述」か「不確定記述」かについての判断に関するものである．よって，引き出された仮説や予測は，その点に留意しつつ検討せねばならない．

　それでは，認識を深める具体的方法はどのようなものであろう．この点，見田石介氏は，認識を感性，悟性，理性的な理解へと高めることが「本質の認識」の程度に関わるとされる．かかる視点から，「科学」を推し進める段階を，見田石介氏は6つの段階にまとめられている．

　① 現象から，具体的なものの具体的分析から出発する．
　② その現象を与えられたままにしておかないで，そこからそこに現象する本質的なものを分離する．
　③ その本質的なものを，さらにより根本的な本質の一形態として捉える，それがこうした形態をとる条件を明らかにし，その発生の必然性を明らかにする．
　④ 本質を単なる実体としてでなく概念として，即ち根本矛盾としてとらえる．
　⑤ 諸現象形態を，この概念の展開として，すなわち根本矛盾の発展の諸段階ととらえ，こうした形でそれを真に説明し同時にこの説明によって概念そのものを証明してゆく．
　⑥ 1つの事物の根本矛盾によって，その事物の消滅，その反対物への転化の必然性を示す．

　そして，かかる認識の深化に応じて，感性的，悟性的，理性的認識を設定されるのである（見田石介『科学論と弁証法』（見田石介著作集　第2集）大月書店，1976年，153-154頁）．ただ，見田氏は，弁証法が成り立つことを前提としてこの論を示されている．が，筆者は弁証法ではなく対話法＝弁証術（多数の同じような事例に基づいて或ることを事実そのようであると証明することは，弁証術では帰納である（アリストテレス著，戸塚七郎訳『弁論術』岩波文庫，1992年，35頁））こそが実存すると考える．よって，根本矛盾とは単に「相対立する性質」という理解に立って

32

いる．この考えに従えば，各々の認識の具体像を筆者は，感性的認識とは，対象をそのままの状態で認識すること．悟性的認識とは，対象の本質を認識すること．理性的認識とは，さらに本質中の本質を認識し，さらに新しい概念を発見することであると理解している．なお，G. フォルマーは，認識の深まりの段階を，知覚，前科学的認識・経験，科学的認識の三段階としているが（G. フォルマー著，入江重吉訳『認識の進化論』新思索社，1995 年，72-73 頁），本質を見極めるためには，科学的思考や手続きが必要であるから，科学的認識とは，結局のところ本質を捉える認識なのではと思われるのである（注：なお，人間の認識の発達段階については，人間全般についての進化論的認識論（すべての知識はそれ以前の知識の修正であるが，その修正は進化の結果として自然の過程の所産である（廣松渉ほか編『岩波哲学・思想事典』岩波書店，1998 年，806 頁）と，人間個人についての発生的認識論がある．後者では，「思考において複数の側面を合わせ考えてはじめて正しい認識に達するところを，最も目立つ側面にのみ注目して過ちに陥ることがある．この未熟な心的特性を「中心化」と呼ぶ．他方，この中心化を脱して関連の他の諸側面を考慮できるようになることを「脱中心化」という（同書，1078 頁）」．今日では，たまたま気付いた 1 つの原因のみをもって対象を認識したとするような，さらなる低次元化現象が広がっている．）．

　以上の過程では，帰納と演繹を繰り返しつつ，認識をより深めて理性的段階に高めていくのであるが，この時，社会現象が物的側面と精神的側面の両面が同時的に出現する「自然」現象の一部として捉えることが重要である．社会現象は，まさに人間の「意志」が，したがって，人間の本能がなさしめる現象にほかならないだろう．また，ここでの対象とされている事象は「必然的に出現したもの」と理解することや，「常に変化してゆくもの」，という捉え方が重要である．こうした認識の基本的姿勢が，まさに科学における法則の導出につながると考えられるのである．なお，この過程は，次の仮説の提示とそれの予測化の段階でも，常に要求される姿勢・行為でもある．

　もう少し具体的に言えば，カントが説明するように，論は量，質，関係及び様態の判断における思惟と，それぞれがさらに 3 つの綱目に分けられる判断形式によって，行われる．

　カントは「判断における思惟の機能が四綱目に区分せられ，更にまた各綱目がそれぞれ三個の判断様式を含む（カント同書，143 頁）」として，判断の様式を示す．

分量：全称的判断，すべてのAはBである

　　　　特称的判断，若干のAはBである

　　　　単称的判断，このAはBである

性質：肯定的判断，AはBである

　　　　否定的判断，AはBでない

　　　　無限的判断，Aは非Bである

関係：定言的判断，AはBである

　　　　仮言的判断，AがBならばCはDである

　　　　選言的判断，AはBであるかさもなければCである

様態：蓋然的判断，AはBであり得る

　　　　実然的判断，AはBである

　　　　必然的判断，AはBでなければならぬ（同書，143-144頁）

そして，判断の手段は三段論法であるとする（同書，144頁）．

さらに，彼はカテゴリー表を示す．

賓位語（注1）　　　　　　　　　　　　具体例の語

分量：単一性　　　　　　　　　　　　一つ

　　　　数多性　　　　　　　　　　　　多数

　　　　総体性（注2）　　　　　　　　全体

性質：実在性　　　　　　　　　　　　存在

　　　　否定性　　　　　　　　　　　　否存在性

　　　　制限性（注3）　　　　　　　　有限

関係：付属性と自存性，との関係

　　　（実体と付属性）

　　　　原因性（因果性）と依存性，との関係

　　　（原因と結果）　　　　　　　　　因果性の客位語（注6）：力，動

　　　　　　　　　　　　　　　　　　作，受動など

　　　　相互性（注4）との関係　　　　相互性の客位語：現在，抵抗

　　　（能動者と受動者との相互作用）

様態：可能―不可能　　　　　　　　　発生可能，発生不可能

　　　　現実的存在―非存在

　　　　必然性（注5）―偶然性　　　　発生の必然，偶然的発生

賓位語（カテゴリー）に対する
語：発生，消滅，変化

（注1）純粋悟性の主たる概念．
（注2）単一性と見なされた数多性．
（注3）否定性と結合した実在性．
（注4）他の実体と相互的に規定し合う実体の因果性，との関係．
（注5）存在の可能ということによって与えられた実際的存在．
（注6）派生的な悟性概念．
（注：強調は筆者による語の例）

（同書，152-154 頁）

ここで，

> 「カテゴリー表は，悟性の一切の基本概念を剰すところなく含んでいるばかりか，人間悟性における基本概念の体系の形式をすら含（んでいる）」．
> 「分量と性質は，直観（純粋直観ならびに経験的直観）の対象に関係する」＝数学的カテゴリー：相関概念を含まない．
> 「関係と様態は，これらの対象（対象相互の関係か，さもなければ対象と悟性との関係における）の実際的存在に関係する」＝力学的カテゴリー：相関概念を含む．

という説明を行う（同書，156 頁（注：なお，カテゴリーについてはアリストテレスが既に言及している（アリストテレス著，中畑正志・早瀬篤・近藤智彦・高橋英美訳「カテゴリー論，命題論」『アリストテレス全集』1，岩波書店，2013 年，18 頁）．カントはアリストテレスの考えを批判して，整理したカテゴリーを提示したとしている．））．

　そして，①「対象の認識には，必ず概念の統一（単一性）がある．」「この統一が認識の多様な内容の結合における統一と考えられる限り，我々はこれを質的単一性と名付けてよい」．②「帰結に対する真理性がある」．「一つの与えられた概念から，真であるような帰結を生じることが多ければ多いほど，この概念の客観的実在性の標徴（外面にあらわれたしるし）はますます多くなるわけである」．そしてこれは「標徴の質的数多性と名づけてよい」．③「完全性」であり，②でみた数多性に関連して，「この数多性が逆に概念の単一性に還元せられ，しかもこの概念にだけ完全に一致し，他の概念には決して一致しないということである（同書，160-161 頁）」．が求められるとし，対象の概念の内実の分析に

よる本質の導出の過程を明らかにしている.

　なお，まとめとして「仮説の標徴をなすものは，採用された説明根拠が一目瞭然であること，即ちその説明根拠の単一性（補助仮説をもたないこと），この仮説から導来された帰結（つまり予測：筆者）の真理性（これらの帰結が互いに一致すると同時にまた経験とも一致すること，つまり，実証：筆者），およびかかる帰結に対する説明根拠の完全性——換言すれば，これらの帰結は仮説において想定されたこと以上にも以下にも対応しない，そしてア・プリオリにかつ総合的に考えられたところのものは，ア・ポステリオリにかつ分析的に再び与えられ両者は完全に一致する（つまり，仮説や予測，および実証での内容は，当然現実と合致すること：筆者），ということである」（つまり，ここでの指摘は論理実証主義での研究課程と同じになっている：筆者）.

　「分量のカテゴリーを，認識がそれ自身と一致するために従わねばならぬ論理的規則としてのみ使用するのである（同書，161頁）」とする.

　論理実証主義では法則導出の過程で，事実が重要視されていると考えられる.とすれば，本質の確認過程でも事実か否かが，重要なポイントとなっていることを提示していると，読みとれる.

　ともかく，量の増減，質の違い，関係の仕方の内実，および様態に関わる発生・消滅・変化につき勘案することによって本質を見極めることになるであろう（注：寺沢恒信氏は，判断，概念につき説明されている（寺沢恒信『形式論理学要説』清水弘文堂，1968年）.）.

　ここで寺沢氏の判断・概念の説明をみておくと，判断については，「判断とは，肯定または否定することによって，事物とその徴表との結びつき，または事物間の関係を反映する思考形式である（同書，19頁）」.「判断は，真または偽である（同書，19頁）」.「判断を言語で表現したものを「命題」という（同書，21頁）」.とし，単純な構造の判断は，主辞・賓辞・繋辞（be動詞など）の三部分からなる（同書，20頁）.こうした提言判断の質による分類は，肯定判断と否定判断である（同書，23頁）.また，量による分類は，全称的判断と特称的判断である.これらを組み合わせることにより次の4種類に分類されるとする.

　　全称肯定判断A
　　全称否定判断E
　　特称肯定判断I

特称否定判断 O

　これらの事例文は，先のカントの判断様式表を参照されたい．この他，仮言判断，選言判断についても，参照されたい（カント著，篠田英雄訳『純粋理性批判』上，岩波文庫，1961 年，143-144 頁）．

　次に概念については，「概念は，諸対象を比較し，分析し，綜合し，抽象し，最後に概括することによって，形成される（同書，6 頁）」と，概念の形成過程が語られる．ここで比較とは「諸対象の類似または区別を確立すること（同書，5 頁）」「分析：対象をその構成要素へと思考上で分けること（同書，5 頁）」「綜合：分析によって分けられた構成要素を思考上で結びつけること（同書，6 頁）」「抽象：対象の本質的徴表を，非本質的徴表から区別して取り出すことである（同書，6 頁）」．「概括：諸対象をそれらにぞくする共通の本質的徴表にもとづいて，同種類の対象のグループへと統合すること（同書，6 頁）」である．

　概念の確定，つまり概念の定義（概念の内包を明らかにすること）とは，結局対象の本質を確定することにほかならない．ただ，実際にはなかなか困難な作業である．よって，「類概念＋種差」により，概念の定義が引き出されることがある（同書，8 頁），とされる．

　　例：正三角形（種概念）とは，三辺の長さが等しい三角形（類概念）（種差）
　　　　である．
　　解説：正三角形という種概念の定義は，三角形という類概念に，三辺の長
　　　　さが等しいという種差を加えたものである．

　類概念の定義が確定していなければ，その確定が先に必要となる．
　語句の説明
　種差：同一の類概念（より一般的）に属するいくつかの種概念を相互に区別
　　　　する徴表のことである．
　類概念と種概念
　「限定または概括によってえられる一系列の概念のなかで，より一般的な
　概念を類概念とよび，一般性のより少ない概念を種概念と呼ぶ（同書，7
　頁）」．
　「概念の限定：より一般的な概念から，一般性のより少ない概念へと移行
　　　　すること（同書，7 頁）」．

　　例：分類学的階級での界・門・綱・目・科・属・種という区分で，界から
　　　　種へと，順に対象が絞られていくこと．
　「概念の概括：一般性のより少ない概念から，より一般的な概念へと移行
　すること」．
　　例：分類学的階級での界・門・綱・目・科・属・種という区分で，種から
　　　　界へと順に対象が拡大していくこと．
と解説されている．

２）分析・統合（総合）＝推敲（内容は，論理実証主義＝仮説の導出・予測 への推敲・実証）

　対象を正しく認識できたら，新しい提言の導出に取りかかることとなる．本
書の主なテーマは，ここにある．よって，詳細は次章で示すが，ここでは推敲
段階で注意すべき点を述べておこう．要約すれば，次のようになる．繰り返し
になるが，示しておこう．
　１，まず，新しく提言された仮説としての言表の内，主要なものを選び出し，
それらの言表が命題，つまり，確定記述となっているかを，確認する．これは，
議論の対象が厳密に定まっていることを意味する．
　２，次に，その命題が「反証可能＝何らかの方法で，命題の真偽の検討が可
能であること」なものかを吟味する．その提言が現実に検討可能であり，推敲
により内容が確認され，かつ高めることができることである．つまり，ドグマ
でないことが求められる．
　３，さらに，そのうえでその命題が現実社会に存在するかを，事実の資料で
調べる．なければ，命題を間接的に実現可能であることを示す現実社会の事実
を示す．
　４，命題の結論が「人間の自己保存と種の存続を，真の公平・平等と肉体的
精神的に平穏のうちに実現，存続する．」ことに抵触しないかを見る．いくら
論理的であっても人間を害する考えなら，採用されないのは当然である．倫理
的配慮が必要だということである．
　５，その提言が人間社会のトレンドの延長線上にあるかを確認する．

3）表記（記述）

> 要約
>
> 　最初に，結論を示すようにする．常に，もう一度，ポイントの言表が「記述理論」に従って「確定記述」となっているかを確認するようにする．

　論説は適格に文章化されねばならない．文は「起承転結」が大事だと習ってきたと思うが，ともかく，まずは先に結論を示すことが重要だと思われる．よって，論の重要点を 10 行程度にまとめて先に示す．その後，本論を展開するという形式で示すことである．今日，膨大な数の論考が発表されるため，読み手の興味に沿うように，まずポイントを示すことは理にかなっているであろう．その他，表現のポイントは，学校教育で既に習った内容によればよいだろう．例えば，「今述べたまず結論を簡潔に示してから，理由について説明していく，という順序や起承転結」という文章構成に心掛ける他，接続詞（例えば，および，あるいは）の使い方に注意する．

　先の「はじめに」での事例は，あくまで形式化した対応である．現実には，言葉1つひとつの意味内容が多岐にわたるから，書き手がその点を考慮して，1つの意味に集約化して提示する努力をすべきであろう．この点，ウイーン学団に属するカルナップ（Rudolf. Carnap 1891-1970）は，先に述べたように『論理的構文論』において次のように主張する（ルドルフ・カルナップ著，吉田謙二訳『論理的構文論』晃洋書房，2007 年）．

　今，仮定としての命題（proposition 真偽を判定できる文（平叙文），または，その意味内容）が提示された時，この命題を立言（ある考えを命題の形式で述べること．思考活動の出発点となる，最少の1単位．陳述，言明）するどんな理由があるかをまず考え，次いで，その真偽についてはどうすれば確定できるようになるかを十分吟味すべきである，とする．それは，ある命題Pがわずかに検証される可能性は，ほかのすでに検証されている諸命題とあわせて，Pから演繹されるもろもろの命題の直接的な検証によるしかない，とする．

　例えば，「鉄のカギと磁石の演繹の事例（同書，4-5頁）」では，以下のようにある．

　　P_1：「この鍵は鉄製である」．検査されるべき命題．

P_2：「鉄製の物が磁石の側に置かれると，それは磁石に引きつけられる」．検証ずみの物理法則．

P_3：「この対象的事物——この棒——は磁石である」．検証ずみの命題．

P_4：「鍵がその棒の側に置かれる」．わたしたちの観察によっていま直接的に検証されること．

こうした4つの前提からつぎの結論を演繹することができる．

P_5：「鍵は棒にいま引きつけられるだろう」．

ただ，P_1 から演繹できる事例の数は無限である．将来否定的事例を見出す可能性の確率がいかに小さかろうと，その可能性は常にある．よって，命題 P_1 が完全に検証されることはできない．この意味で，命題 P_1 は仮説とよばれるとする（同書，4-7頁）．

一方，「すべての経験にわたる（総てを経験はできないから）か，あるいは，すべての経験を超えたもの，たとえば，事物の実在的本質とか，事物そのものとか，絶対者とか，そうしたものと同様のものとかに関する知識を表すと主張するあらゆる命題を，形而上学的とよぶことにする」として，「しかし，その目的がさまざまな科学的知識の領域のもっとも一般的な諸命題をよく整頓された体系にまとめることである諸理論（ときには形而上学的とよばれる（諸理論））は形而上学に含めない」．「これは，経験科学の分野である．哲学の分野には属さない」．よって，事例としての，「「世界の本質と原理は水である」：ターレス，「火だ」：ヘラクライトス」といった言表は，「なんらかの知覚や感情や経験を立言するような命題はなにも演繹できない」つまり，「なにも立言していない」．しかも，各々検証不能である．よって，考察の対象にはなりえないとするのである（同書，9-10頁）．

提言はまさにそのように「表記」されねばならない．なお，カルナップは認識論において知識は心理学的問題と論理学的問題の両面を有するが，心理面は心理学に任せるべきであるとする．何故なら，「心理学的問題は（中略）精神的出来事に関係がある」からだとする（同書，81-82頁）．しかし，人間の心理的特長，例えば「人間は安易な方向に流れる」ということを事前に掴んでおけば，社会現象を検討する上で利点が存するであろう．むしろ，心理面こそが重要視される必要があるのではないだろうか．いずれにせよ，いまや学問は再検討の

必要な状況に，広く言えば，分析の段階から綜合が要求される段階に入ったものと考えられる．

　要は，言葉の意味，言表が何を示そうとしているか，は現実では曖昧であるから，それらは，厳密に表現するようにせねばならない，としていることである．F. L. G. フレーゲは，「意義と意味について」において「「宵の明星」と「明けの明星」の意味は同一であるが，それらの表現の意義は同一ではないということになるであろう（つまり，意義とは意味の表現の仕方）（F. L. G. フレーゲ著，黒田亘・野本和幸訳『フレーゲ著作集４──哲学論集──』勁草書房，1999 年，73 頁）」とし，また，「意義と意味詳論」でも「概念（本質の説明体）と対象（本質を有する存在体）の区分を意義と意味の区別と混同し，その結果一方では意義と概念を，他方では意味と対象とを融合させることにより，容易に不明確さが生じうるのである（同書，103 頁）」と指摘して，表現された記号や言語が示している内容が，実に曖昧であるとしているのである（注：なお，八木沢敬氏は「意味」は「指示対象」と訳すと，理解しやすいとされている（八木沢敬『意味・真理・存在──分析哲学入門・中級編──』講談社，2013 年，29 頁）．）．

２　社会「科学」方法論としての論理実証主義

> 要約
>
> 　方法論のツールには，帰納，演繹，類推，アブダクションがあり，論理実証主義の推敲段階には，仮説の提示，仮説の予測化，予測の実証がある．

　科学の方法論とは何か．それは自然や社会などに存在する，気付かれなかった規則や法則などを見出す作業であると考えられる．よって，それらは正しい手順を踏むことでようやく引き出せるものであろう．ここでは，そうした方法論のうち，重要とみなされている論理実証主義という方法を中心として，それが如何に進められるのかを見てゆきたい．ただ，論理実証主義をそのままではなく，足らざるを補うことおも考慮しながら見て行きたい．

　なお，論理実証主義とほぼ同じ提言が，既に，J. S. ミルによってなされている．そこでは，自然科学に対する人倫科学（文化科学）の遅れを指摘し，是正する手段として自然科学の手法を取り入れるべきだ，としている．そのツール

としての帰納・演繹につき，詳論を展開しているのである（J.S.ミル著，大関將一訳『論理学体系――論証と帰納――』Ⅰ，春秋社，1949 年；J.S.ミル著，大関將一訳『論理学体系――論証と帰納――』Ⅱ，春秋社，1959 年；J.S.ミル著，大関將一・小林篤郎訳『論理学体系――論証と帰納――』Ⅲ，春秋社，1959 年；J.S.ミル著，大関將一訳『論理学体系――論証と帰納――』Ⅳ，春秋社，1959 年；J.S.ミル著，大関將一・小林篤郎訳『論理学体系――論証と帰納――』Ⅴ，春秋社，1950 年；J.S.ミル著，大関將一・小林篤郎訳『論理学体系――論証と帰納――』Ⅵ，春秋社，1950 年）．また，既にここでも言葉や文に厳密さを強く求めており（「命題でなければ信念の対象であることができず，従って論証の対象であることができぬ（同書Ⅰ，73 頁）」），特に，「名称の意味の確定（そのことが「命題の意味を決定する（同書Ⅰ，74 頁，同書Ⅴ，3-162 頁）」）」につき，カテゴリーの区分の重要性を解説している（同書Ⅰ，73-126 頁）．ここでは，アリストテレスの示した 10 のカテゴリーのうち，実体，分量，性質，関係をとりあげ，対象とする名辞の意味内容の確定に対応させている．また，仮説の重要性とそれを演繹することの必要性，つまり，演繹によって複合法則を見い出し，結果，仮説を観察された事実で証明するか反証することで，新しい真理を提示する，という研究方法の道筋も述べている（同書Ⅳ，363-366，371 頁）．なお，ミルは「語意の確定化」について，同書Ⅴでさらに触れている．

　ただその内容は，それが意図的であろうとなかろうと「虚偽」として示されるケースについての視点であり，ドグマが生じるケースについてである．①先天的虚偽：迷信など，反証不可能な提言（同書，186，190 頁）．②観察の虚偽：事実を見落とすケース（同書，235 頁）（例えば，マルクスによる労働価値説での商品のみに絞った考察は，意図的なものではある：筆者）．③一般化の虚偽：異なる事象を同一視する（同書，259 頁）．④論証の虚偽：逆も又真と勘違いする（同書，289 頁）．⑤混同の虚偽：名辞の意味の曖昧さ（同書，299 頁），の５つである．また，社会科学としての経済学は「富を獲得し消費することに専念」すること（人性）から，様々な行為が引き出される，と考え，論じていく，とし，人間の意志に基いて研究が進められる必要性を，明示している（同書Ⅵ，124 頁）．

　ただ，ミルのこうした提言も現実には生かされなかったようで，再び論理実証主義として提示されることとなる．しかし，論理実証主義も社会科学に広く行き渡っているとは思われない．ましてや，人性，つまり人間心理を重視する姿勢などは，ほとんど見ることはない．

　このように，ミルは先駆的な考えを提示しているのだが，まだまとまった形

ではなかった．また，残念ながら論の内実が人間の倫理（人倫の具体像については，ミルは余り述べていない．幸福の実現がそれであるとしているものの，幸福とは快楽・苦痛からの解放としているに過ぎない（同書VI，212頁）．筆者はそれこそが「自己保存と種の存続の公平な真の平等と，精神的・肉体的に平穏のうちに存続できること」であると考える）に沿うものであることを，求めることはしていない．また，社会現象が人間の心理に基づくとは指摘しているものの，自然現象とは違い，複雑だとはしているが，同質のものではない，という明確な指摘がなされていないという限界が存する．

　ところで，論理実証主義については拙著『入門日本商業史』で少し触れたところである．その内容をみておこう．

　「こうして収集された史料は，整理統合され，そこからまず史実が明らかにされる．次に，そうした史実が成立した原因やそれのもたらす影響を，その時代時代の社会経済情勢に鑑みつつ，推論が行われ，帰納によって1つの結論が導出される（この結論を，論理実証主義的な手法では仮説と称する）．この結論＝仮説はそこに十分な討議が加えられ，現象にたいする予測が試みられ，演繹によってより抽象的な結論が導出される（この結論を論理実証主義では，予測と称する）．予測はさらに他の多くの類似の事象との比較によって検証がなされ＝実証，その予測と諸現象との一致を見たとき（仮説及び予測および新しい現象が，整合性をもって理解し得たとき），それは厳密な仮説と予測へと昇華され，ここに1つの抽象化された一般理論＝法則が導きだされることとなる．

　以上の研究過程は，論理実証主義と呼ばれる方法である．ようするに，現実（現象）から抽出された仮説から，演繹によって予測を引き出し，予測を他の現象によって検証することによりそれが確認され，よって，仮説は理論となるとする方法である（柏崎利之輔ほか『経済原論』図説経済学大系　2，学文社，1983年，7-8頁）．論理実証主義が，科学研究の最善の方法論であるかはともかく，ここでその具体的展開の方法と，展開するにあたっての視点（事象の根本的見方）及び，論理の深め方についての過程を見ておこう．

　まず，仮説の導出とは抽出であるとされるから，一般化すれば，現象から帰納によってある結論を導出するプロセスに他ならないであろう．さて帰納（induction）とは，「多くの具体的事実から一般的な概念や法則を導き出す方法」を指す．また，それは特殊から一般を導出する過程である，とされる．帰納法には様々なものがあるが，科学的帰納法には，類似法，差異法，類似法と差異

法との併用，比例的変化の方法，残余法などがある．

　次に，仮説から予測を引き出す過程は演繹によってなされるとするが，演繹（deduction）とは，「前提となる幾つかの判断から，結論となる新しい判断を引き出すこと」とされる．よって，一般から特殊を導出するのが演繹であるとされる．演繹の主たる方法は三段論法であり，2つの与えられた判断から第3の判断を導き出すのである．定言三段論法，仮言三段論法，選言三段論法，複合三段論法などがある，この他，関係の判断を用いる推理として，同値関係，順序関係が存する（寺沢常信『形式論理学要説』清水弘文堂，1968年），最後の検証とは，かかる演繹によって出された結論が，まさに現実の現象に存在しているか否か（現実に適合しているか否か）をみることである．以上のように研究は進められていくと考えられる．

　しかし，以上のプロセスはいわば研究の手順，および，その技術的過程について述べたにすぎない．真の研究には，さらにかかる技術や手順を進める時の視点と方法論を明確にしておく必要がある．この視点と方法論を誤ると，最初に選択された史料そのものが全く無用のものである可能性が高くなり，したがって，引き出されてくる結論は価値あるものとは言えなくなる可能性が高い．その視点とは，現象を必然化として捉えることであり，必然化の原因の原因，つまりより深奥の部分を考察せねばならないということである（したがって，人間心理の深奥部分の考察となり，いわば，メタ認知に類するものとなろう．その根本は，人間「利の拡大」への飽くなき欲求であると考えられる）．

　なお，マルクスの史的唯物論では，物的側面を重視し，人間の社会構造が原始共産制から奴隷制，封建制，近代ブルジョア制へと変化し，こうした生産様式は必然的に変遷してゆき，よって，やがては再び共産制へと突き進むとしているのである（マルクス著，武田隆大ほか訳『経済学批判』岩波文庫，1956年），とするが（ここで注意されたいのは，こうした視点は，なにも唯物史観でなければ見いだせないことはない，ということであり，そもそも弁証法に基づく唯物史観は，弁証法そのものがドグマであると考えられるから，再考の対象であると思われるからである．（本書，補論2参照）），ここでは社会現象が物的側面と精神的側面の両面が同時的に出現する「自然」現象の一部として捉え，したがって，人間の精神的側面をより重視した捉え方でみてゆくのである．よって，たとえ唯物史観を前提に考えたとしても，マルクスが「反」として提示した「生産力＝利の拡大」は，もはや現在では反としての意味を喪失しつつあるが故に，「人間の自己保存と種の存続を，

44

真の平等と肉体的精神的に平穏のうちに実現，存続することへの意志」こそが新しい反のなかみとして提示できるものと考えられる．したがって，資本主義に代わる新しい社会は「共産」ではなく「共存制社会」（または，共生制社会）となると考えられ，そうならねばならないと考えられる（拙著『入門日本商業史』晃洋書房，2003年，74-76頁）．」以上は，歴史学のケースを対象とした内容であった．

　第2章以下では，もう少し詳しく一般論としての論理実証主義を見てゆくが，方法論を使用するには，その前提たる事象の確認をしておく必要があるだろう．われわれが方法論によって成果を挙げるためには，まず考察の対象そのものを十分に認識する必要があるだろう．対象に焦点が当たっていなければ，詳細な分析はできないだろう．その上で，いよいよ方法論を駆使して，理論や法則の導出を試みることとなる．やがて一定の成果があったとして，その内容は言明（命題）の形で示されねばならない．ここに，内容表記という重要な曲面が立ち現れる．つまり，一連の作業には，先述のように対象の認識，推敲，そして表記という側面が存することとなる．

第2章　方法論のツール

1　形式論理学の基本法則

> 要約
> 論理実証主義を推し進める場合，形式論理学の基本法則である「同一律，矛盾律，排中律，充足理由律」が守られなければならない．

　ここでまず論理実証主義で用いられるツールであるアブダクションや帰納，演繹，類推とはどのようなものであるかにつき，見ておこう．ただ，論理実証主義を進める過程では，次のことが前提される．形式論理学の基本法則である(注：寺沢恒信『形式論理学要説』清水弘文堂，昭和43年（1968年），42-46頁.)．それを守らなければ，正しい思考ができないような，条件のことである．

　　1．同一律，「AはAである．」
　　2．矛盾律，「Aであり，かつAでない，ということはない．」
　　3．排中律，「Aであるか，またはnonAであるか，のどちらかである．」

以上，3つの法則の相互関係―判断に関しては，同一律，矛盾律，排中律は等値であるとされる．

　　同一律，aはa,
　　矛盾律，aでありかつaでないことは，ありえない．つまり，aはa,ということ．
　　排中律，aであるか，またはnon・aである．つまり，aならaであるし，aでないならaでない．つまり，aはaである．

　よって，三者はすべて同じことを言っていることになる．さらに，

4. 充足理由律

「あらゆる真なる思考は，充分な根拠をもたねばならない.」

　これは，帰納推理，演繹推理，類推という推理において重要である（注：ただ，ここでの指摘はあくまで論の「論理的展開」についての原則についての指摘である. いくら論理的展開にかなっていても人間にとって望ましくない結論が導き出されては，本末転倒であろう. したがって，論理的展開と同時にその論が「人間の自己保存と種の存続が真の公平・平等的かつ肉体的，精神的に平穏的存続の下に実現する」ことに寄与しているか否かを常に問い続けねばならない. また，その推論がいくら論理的であっても，提言がそもそもドグマであるなら，その論は検討に値しないものとなるであろう. 従来，肝心のこの点が配慮されていなかったのである. マルクスの提言した共産主義思想は，見かけ上論理的のようであるが，提言そのものがドグマであったのである. しかも，ドグマであることは巧みにカムフラージュされていた. その手段が，弁証法と唯物史観である. よって，できれば現実に検証することが可能な推論が提言されていることが望ましい. とするなら，例えば「財には価値が存在する」という仮説は，成立し得ない. 価値の実在を証明できないからである. つまり，いくら論理的であっても，「価値の実在」は説明はもちろん「実証」は不可能であろう. なお，森嶋通夫氏は，マルクスのいう「価値」を「労働乗数」である，とされる（森嶋通夫『マルクスの経済学』，『森嶋通夫著作集』7，岩波書店，2004年，4-5，22頁）. ただ，ここで「乗数」は「関数」の誤植ではないかと推測される. そうでなければ，意味合いに整合性が保てないからである. つまり，労働の投下量により生産の量の大小は，確かに決定される. しかしかと言って，このことによって「価値」の存在の有無について説明したことになっているかについては，肯ぜられない. 何故なら，「不変の大きさとして定まる価値の性質」については，説明がないからである. さらに，「弁証法は，矛盾律さえ解消する」，という見方があるが，全くの誤解であると考えられる. 現に，誰一人それを実証した者はいない. これらのマルクスの批判についての詳細は，本書の補論2を参照されたい.）.

　ともかく，仮説や予測を生み出すツールとしてのアブダクション，帰納，演繹，類推（パースによれば，類推は帰納＋演繹，またはアブダクション＋演繹という複合形式であるとしている. また，アブダクションは，推定と訳されている. パース著，上山春平，山下正男訳「論文集，パースⅡ，記号論の哲学的基礎，第四章人間記号論の試み，2，すべての精神作用は推論である」（中公バックス，責任編集上山春平『世界の名著，59——パース，ジェイムズ，テューイ』中央公論社，1980年，134-138頁））とはどのようなものかを，まず見ておこう.

2　論理実証主義で用いられるツール

要約

　論理実証主義を進めるツールには，アブダクション，帰納，演繹，類推があるが，例えば，ある事象が生じる原因をアブダクションや帰納によって見出したり，あるいは，原因として挙げられた現象を，アブダクションや帰納によって絞り込んでゆく．次いで，演繹や類推によってさらに確定してゆく，という過程を辿ることになるだろう．

1）アブダクション（abduction）

（注：「アブダクションは，仮説形成，仮説的推論，仮説推論，発想法（濱田嘉昭『科学的探究の方法』放送大学教育振興会 NHK 出版，2011 年，67 頁）と訳される（他に，仮説的推理，仮説的論論，推定という訳もある）が，「検討されるべき仮説をまず立てた上で，そこから演繹的に観察可能な帰結を推論し，その帰結を実際の観察に照らしてテストすることによって，初めに立てた仮説が受け入れられるものであるか否かを判定するという方法．ポパーの考えも，仮説演繹法の一種といえよう」．また，「既に受け入れられている理論的な枠組みを前提として利用することになる．そのようなやり方も，仮説演繹法に含めるべきであろう．そのような意味では，パラダイム論（クーン）や科学的リサーチ・プログラムの方法も仮説演繹法に含まれるといってよい（廣松渉ほか編『岩波哲学・思想事典』岩波書店，1998 年，30-31，239 頁）とされている．なお，アブダクションには，① 仮説を立てる，という意味に狭く捉える考えと，② 論理実証主義と同じ過程までふくめる，つまり，方法論全体を指し示す場合がある．米盛裕二氏は，『アブダクション——仮説と発見の論理——』勁草書房，2007 年，において，アブダクションは帰納に似ているがそれとは異なる「新しい推理の概念」とされている（同書，201 頁）．このように，解説者によって内容が異なっているのが現状である．）

　ところで，米盛裕二氏は，『アブダクション——仮説と発見の論理——』勁草書房，2007 年においてアブダクションにつき詳細に解説されている．

　　驚くべき事実Ｃが観察される．
　　しかも，もしＨが真であれば，Ｃは当然のことがらであろう．

よって，Hが真であると考えるべき理由がある．

ここでHを導出する過程がアブダクションであるとする（同書，54頁）．

また，アブダクションは，われわれが直接観察したものとは違う種類の何ものかを推論する．われわれにとって，しばしば直接には観察不可能な何ものかを仮定するから，帰納とは異なるとされる（同書，87頁）．また，パースの説明では，パースは，科学的探究の過程は「3つの段階を形成する．第一段階はアブダクションであり，第2段階は演繹であり，第3段階が帰納である，としているとする．

ただ，この3段階は，論理実証主義と同じものではないかと考えられるし，異なるのは，各段階で使用するツールだけである．また，パースの事例説明では，結局は帰納・演繹・類推を全て動員することで仮説が引き出されていると思われる．とするなら，論理実証主義とアブダクションは実は同じ科学的研究の過程であると思われる．両者がこだわるのは，どの段階でどのツールを使用するかである．ただ，筆者は全ての段階で全てのツールが使用される必要があると考える．なぜなら，目的は論理の形式にかなうことではなく，実際のベネフィットの実現であるからである．この点，筆者はアブダクションを，「帰納にこだわらない（ただ，事実に基づくものでなければならない）仮説の導出とその修正過程」と捉える．

また，米盛裕二氏はアブダクションとは，「われわれが直接観察したものとは違う種類の何ものかを推論する」「われわれにとってしばしば直接には観察不可能な何ものかを仮定する」とされ（しかし，これは，「演繹」による推論そのものではないのか．（三段論法に限らず）），また，パースは「ナポレオンに関する残された史料による「ナポレオンの実在」という推論は，「観察された結果的事実から帰納的な一般化によって導き出されたものではない」としているとされる．米盛氏は，パースの考えに同意されているようだが，筆者は「史実の実在は，ナポレオンの実在を推測しなければならない．よって，ナポレオンの実在を「推測できる．」という推論は，ナポレオンの実在を「当たり前」と考える無意識の主観がなせるもので，本来は，1つならず多数の史料のナポレオンの実在を示す史実内容から，「よって，ナポレオンは実在した」という推論の結論を導き出さねばならない．したがって，まさに帰納的に導出されたものであると，思われるのである（同書，88-89頁）．

アブダクションでの仮説の立て方では，帰納法の基本的な形式に沿った（つまり，類似のデータを揃えるという）事実の集積ではなく，集められたデータ（事実）から引き出せると思われる仮説を推測し，その内実をデータと矛盾しない内容のものに集約していくような過程を辿る．もし仮説がデータと整合性を持たなければ，仮説そのものを変更することとなる．このように，アブダクションは推測において，多様な過程が予想される．たとえば，仮説とデータに共通点があれば，そこからさらに「第三の内容を引き出す」という経過もとる（注：例：英語の特徴を知る⇒似通った性質を持った暗号文⇒その暗号文は英語であるとみやぶる．（後述））．

次に，保城広至氏はアブダクションを「ある事実やデータが観察された場合，それはなぜかと問い，何らかの作業仮説をつくって説明・検証する方法のこと」とされている（保城広至『歴史から理論を創造する方法——社会科学と歴史学を統合する——』勁草書房，2015 年，96 頁）．

また，柴山盛生氏は，アブダクションを「事実をうまく説明するために，仮説を形成して推論を行うものである．基本原理と個別事例から一般的な関係を導いている」とされる．

　　例：水泳選手は泳ぐのが早い．
　　　　彼女は泳ぐのが早い．
　　　　したがって，彼女は水泳選手ではないか（注：柴山盛生・遠山紘司『問題解決の進め方』放送大学教育振興会，2012 年，125 頁）．

と，独特の説明をされる．

さらに，アブダクションの手続きにつき，濱田嘉昭氏は，

　　A 意外な新しい現象 P が観測される．
　　B 仮説 H を真だとすると，結果として P が説明できる．
　　C したがって，仮説 H は真だと考える理由がある．

とされる．

これは，ハンソン（後述）の説明，つまりパースの説明（驚くべき事実 C が観察される．しかし，もし H が新であれば，C は当然の事柄であろう．よって，H が真であると考えるべき理由がある．米盛裕二『アブダクション——仮説と発見の論理——』勁草書房，2007 年，54 頁）と同じ内容である．ともかく，濱田嘉昭氏は，「論法としては間

50

違っているが，ウェゲナーの「大陸移動説」やルヴェリエの「海王星」の予言
などを導き出した」，とされ，偶然の発見，が幸運をもたらすことがあるとも
されている（注：濱田嘉昭ほか『科学的探究の方法』放送大学教育振興会，（NHK），2011
年，67-69頁.）.

　ところで，このアブダクションは，もともとパースが提唱した考えである.
よって，ここで本人の考えをみておこう．パースの説明は以下のようなもので
ある.

　パース著，上山春平，山下正男訳「論文集，Ⅱ，記号論の哲学的基礎，第4
章，人間記号論の試み，二・すべての精神作用は推論である」(中公バックス，
上山春平責任編集『世界の名著 59. パース，ジェイムズ，デューイ』中央公論社，1980
年)，によると，「完全で単純な正しい推論つまり三段論法は，必然的なものと
確からしいものとに分けられる．必然的な三段論法，換言すれば演繹的な三段
論法とは，その推論の正しさが，推論された事柄と前提で措定（ある内容をはっ
きりと取り出して固定すること）された事柄との関係だけに依存するような推論で
ある．（中略）しかし，その正しさが，何らかの他の知識の不在に依存するよう
な三段論法がある．そして，これが確からしい三段論法あるいは蓋然的な三段
論法といわれるものである」として，蓋然的三段論法の事例簡略化の事例を挙
げる.

　　1．ある男が真性コレラにかかった.
　　2．医者は多量の放血を行った.
　　3．つぎの朝は起きあがれるほどになった．だから，放血がコレラをなお
　すのに役立ったのだ.

　ここで，放血でコレラがなおらなかった例も数多いから，この結論は必ずし
も真とは言えない（同書，132-133頁）.
　ついで，帰納の事例を挙げる.

　ある本1冊の，アルファベット a〜z の出現の頻度をみる，という事例
　　1．他の書物でもみる.
　　2．結果，すべて，同じ頻度数となる（同書，134-135頁）.
　　3．この例の詳細を見ると，
　「すべての英語の本における e の出現の頻度数は 11 か 1/4 パーセントだと

いう結を出したが，これを大前提とし，A，B……G は英語の本だ，を小
前提とするとそこから，A，B，C……G におけるCの頻度数は 11 か 1/4
パーセントだということが演繹的に導出される」．

そして，こうした前提から「暗号文で文字が 26 種以下で，各々の文字の頻
度数が先のアルファベッドの頻度数と同じであった．ほぼ意味が通った．暗号
分を英文として推論できた．という結果が得られたとすると，これは，解読の
他の性質が何も知られていないなら，まぎれもない推定（＝アブダクション）で
ある（同書，135頁）」とする．そして，「推定（アブダクション）は次のように定
義してよかろう．すなわち推定とは，若干の性質がある事物に属するとき，そ
の若干の性質を部分としてふくむような性質もまたその事物に属するであろう
という想定にもとづく推論である」とし（同書，136頁），「先にあげた推定の例
は，実はつぎの 2 つの三段論法のそれぞれの小前提を導きだすことにほかなら
なかったのである」として，例を示す．

①「すべての英語の文書は，11 か 1/4 パーセントの頻度数をもつ第一の種類
の記号と 8 か 1/2 パーセントの頻度数をもつ第二の種類の記号と，8 パーセン
トの頻度数をもつ第三の種類の記号と，7 か 1/2 パーセントの頻度数をもつ第
四の種類の記号をふくむ．この暗号文書は（こうみえて実は，e，t，a，s をふくむ）
英語の文書なのである．ゆえに，この暗号文書は，11 か 1/4 パーセントの頻
度数をもつ第一の種類の記号と，8 か 1/2 パーセントの頻度数をもつ第二の種
類の記号と，8 パーセントの頻度数をもつ第三の種類の記号と，7 か 1/2 パー
セントの頻度数をもつ第四の種類の記号をふくむ．

② その暗号文書のそれぞれの記号を，e，t，a，s 以外になおいくつかのア
ルファベットでおきかえて，一応意味の通じる英語の文書ができあがったとし
よう．すると，こうした英文の文書は，そういったおきかえによって意味が通
じる．

この暗号文書は（こうみえて実は e，t，a，s を始めとするこれこれのアルファベット
で書かれた）英語の文書なのである．ゆえに，この暗号文書は，そういったお
きかえによって意味が通じる．

こうして推定という操作は，それ自身では統一を持たない一連の性質が，そ
れらすべての性質をふくむ，そしてたいていの場合，それら以外のさまざまの
性質をもふくむ，単一あるいは少数の性質によっておきかえられることである．

したがって，推定もまた「多様を統一へともたらす操作」であるといえる.」
とし，「すべての正しい推論は演繹的か帰納的か，推定的かであり，さもなけ
ればそれら３つのうちの２つあるいはすべての結合したものである（同書，135
頁（注：「ミルは類推による推論を特殊から特殊への推論とよんだが，こうした推論の正当
性は，帰納の性質と推定の性質の結合から生じるものであり，事実，類推による推論は，
「帰納と演繹」および「推定と演繹」に分解できるのである」とする（同書，138頁）.））」.

　パースのアブダクションの説明を見ると，アブダクションの構造は，以下の
ようである.

　　ある性質，１
　　ある性質，２
　　ある性質，３
　　……
　　ある性質，Ｎ

　これらの性質は，互いに関連は薄く別の意味しか持たない.　ところが，これ
らを統合して考察すると，１つの意味が生じる.

　先の暗号文書の例では，この文書の，使用されている記号の頻度数を見ると，
それだけでは単なる数字である.　だが，英語のアルファベットの使用頻度数と
して見ると，似通っていることが判明し，暗号文書は英語ではないかと推察さ
れる.　そこで，英語の文書として解読してみると，ほぼ意味が通る.　よって，
この暗号文書は英語で書かれていると結論づけるのである.　もし違っていると，
仮説を修正して，ドイツ語ではないか，と予測し，その特徴を調べ，暗号文書
でも特徴の存否を確認する.　この作業を繰り返してゆくこととなる.

　ただ，ここの説明で欠けているのは，こうした推測に至った経緯である.　実
は，こうした検討の前に「仮説」を形成しているはずである.　つまり，暗号文
書の記号を文字ではないか，それはひょっとしたらアルファベットではないか
と，という仮説の提示をまず行っていると予想されるのである.　その後に，検
討されているものと思われる.

　そしてパースは帰納につき「帰納はつぎのように定義してよかろう.　つまり
帰納とは，ある集合にふくまれる若干の事物が，ある特定の性質をもつことが
知られているとき，その集合にふくまれるすべての事物もまたその性質をもつ
という想定にもとづいて進められる推論である（同書，135頁）」「換言すれば，

ある集合から任意に選ばれた数個の例について真なる性質は，その集合全体に
ついても真であるという想定にもとづく推論である（同書，135-136 頁）」とする．
そして，「帰納がもっているもっともたいせつな性質は，いったん得られた結
論を三段論法の大前提とし，これこれの事実が一定の集合から選びだされたと
いうことを述べる命題を小前提とすることによって，帰納のもう 1 つの前提が，
それら 2 つから演繹的に導きだされるという点である（同書，136 頁）」とする
のである．ただ，パースがここで示したアブダクションの事例は，後に見る類
推と変わらないのではと思われる．

　一方，演繹については「どんな演繹的推論も次のような公式にはめこむこと
ができる．「もし A ならば B．しかるに A．ゆえに B」（同書，137 頁）」とする
（注：なお，仮説演繹法（ハンソンは，仮説演繹法を H—D 系（hypothetico-deductive meth-
od）と称している（N. R. ハンソン著，村上陽一郎訳『科学理論はいかにして生まれるか』
講談社，1971 年，130 頁））とは，仮説からある結論を導き出す経路（過程）は，その仮説
から引き出される幾つかの類推による結論のうち，今最終的に明らかにしたい結論において，
一番関連の深いものをその仮説の結論として選び出す．以下，同様の推論を繰り返すことに
よって，最終的な結論に近づいてゆくこととする．仮説演繹法とアブダクションの違いにつ
いては，保城広至が詳しく述べられている［保城広至『歴史から理論を創造する方法——社
会科学と歴史学を統合する——』勁草書房，2013 年，90 頁．］本書，第 4 章参照．）．

　なお，このアブダクションについては，科学の方法論において，N. R. ハン
ソンが詳細に説明している（注：N. R. ハンソン著，村上陽一訳『科学理論はいかにし
て生まれるか』講談社，1971 年）．

　ハンソンは，アブダクションにつき，ケプラーの仮説を例に，次のようにの
べる（なおミルは，ケプラーの推測過程を「ケプラーの操作がこのような意味での帰納であ
ると主張することはほとんどできない」としている（J. S. ミル著，大関将一・小林篤郎訳
『論理学体系——論証と帰納——』III，春秋社，1958 年，38 頁））．

　「物理学者は，そのデータの説明を求めるのである．その最終目的は（中略）
データと合理的に適合するに到るような，そういう概念パターンなのである．
（同書，134 頁）」よって「ケプラーは何度もその事実群に戻らねばならなかった．
事実群からある仮説を立ててみる．また事実に戻ってそこから別の仮説を立て
てみる．これの繰り返しであった．そして最後に（火星の）楕円軌道の仮説に
至ったのである（この過程こそがリトロダクション（＝アブダクション）なのである）
（同書，134 頁）」．

　ケプラーは火星の軌道を，当初楕円ではなく卵円形とした．ここがリトロダクション（＝アブダクション）のポイントであったと，ハンソンは言う（同書，140頁）．

　つまり「観察データとうまく適合するように理論的調整を行った」．これがまさしくリトロダクションであるとし（同書，152頁），そして，リトロダクシシンは単に演繹的，帰納的でもなかったとハンソンは言う（同書，153頁）．

　また，彼はパースが提唱したアブダクションは，アリストテレスが既に示していた「アパゴーゲー」のことであり（これは還元と訳されている），パースはこれをアブダクション，またはリトロダクションと訳している，としている．その特微を「中間項と最終項との関係は，結論と等しいかもしくはそれ以上に蓋然性は高いにしてもなお，不確実である．もしくは，中間項と最終項との間の媒介項がごく少数しかないような論証形式といってもよい．こうした場合，我々は新しい項を手にしたのだから知識により近付くことになるからである．」とまとめている（同書，153-154頁）．よって，アブダクションとは「設定した仮説を修正する過程」を指していることとなろう．

　この他，「アブダクションは，事実の検討と，事実を説明する理論の構築とからなる」．「アブダクティブな推論と帰納的推理とは，全く相互に転換し得るものではなく，また演繹的推理とも同様であり，また演繹も他のどちらとも転換できない……（同書，154頁）」．「演繹は，何かがそうあらねばならない，と証明するものであり，帰納は，何ものかが実際にそう機能するということを示すものであり，アブダクションは，何かがそうある可能性があることを提示するものであるに過ぎない」と，パースの考え方をまとめている（同書，154頁）．

　なお，ハンソンは推論の形式については次のように説明する．

　　「1．常識からは腑に落ちないようなある現象Pが観察される．2．Pは，もしHが正しいとすれば，Hによって（Pは）当然のこととして説明し得るものとなる．3．それゆえHが正しいと考えるにはそれだけの理由がある」．

　　「H（仮説）は，その内容が2．のなかに現われて始めて，リトロダクティヴな形で推論されるものである．帰納的説明では，Hは，Pを繰り返すこと（似たようなP2，P3を確認してゆく）で明らかになると考える（同書，156頁）」．

「ここでのHは，Pの数を次第に大きくして行き，その数を統計．推計学的に処理することによって得られたものではない．また，Hは，Pがそこから演繹されるようなものとして，ただ〈思い付かれた〉ものでもない（同書，156頁）」．

「リトロダクションは，（中略）様々な個々の観則データの総括からつねに始まる（同書，159頁）」．

「アブダクションは，結局，事実を勧察すること，そしてそれから，その事実を起こしたものを明らかにすることへと移る，ということである（同書，160頁）」．

「ケプラーのやったことは，1つの偉大なリトロダクションであった（同書，160頁）」．

「理論によって，現象は体系になる．一方理論は，逆につまり，リトロダクティヴなやり方で形造られる（同書，162頁）」．

　以上が，ハンソンのアブダクションについての解説である．この説明によれば，アブダクションとは，提示された「仮説」を正しく修正することで，つまり，修正の過程のことであると考えられる．よって，科学方法論での「仮説の修正」段階を指し，方法論の全体の過程を示す言葉ではないことがわかる．

　以上から，科学的推理法とは，論理実証主義にアブダクションという仮説の導出での，多様性過程を付加し，さらに，検討する時のツールは，仮説の導出，仮説の予測化，予測の実証過程の総てで，帰納・演繹・類推を全て使用する，というものとなると考えられる．

2）帰納法（induction）

　次に帰納とはどのようなものだろう．濱田嘉昭氏の「帰納」に関する説明を見ておこう（濱田嘉昭ほか『科学的探究の方法』放送大学教育振興会，（NHK），2011年）．

　「多くのサンプルの事象を集めて，そこからサンプルに共通する性質と事象の関係を推定して，一般的な法則を導き出す方法」よって，「結論は必ずしも必然的とは言えず，蓋然的にならざるを得ない」とされている（同書，64-65頁）．

　帰納法での事例として，

　　事例1：Aさんは夢を見た．
　　事例2：Bさんは夢を見た．

......

......

結論：したがって，人は夢を見る（64頁）．

帰納法で用いる事象には，斉一性が前提としてあるといわれる（斉一性：それぞれの事例での事象には，他の要因がなければ同一過程が進行しているはずであるという暗黙の仮定）．

この事例はごく簡単なものであるが，実際には様々な帰納法がある．そこで，寺沢恒信『形式論理学要説』清水弘文堂，昭和43年（1968年），71-75頁で概要を見ておこう（以下の内容の多くは，断りのないかぎり同書による．記して謝意を表す）．

なお，ミルは帰納を次のように定義する．「帰納とは精神の操作であって，我々はこれによって，特殊の1つ又は1つ以上の事例において真であるとして知られたものが，これとある特定の指摘可能な点において似ているすべての事例においても，同様に真であろうと推論することである」．

「帰納とは一部類のある個別者について真であるところのものが，部類全体について真であると結論する手続，又はある時に真であるものが，類似の事情の下ではすべての時に真であると結論する手続である」．

「一般的でない表現から出発して，一般的な表現に終わるすべての過程は，——これは「このA及びあのAはBである，故にあらゆるAはBである」という形式で述べることができる」とする（J.S.ミル著，大関將一・小林篤郎訳『論理学体系——論証と帰納——』Ⅲ，春秋社，1959年，12-13頁）．

（1）完全帰納（完全枚挙）

有限個の事物または有限回の現象について，そのおのおのにある性質または関係が属することをたしかめたのち，それを前提として，その種類の事物または現象の全体にその性質または関係が属することを結論する推理を，完全帰納という．

　例：金属は伝導体である．金属の（現存する）種類には限りがあるから，実験ですべて確認することは可能．よって，完全帰納は数少ない．（寺沢恒信，前掲書，71-72頁）（ただし伝導体には，不純物の混ざった水や，炭素と結合した黒いビニールもある．「伝導体の確認」という接近の仕方の場合，注意が必要となる．

したがって，帰納が単に推測の手段であるといわれる所以である）．

　また，現在では新しい元素が創造されている．とすれば，今後，さらに新しい金属が出現するかもしれない．よって，全ての金属は確認できないこととなる．とすれば，これは不完全帰納だろう．この事例は，あくまで現存の金属を対象とした考えであろう．

（2）不完全帰納

　研究されている事物，現象の，あらゆる場合をつくしていない前提から，一般的結論を引き出す推理を，不完全帰納という．

　原理的に，事実上すべての事例を調べつくすことができない場合が，きわめて多い．（中略）したがって，帰納は多くの場合に不完全帰納にならざるをえない．

　　例：家屋を購入した人が死体で見つかった．この人は，自殺か，殺されたのか，どちらか，という推理の場合では，「家屋を購入したのに，自殺するとは考えにくい」という推論が考えられる．が，過去の事例すべてを確認することは不可能である．よって，確定した結論を導くことは，不可能なケースである（寺沢同書，72-73頁）．

（3）科学的帰納

　研究されている事物の一部分について，その本質的な性質やそれにぞくする本質的な関係を把握したことにもとづいて，その種類の事物全体についての一般的結論を引き出す推理を，科学的帰納という．

　　例：オタマジャクシは水中で生息するが，カエルは陸上で活動する．よって両者は異なる別の生物だ，と結論すれば不完全帰納となる．しかし，オタマジャクシの鰓が，やがて肺に入れ替わる．よって，両者は同じ生物で，いわゆる両生類であると結論づけると，それは科学的帰納である．

　科学的帰納が正しいか否かは，観察される事例の数が多ければ多いほど良いのではなく，事例の研究の綿密さと全面性（本質を把握しているか否か）に依存する（寺沢同書，73頁）．

　科学的帰納を行うには，諸現象のあいだの因果関係を確立することが重要で

ある.

　その方法は次のようなものがある.

a　類似法

　類似法とは，寺沢恒信氏によれば，「a という現象がそのもとでおこるよう
ないくつかの事例を考察する.（ABC），（ADE），（AFG）という現象のグル
ープのもとで，同じ a という結果が生じたとすると，それらを比較して共通の
現象 A を選びだし，「A が a の原因である」と推理する方法のことである. こ
の推理は蓋然的（おそらくそうであろうと思われるさま. 対必然）である. すなわち，
この結論は，確実だとはいえない，とされる（寺沢前書, 74頁）.

　一方，近藤洋逸・好並英司『論理学入門』岩波書店，1979年，165頁では
「一致法」とされている.

　　　（ABC）—abc
　　　（ADE）—ade
　　　（AFG）—afg
　　　・・・・・・
　　　∴ A—a

b　差異法

　（A, B, C）という現象のグループのもとでは a という結果が生じ，（B,
C）という現象のグループでは a という結果が生じないとすると，それらを比
較して，「A が a の原因である」と推理する. この推理も蓋然的である（寺沢同
書, 74頁）.

　なお，近藤洋逸・好並英司『論理学入門』岩波書店，1979年，では，

　　　ABC—abc
　　　BC—bc
　　　∴ A—a

という例が示されている（166頁）.

c　類似法と差異法の併用

　両者を併用すると，真実性の程度が高まる（寺沢前書, 74頁）. 近藤洋逸・好
並英司の前書では「一致差異併用法」とされている（169頁）.

一致差異併用法

(ABC)—abc　(B'C')—b'c'
(ADE)—ade　(DE)—d'e'
(AFG)—afg　(F'G')—f'g'
・・・
・・・
─────────────────
∴ A—a

d　比例的変化の方法

(A，B，C) という現象のグループの中で，A現象が量的に変化するならば，それに応じてaという結果も量的に変化し，両者のあいだに比例関係が発見されるならば，「Aがaの原因である」と推理する（寺沢前書，74-75頁）．この推理の蓋然性はかなり高い．

　　例：同じ球を同じ初速度で平板の上をころがす．平板の面をだんだんなめ
　　らかにしてゆくと，球のころがる距離はだんだん長くなる．この事実から，
　　「摩擦が，運動している球が止まる原因である」と推理する．

近藤洋逸・好並英司の前書では「共変法」とされている（171頁）．

A↑—a↑
B↑—b↑
・・・・
─────────
∴ A → a
　 B → b
・・・・

但し，図は筆者による．

e　残余法

(A，B，C) という現象のグループのもとで (a，b，c) という結果が生じ，Aという単独の現象がaという結果を，Bという単独の現象がbという結果を生じることをたしかめたとき，そのことから，「Cがcの原因である」と推理する．この推理も蓋然的である．

　以上の方法はいずれも，因果関係がありそうだ，という蓋然的な結論しか与

えない．因果関係を認識するためには，実践よってAという現象をつくりだし
た場合にaという結果が実際に生じることをたしかめる必要がある．

　だが，Aという現象を人為的につくりだすことが困難な場合や，aという結
果が実際におこっては困る場合もあるので，Aとaとのあいだに因果関係があ
ることを確認するためにAという現象を実践によってつくりだすことができな
いこともある．このような場合には，蓋然的な結論で満足せざるをえない（寺
沢前書，75頁）．

　近藤洋逸・好並英司『論理学概論』岩波書店，1964年，では「剰余法」と
されている（172頁）．

　　　AB—ab
　　　A—a
　　∴B—b（同書，172頁）

以上が，帰納法の事例である．
　なお，参考として，数学的帰納法について見ておく．

　　数学的帰納法：自然数 n についての性質 P(n) に対して，① P(1) は正し
　　く；かつ，② 任意の自然数 k について，P(k) が正しいことを仮定したと
　　きに P(k+1) も正しい；の 2 つが証明されるならば，すべての自然数 n
　　について P(n) が正しいことが導かれる，このような推論を言う（日本数学
　　会編集『岩波数学辞典』第 3 版，岩波書店，1985年，474頁）．

3）演繹法（deduction）

　濱田嘉昭氏は，一般的で正しい原理あるいは仮定から出発し，論理的な推論
によって，個別の言明を導き出す方法のことである，とされ，三段論法の事例
を示しておられる（濱田嘉昭ほか『科学的探究の方法』放送大学教育振興会，(NHK)，
2011年，63頁）．

　　大前提：人は夢をみる．
　　小前提：Aさんは人である．
　　結論　：したがって，Aさんは夢をみる

　しかし，この事例は単なる演繹である．

（1）三段論法

　演繹推理の典型的な形式は，三段論法である．これは，2つの与えられた判断（前提）から，第三の判断を導き出す，推理の形式であって，演繹推理でもっとも普通に用いられる形式である（寺沢恒信『形式論理学要説』清水弘文堂，昭和43年（1968年），47頁．以下，断りのないかぎり，同書の頁数である）．

　先に示された事例は正確には三段論法の事例とはなっていない．三段論法の形式は

　　大前提（PとM含む）
　　小前提（SとM含む）
　　結論　（SとP含む）

である（同書，48頁）．よって正しくは，

　　大前提：人（P）は夢を見る（M）
　　小前提：Aさん（S）は夢を見る（M）
　　結論：したがって，Aさん（S）は人（P）である

となるはずである．
他の事例として次のようなものがある．

　　大前提（PとM含む）：すべての鳥類pには羽mがある．
　　小前提（SとM含む）：雀sには羽mがある．
　　結論　（SとP含む）：故に，雀sは鳥類pである．

　なお，三段論法についてのミルの説明では，三段論法の一般方式は

　　属性Aは属性Bを表わす指標である．
　　与えられた対象はAなる指標を持つ．
　　故に，与えられた対象は属性Bを持っている．

という形式で捉えられる，とする．また，次の点に注意を促す．三段論法に対する反論，「我々がすべての個人の死を既に確認しているのでなければ，すべての人間の死すべきことを確認することができない」．よって「すべての人間は死ぬ，ソクラテスは人間である，故に，ソクラテスは死ぬ」において，ソクラテスも人間であるから，当初から死ぬ存在としてしまっている．だから，何

62

ら証明したことにはならない」には，「（私の父，父の父は死んだ）という事実の積み重ねから，人間は死ぬという全称命題を陳述し（帰納），次いで，時に応じてこれを解釈して，ソクラテスやその他の人々に適用する（三段論法）のである」とする．ここに，帰納と演繹の関係が見えてくる，とする（J.S.ミル著，大関將一訳『論理学体系——論証と帰納——』Ⅱ，春秋社，1959年，48，55，86-88頁）.

ところで，三段論法にも様々なものがある．

a　定言三段論法

３つの定言判断からなりたつ三段論法を，定言三段論法という（寺沢前書，42-62頁）．前提および結論の構成部分をなす３つの概念につぎの名前をつける（定言：「もし」「または」とかの仮定・条件を設けず，無条件に断定する立言（新村出編『広辞苑』第7版，岩波書店，2018年））.

> 結論の主概念となるもの……小概念（S）（主語：一般に名詞（句）がなる.）
> 結論の賓概念となるもの……大概念（P）（賓概念：述語に同じ．主語と結びついてその動作，状態，性質などを叙述する語または句.）
> 結論には現れず，２つの前提に共通に現れるもの……媒概念（M）

前提をなす２つの判断のうち，大概念を含むものを大前提とよび，小概念を含むものを小前提という．

定言三段論法が成立するのは，媒概念が小概念と大概念とを結びつけるからである．媒概念がこのような働きをしない場合は，この三段論法は成立しない．

> 例
> すべての有蹄類（P）は哺乳類（M）である（有蹄類：哺乳類のうちひづめ（蹄）をもったものの総称．ひづめ：趾端にある硬い角質の爪）.
> 馬（S）は有蹄類（P）である.
> 故に，馬（S）は哺乳類（M）である（48頁）.

これはおかしい．よって，正しくは，

> 馬Pは有蹄類Mである.
> 哺乳類Sには有蹄類Mが含まれる.

故に，哺乳類Sには馬Pが含まれる．

であろう．

　成立しない例
　すべての有蹄類（P）は魚類（M）ではない．
　鯨（S）は魚類で（M）はない．
　故に，鯨（S）は有蹄類（P）ではない．
　　鯨：偶蹄類．偶蹄類：哺乳綱の一目．牛目．5指のうち第1指，親指は
　　退化し，第2指・第5指も退化傾向で，体重は第3指と第4指にかかる．
　　奇蹄類：哺乳綱の一目．馬目．残っているのは，第3指（中指）だけ．
　　鯨は偶蹄類．よって，鯨も有蹄類のうちの偶蹄類である．

　近藤洋逸・好並英司『論理学入門』岩波書店，1979年，では，定言三段論
法の例を，

　例
　すべての哺乳動物は脊椎動物である．
　すべての馬は哺乳動物である．
　ゆえに「すべての馬は脊椎動物である（109頁）．

と示している（正しい）．

b　仮言三段論法

　仮言とは「ある仮定・条件を設けてなされる立言のことである（新村出編『広
辞苑』第7版，岩波書店，2018年）．

　どのような形式の仮言三段論法が成り立つかを吟味するためには，2つの前
提を連言（命題を結びつける基本的な形式の1つ．日常語の「そして」にあたる．命題
「PそしてQ」は，Pが真でありまたQが真であるときにのみ，命題全体も真となる）で結
んだものと，結論とを⊃（もし～ならば）で接合した論理式が，恒真式（常に正し
い）になるかどうかを調べればよい（寺沢前掲書，63頁）．

　例
　雨が降れば，庭が濡れる（大前提）．そして（連言），雨が降った（小前提）．
　故に庭が濡れている（結論）．もし，雨が降れば，庭が濡れる（⊃）．まさ
　に，庭が濡れている（故に，雨が降ったのだ）．

　強調部が、「結論」と「つ（もし～ならば）」で、両者は恒真式であるなら、よって、仮言三段論法が成り立っているようにみえる。

　しかし、庭にホースで水を撒いても、庭はぬれる。つまり、この三段論法は恒真式ではない。よって、三段論法の形式が敷衍されても、真実性が高まるとは限らない。

　① 純粋仮言三段論法
　　3つの仮言判断からなりたつ三段論法（62頁）。

　② 仮言＝定言三段論法　　　定言：条件なしの立言。
　　例：
　　雨が降ればP、庭が濡れる。M
　　庭が濡れている。M
　　故に、雨が降ったのだ。P
　　（これは間違い。ホースで水を撒いても、庭は濡れる。）

　よって、正しい推理は、

　　大雨が降れば、庭が濡れる。
　　大雨が降った。
　　故に庭が濡れている。

である。

　近藤洋逸・好並英司『論理学入門』岩波書店、1979年、では、仮言三段論法を、前提も結論も仮言命題（仮言：ある仮定・条件を設けてなされる立言。仮説）であり、これを純粋仮言三段論法、もう1つが仮言命題と定言命題（定言：「もし」とか「または」とかの仮定・条件を設けず、無条件に断定する立言）と混合したもので、混合仮言三段論法という、とする（74頁）。

　まず、純粋仮言三段論法は、肯定式と否定式がある。

　　肯定式（同書、75頁）
　　環境が破壊されると人心が荒廃する。PM
　　環境が破壊されている。P
　　故に人心は荒廃する。M

「予測はこの型の推理である」，としている.

　　否定式（同書，75 頁）
　　もし私が膀胱腫瘍ならば血尿が出る.
　　私には血尿が出ていない.
　　故に私は膀胱腫瘍ではない.
　　この型の推理も重要であり，仮説や推測のテストに用いられる.

c　選言三段論法

　選言とは，命題間を結びつける基本的な形式の 1 つである．日常語の「あるいは」に相当する．「P あるいは Q」において，狭義の選言では，命題 P か Q のどちらかのみが真のときに真であるが，広義の選言では両項ともに真のときも真となる（新村出編『広辞苑』第 6 版，岩波書店，1990 年，1592 頁）．
　前提が選言判断と定言判断からなる三段論法
　大前提となる選言判断は，排斥的選言判断でなければならない（寺沢前掲書，66 頁）.

　　例：
　　買い物に行くには，歩くか乗り物に乗る必要がある.
　　今，歩いては買い物に行かない.
　　よって，買い物に行くには乗り物に乗らねばならない.

　近藤洋逸・好並英司『論理学入門』岩波書店，1979 年，では，

　　入社試験にパスするには実力があるか，縁故にたよるかである.
　　残念ながら実力がない，とすると
　　縁故に頼ることになろう.

という事例が示されている（80 頁）.

d　仮言＝選言三段論法

　選言三段論法，仮言＝選言三段論法のある式がなりたつかどうか疑わしい場合には，仮言三段論法について前に述べたのと同様に，2 つの前提を連言で結んだものと，結論とを⊃（もし～ならば）で接合した論理式が，恒真式（常に正しい）になるかどうかを調べればよい（寺沢同書，66-68 頁）.
　この三段論法の例として近藤洋逸・好並英司『論理学入門』岩波書店，1979

年，では，「両刀論法」として，「石油や核のエネルギーを増産すれば有害物質の発生が増大する」「有害物質の発生が増大すると生活が破壊される」「もし上記のエネルギーの生産を抑制するならばエネルギーの総量が減少する」「エネルギーの総量が減少すれば生活が破壊される」「石油や核のエネルギーを増産するか，それともこれらの生産を抑制するかである」故にいずれにしても「生活が破壊される」，を示している（82-83頁）．

e 省略三段論法

実際に思考する場合には，三段論法を完全な形で用いることはまれである．

1．大前提を，自明の真理として省略する場合がある．

2．小前提を，わざわざいわなくてもわかっている事実として，省略する場合もある．

これらのものを，省略三段論法という（寺沢同書，68頁）．

f 複合三段論法

いくつかの（2つ以上の）三段論法を組み合わせた形式になっている推論を，複合三段論法という（寺沢同書，68-69頁）．

例すべてのAはBである． $p \supset$（ならば）q
すべてのBはCである． $q \supset r$
すべてのCはDである． $r \supset s$

故に，すべてのAはDである． $p \supset s$

（2）関係の判断

a 同値関係

Rを，二項関係を表わす述語であるとし，

Ⅰ aRa：aならばaである．
Ⅱ $aRb \supset bRa$：もしaがbであるなら，bはaである．
Ⅲ $(aRb \cdot bRc) \supset aRc$：もし$a$ならば$b$で，かつ$b$が$c$であるならば，$a$は$c$である

が必ず成り立つならば，Rは同値関係である，という（寺沢同書，69-70頁）．

b　順序関係

R を，二項関係を表わす述語であるとし，

Ⅰ aRa：a ならば a

2 (aRb・,bRa)⊃(a＝b)：もし a ならば b で，かつ b が a であるならば，a は b である．

3　(aRb・bRc)⊃aRc：もし a ならば b で，かつ b が c であるならば，a は c である．

が成り立つならば，R は順序関係であるという（寺沢同書，67 頁）．

　同値関係および順序関係に関しては，3 を利用することによって，推理が成立する（寺沢同書，70 頁）．

　　例：「同学年である」という関係は，同値関係である．だから，
　　田中は中村と同学年である　　　中村は大山と同学年である
　　故に，田中は大山と同学年である（寺沢同書，70 頁）．
　　（しかし，同学年でも，小学校，中学校，高校，大学，大学院等の場合があるから，教育機関や年齢が同じだとは限らない）．

　また，「以上である」という関係は，順序関係である．

　　例：山下の収入は小西の収入以上である．
　　小西の収入は，安田の収入以上である．
　　故に，山下の収入は安田の収入以上である（寺沢同書，70 頁）．

近藤洋逸・好並英司『論理学入門』岩波書店，1979 年，では，

　　例
　　水晶はガラスより硬い，ダイヤモンドは水晶より硬い，故にダイヤモンドはガラスより硬い

という事例が示されている（128 頁）．

ただし（〜は〜に勝つ）は，成立しない

　　例：A は B に勝つ
　　　　B は C に勝つ

68

よって，AはCに勝つ

は，成立しない（寺沢前書，70頁）

4）類推（analogy）

　2つの事物が，いくつかの性質や関係を共通にもち，かつ，一方の事物がある性質または関係をもつ場合に，他方の事物もその同じ性質または関係をもつだろう，と結論する推理のことである（寺沢前書，76頁）．

　類推は，特殊なものから特殊なものへの推理である．類推は論証ではない．しかしそれにもかかわらず，類推は新しい真理を発見する手びきとして，有力なものである．類推によってみいだされた結論は，別の方法によって確かめられなければならない．

　　　例
　　　地球と太陽には，H，O，C，Nなど，いくつかの元素が共通に存在することが知られていた．さらに，太陽に，Heという地球上では未発見の元素が存在することがわかった．そこで，地球上にもこのHeという元素が存在するだろうと，推論した．この推論は類推である．この推論にもとづいて研究した結果，その後，Heが地球上にも存在することが確かめられた（寺沢同書，76頁）．

　類推が成立するのは，比較される2つの事物が本質的に類似している場合である．本質的に異なった事物のあいだで類推を行うことは，誤った結論を導く危険をはらんでいる（例えば，人間の社会を分子の集団にたとえるような類推）．

　法令での類推解釈では，A，B2つの法律があって，Aには「……を認める」という規定があり，Bには同様の場合についての規定が何もない場合に，反対解釈によれば，Bに規定がないのは，認めない趣旨だから，Aに書いてあることをBには書かなかったのだ，と解釈されるし，類推解釈によれば，Bには書いてなくても，Aと同様に認められる趣旨であると解釈される．すなわち，結論は全く反対になる（寺沢前書，77-78頁）．

　なお，ミルは類推につき「2つの事物が1つ又はそれ以上の点で似ている．ある命題が一方の事物について真である．故にそれは他方の事物について真である，という場合のことであると，説明する（J.S.ミル著，大関将一訳『論理学体

系——論証と帰納——』IV，春秋社，1959 年，479 頁）．

　ところで，確定命題を提示するとして，いかにして行うのであろう．それが，用語や文意の，カテゴリー（注：アリストテレス：存在のもっとも基本的な区分概念（例えば，実体，因果関係，量，質など．存在の基本的な在り方．カント：悟性の先天的概念（新村出編『広辞苑』第 6 版，岩波書店，2008 年）．）による区分けとしての，明確化であろう．カテゴリーについては，アリストテレスとカントが論じている．カントの論については，既に本書 32〜34 頁以降で触れた．アリストテレスはカテゴリー論で，「事象の本質を示す説明規定」は同名異義的な語句の存在への対処法としていると考えられる［アリストテレス著，中畑正志ほか訳『カテゴリー論』アリストテレス全集　1，岩波書店，2013 年，12 頁］．

　なお，アリストテレスのカテゴリー論では，実体：たとえば人間・馬．量：たとえば 2 ペーキュス・3 ペーキュス．性質：たとえば白・読み書きできる．関係：たとえば 2 倍・半分・より大きい（量についての関係）．場所：たとえばリュケイオンで・市場で．時間：たとえば昨日・昨年．態勢：たとえば横たわっている・座っている．所持：たとえば靴を履いている・武装している．能動：たとえば切る・焼く．受動：たとえば切られる・焼かれる，といった 10 の（同書，18 頁）範疇（区分）をしめし，これによって文意が確定するとする（注：これらは，我々がよく耳にする 5W2H に通じるものがあるだろう．5W2H とは，When（いつ），Where（どこで），Who（だれが），What（なにを），Why（なぜ），How（いかに），How much（いくら），を明確にすることによって，文意に誤解が生じないように配慮するポイントのことである．なお，これらに Which（どちら），Whom（だれに），How many（どれくらい），Result（結末），を加える場合がある．）．

　アリストテレスのカテゴリー論は，一般的には存在のカテゴリーにおいて存在を実体との関係で述べられることで，それまで同名異義であった存在の意味内容（ある，みえる，さわれる，きこえる，白く見える，と，無限の意味を持ってしまう）が，「実存」という 1 つの意味内容に確定せしめられたのだ，という理解にたっている．ともかく，視点を変えれば，意味内容の確定化，つまり，内包・本質の定立と思われるのである．

　次に，カントのカテゴリー論は，カントが説明するように，悟性段階の論は概念の確定と判断によるものであり，判断はカントの言うカテゴリー，量・質・関係及び様態の判断における思惟と，それぞれがさらに 3 つの綱目に分けられる判断形式によって行われる，とする．

　次いで判断における思惟の機能が四綱目に区分せられ，更にまた各綱目がそれぞれ「3個の判断様式を含む」とされる（カント著，篠田英雄訳『純粋理性批判上』岩波文庫，1961年，143-144頁，本書，32-34頁参照）．そして，「理性推理［三段論法（訳者注）］（同書，144頁）に言及した後，「判断における思惟の関係は，すべてで次の3通りだけである，として

1．述語の主語に対する関係，2個の概念の考察
2．理由の帰結に対する関係，2個の判断が考察
3．区分された［区分の対象となった］認識と区分によって生じたすべての選言肢相互との関係である，2個以上の判断の対立関係が考察される

とする（同書，146頁）．

　また，「判断の様態は，判断の極めて特殊な機能であ」る．「分量，性質および関係のほかには，判断内容をなすものはない」．「ただ思惟一般に関する繋辞（西欧文法で，主語と動詞以外の述語（名詞や形容詞）とを結合させる動詞のこと．例えばbe動詞．連語，連辞．広辞苑：2008年）の価値だけに関係する」（同書，147頁）とする．

　まとめとして「仮説の標徴（外面にあらわれたしるし）をなすものは，採用された説明根拠が一目瞭然であること，即ちその説明根拠の単一性（補助仮説をもたないこと），この仮説から導来された帰結（つまり予測：筆者）の真理性（これらの帰結が互いに一致すると同時にまた経験とも一致すること，つまり，実証：筆者），およびかかる帰結に対する説明根拠の完全性——換言すれば，これらの帰結は仮説において想定されたこと以上にも以下にも対応しない，そしてア・プリオリにかつ総合的に考えられたところのものは，ア・ポステリオリにかつ分析的に再び与えられ両者は完全に一致する（つまり，仮説や予測，および実証での内容は，当然現実と合致すること：筆者），ということである」（つまり，ここでの指摘は論理実証主義での研究課程と同じになっている：筆者）．

　「分量のカテゴリーを，認識がそれ自身と一致するために従わねばならぬ論理的規則としてのみ使用するのである（同書，161頁）」．

　ただ，これは法則の過程と考えられる．とすれば，本質の確認過程でも事実か否かが，重要なポイントとなっていることを提示していると，読みとれる．ともかく，量の増減，質の違い，関係の仕方の内実，および様態に関わる発

生・消滅・変化につき勘案することによって本質を見極めることになるであろう．そしてまさにそのことがその単語の意味内容をただ1つに確定していくことに，つながるであろう．

第3章　論理実証主義の展開過程

要約

　現実の提言提出は，次のようになる．① 仮説を帰納やアブダクション，類推で正しく提示する．② その仮説から演繹的に予測を引き出す．その際，「命題（確定記述），反証可能性，実証性，人間の自己保存と種の存続を，真の平等と肉体的精神的に平穏のうちに実現存続する，トレンドの延長線上にあるか」を常に確認する．③ 予測を関連する現象で実験実証できない場合は，その代わりに，そこにドグマが含まれていないかをここで徹底的に吟味する．つまり，もう一度ここでその諸提言が，「命題（確定記述），反証可能性，実証性，人間の自己保存と種の存続を，真の公平・平等と肉体的精神的に平穏のうちに実現，存続する，トレンド性」に反していないかを十分に確認する．特に，「人間の自己保存と種の存続を，真の公平・平等と肉体的精神的に平穏のうちに実現，存続する」という価値観に抵触しないかどうかを見ることが重要である．仮説が適切でないときは，アブダクションによって修正する．なお，仮説や予測の解釈は自然科学と同質には行わない．

1　論理実証主義とは

　対象が正しく認識されたら，いよいよ仮説と予測の導出，および実証の過程にはいる．まずは帰納的に仮説を立てる．その仮説を予測にまで高める．それを実証する．その過程で，命題（確定記述），反証可能性，トレンド性，「人間の自己保存と種の存続を，真の平等と肉体的精神的に平穏のうちに実現，存続する」を常に確認することとなる．ここでは，仮説を導き出す手段である「帰納」や「アブダクション」と，仮説を「予測」に高める手段としての「演繹」とによって，如何にして導出していくかにつき，概略をみていきたい．そのうえで，筆者が提示する「新貨幣制度経済」という提言が，どの様にして成立し

たか，その過程をみてゆきたい．まず，現状から「仮説」を見出す過程を示し，次いで，仮説を予測に高める過程をみたい．さらに，予測の実証を試みたい．この段階を研究者は「科学方法論」と称し，その１つに「論理実証主義」というものがある．論理実証主義は，帰納（アブダクションは帰納の一種であるとされる）により仮説を提示し，仮説をさらに演繹で検討して予測にまで高め，予測を実証することで法則を見出そうというものである（注：論理実証主義は，フレーゲの言語の意味に関する提言（意義〔指示対象の提示の仕方〕と意味〔指示されるもの〕（八木沢敬『意味・真理・存在——分析哲学入門・中級編——』講談社，2013 年，28-29頁））を基礎として，カルナップ等が提唱した科学方法論である．）．

　その過程で使用されるツールが，アブダクション・帰納・演繹・類推である（注：ここで，方法論で言われる「分析・総合」「上向・下向」と，論理実証主義での仮説や予測との関係は，どのようなものかをみておこう．下向とは，現存の事象から抽象としての内包である要素に分析（分解）することであり，上向とは，幾つかの抽象としての内包を統合（総合）して，本質で捉えた現実の姿を提示することであろう．とするなら，前者は仮説を成立させる過程に当たる道筋であり，後者は，多くの場合の予測の導出にかなうであろう経過過程と考えられる．これが，全体の関係であろう．つまり，分析・総合，上向・下向という研究過程でも，帰納と演繹などを駆使することとなるということであろう．）．

　なお，濱田嘉昭氏は，科学研究で用いる発見のための論理，として次のような段階があることを示す．

　1．観察により何らかの問題点の発見
　2．観察を説明し得る仮説を提案
　3．仮説に基づく予測
　4．予測結果を検証する方法を考案
　5．検証結果に基づき仮説の妥当性を検討
　6．妥当であれば仮説を暫定的に正しい法則として，さらに広い対象に適用できるかを検討し，法則の適用範囲を決める．
　7．妥当でなければ仮説を廃棄し，新たな仮説による2以下を繰り返す
（注：濱田嘉昭ほか『科学的探究の方法』放送大学教育振興会，（NHK），2011 年，66頁．）．

　なお，ここでの指摘は，論理実証主義と同じである．

2　仮説の導出過程

　米盛氏は，ポリアの「発見的三段論法」の事例とパースの「アブダクション」の事例とを比較しつつ例示される.

　　「いまわれわれは鳥を見た.
　　しかしもし陸地が近いとしたら，鳥を見かけるのは当然の事柄であろう.
　　よって，陸地が近いと考えるべき理由がある」.

　これはパースの形式で示すと，

　　「Bである.
　　AならばBである.
　　よって，Aは真らしい」. となるとされる.

そしてこれは「誤りの可能性を認めた」もので，正しい三段論として成立していないとされる. ただそれでも1つの「仮説」であろう.
　次に，W. C. サモンの「統計的三段論法」では，

　　「われわれは陸地に近づくと，たいてい（「たいてい」の代わりに90パーセントの確率で，や30パーセントの確率で. を代替する）鳥を見かける.
　　いまわれわれは陸地に近づいている.
　　だから，われわれはたぶん（「たぶん」の代わりに90パーセントの確率で，や30パーセントの確率で. を代替する）鳥を見かけるであろう」.

　これは，

　　「AならばBである.
　　Aである.
　　だから，Bである」.

という仮説となろう. このように，推論形式はさまざまであるとする. 米盛裕二『アブダクション——仮説と発見の論理——』勁草書房，2007年.（190-202頁）が，形式はともかく，まずは推論を実行することが重要であろう.
　なお，仮説の設定につき，研究者自身の考えを見てみよう. 論理実証主義に

対する理解が深まるであろう．近代経済学者であるフリードマンは，論理実証主義を方法論とした研究にもとづく方法につき，詳述している（M.フリードマン著，佐藤隆三郎・長谷川啓之訳『実証的経済学の方法と展開』富士書房，1977年）．よって，ここで「実証的経済学」というのは，いわゆる論理実証主義での実証を示していると考えられる．つまり，論理実証主義と同じ方法論による研究であることを示しているということであり，内容もそのようになっている．

　「実証的科学の究極目標は，いまだ観察されていない現象について妥当で有意味な（すなわち，陳腐でない）予測を生みだすことのできる「理論」もしくは「仮説」を展開することである（同書，7頁）」，とする．そして，「実証的経済学の課題は，事態のどんな変化についてもその諸結果について正しい予測をするのに使用できるような一般命題の体系を提供することである．その成果は，その体系の正確さ，範囲，ならびにその体系による予測の経験との適合性によって判断されるべきである．つまり，実証的経済学は，どんな自然科学とも正確に同じ意味で「客観的」科学であるか，もしくはありうるのである．この点（中略）自然科学者の（中略）見解が一般に威信と承認をえているのはただ信用によってではなく（中略）予測の成功（中略）研究結果を応用してえられた劇的な業績によってである．19世紀英国で，経済学はそれだけの価値に値する証拠と提供しているように思われたが（注：A.スミスやリカードのことと思われる．しかし，彼らの「理論」にはドグマが存したと考えられる．その後，マルクス等はこれらのドグマの上にさらにドグマを重ね，社会の混乱を招いていくこととなる．なぜなら，科学的ではない提言をあたかも科学的であるかのように，自信をもって主張したからである．また，フリードマンは社会科学と自然科学は同質である，という理解のようであるが，筆者は先述したように異なるという考えである．），その項の科学的経済学の威信と承認は自然科学の一般の威信に匹敵していた（同書，4頁）」としている．

　ところで，科学的とは序章で記述したように，提言に① 命題かつ確定記述である．② 反証可能であること．③ 間接的でもよいから実証可能であるということ．という3つの要件がもとめられる．全てが客観的な性質を持つ．ここまでは，自然科学と文化科学（人文・社会科学）は両者とも同様である．しかし，文化科学にはさらに次の2つの条件が求められると考えられる．④ 人間の自己保存と種の存続を，真の平等と肉体的精神的に平穏のうちに実現，存続する．＝倫理的である．⑤ トレンドに沿っていることである．筆者はこの5条件を満していることをもって，文化科学は「科学的」である，とみなされ得ると考

えている．よって，1つでも欠けると，それは「非科学的」となってしまうで
あろう．ただ，後の2つは「科学的」条件というよりは「合理的」条件と言っ
た方がより適切ではあろう．さらに，文化科学で示される等号（＝）の意味は
自然科学での意味とは異なっていることも注意が必要である（同書，9頁）．こ
の点は繰り返しになるが，最重要な問題点であるから，敢えて触れさせていた
だく（注：しかし，社会現象は人間の主観によって生じる現象であるから，例え社会現象を
自然科学方法論と同じ方法論で「ある法則」を導出したとしても，その「法則」は自然科学
と同質のものではないことに注意が必要である（くわしくは，「本書序章を参照」）.）.

　また，方法論において，自然科学と社会科学の違いの主たるところは，予測
を確認する手段が，自然科学では多くの場合「実験」によって行えるのに対し，
社会科学では，ほとんどそれはできない．もし，不都合な結果が生じたら，多
大の不利益を実践参加者に与えてしまうこととなるからである．一方，自然科
学で実験ができないケース（天文学）では，その提言に間接的に拘わる事象を
複数示すことで，間接的に証明する（実証する）という手段が用いられる．よ
って，社会科学でも，証明されうるケース以外では同様の間接的な証明を執る
こととなる．なお，社会科学では，フリードマンの科学的分析と規範的判断
（客観的判断と，かくあるべし，という主張＝主観）（前書，42頁）を区分することが重
要である．後者を科学的提言と錯覚すると，多大の不利益を被る事態が生じる
場合がある．以下，仮説，予測，実証実験についてのフリードマンの考えをま
とめてみよう．

1）フリードマンの仮説の導出過程

　実証的科学の究極目標は，いまだ観察されていない現象について妥当で有意
味な（すなわち，陳腐でない）予測を生みだすことのできる「理論」もしくは
「仮説」を展開することである．一般に，そのような理論は2つの要素が複雑
に混じり合ったものである．

　その1つは，「体系的で組織的な推論の方法を押しすすめるためにつくられ
た「言語」であり（つまり，言表ではなく，命題：筆者），いま1つは複雑な現実の
本質的な特徴を抽象することをねらった一団の実質的な仮説である．これを帰
納による，ある結論，であるとする（同書，7頁）．

　「理論は」「仮説のあつまりとみなすならば」「どの程度それが予測能力をも
つかにしたがって（正当性）判断されるべきである（同書，8頁）」．

「必要な当初の知識が少なければ少ないほど，理論はより単純で」「理論が予測をなしうる範囲が広ければ広いほど」「研究を拡げる方向を示唆するところが多ければ多いほど，その理論は有益である」，とする（同書，10頁）．

仮説を補強する仮定は，「記述的に偽」であるか，逆に「じゅうぶんに良好な近似である」ことであるとする．つまり，偽とは，そのようなとんでもない仮定を置かねば仮説が成り立たない，とすることで，であるなら，さぞかしその仮説は現実的なものなのだろう，と思わしめることができるからである．および，それらの仮定が十分に良好な近似であるかどうか．である（同書，15頁）．

「ひとつの仮説あるいは理論は」「1．現実の世界より単純で，その仮説が重要だと断定する要因だけを含む概念的な（中略）抽象的モデル．2．そのモデルが現実の世界のひとつの適切な表現であるとみなされるような現象の集まりを定義し，かつまたそのモデルの変数または実体と観察可能な現象との間の対応を規定する一組の規則である」の2つから成り立っている，とする．

モデルを用いる場合の規則は具体的でなければならないから，（中略）不完全であるほかない（同書，25頁）」．

「科学，は抽象的存在でもある．例えば，ユークリッド幾何学では直線は幅がない，という非現実的な仮定を置くのである（同書，26頁）」，として，理論と現実の乖離につき言する．

「われわれが理論の決定的な仮定について述べるとき，われわれはその抽象モデルの鍵となる要素をのべようとしているのだと私は考えている（同書，27頁）」（より本質を把握したもの：筆者）．

「ひとつの仮説の容認可能性の重要な間接的証拠をうるために，その仮説の仮定と呼ばれるものを利用することができるのは，それらの仮定それ自体が問題の仮説の含意とみなされことができ，したがってそれらの仮定の現実との一致は，いくつかの含意が現実と矛盾しなかったことを示すものとみなされうるときか，あるいはそれらの仮定が，問題の仮説の，偶発的な経験的観察を許すような，その他の含意を引き出すのに役立つときに限られるのである」（同書，29頁）．「仮説の仮定をその仮説の間接的テストに役立てうるいまひとつの方法（同書，29頁）」は，「間接的証拠が関連のある諸仮説からもたらされる（同書，3頁）．それは，「その仮説と他の諸仮説との類似を明らかにし，それによってそれら他の諸仮説の妥当性に関する証拠を当該仮説の妥当性に関連づけることである（同書，30頁）」とする．

以上が，仮説の導出過程である．

2）政治学での仮説の導出過程──ブレイディ，コリアーの理解──

　G. キング，R. O. コヘイン，S. ヴァーバ著真渕勝監訳『社会科学のリサーチ・デザイン──定性的研究における科学的推論──』勁草書房，2004 年は，政治学での論理実証主義を敷衍する基礎的な書籍である．ただ，論理実証主義での仮説の設定，仮説の予測化，予測の実証という手順に沿って，論を展開しているわけではない．主として述べられているのは，一般的な研究を進めるときの注意すべき点や具体的なやり方，及び政治学でのそれである．ただ，研究に当たっての基本姿勢として，反証可能性を重視することを促しているなど，論理実証主義として研究を進めるべきだと主張していると考えられる．ただ，一読してもなかなか読み取りにくい．この点，この著書（DSI と略記）をまとめて，全体的な論理実証主義的の進め方として解説していると考えられるのがH. ブレイディ，D. コリアー編泉川泰博・宮下明聡訳『社会科学の方法論争──多様な分析道具と共通の基準──』勁草書房，2008 年である．そこで，以下では同書の内容について示していきたいと思う（41-48 頁）．

　まず，研究サイクルの諸段階として，研究を進める手順の図が示される．内容は，つぎの通りである（同書，40 頁）．

A．研究問題の設定
B．理論の特定
C．事例および観察の選択
D．記述的推論
E．因果的推論
F．理論の再検証および再構築

　ここで仮説や予測の段階区分はなされていないが，「仮説の設定」段階に当たるのが，恐らくB・C段階で，「仮説の予測化」の段階については，恐らくD，E段階に当たるのではと，また「実験実証の段階」はF段階ではないかと，推定される．そして，各々の段階での研究内容が示される．

　そこで，仮説，予測，実証と思われる説明を，該当する箇所で示していきたい（引用頁数などは省略した）．

（1）研究テーマの選択

Aの研究問題の設定（41頁）では，

１．現実の世界において重要な問題を取り扱う

２．学術研究への貢献．「現実世界の一側面を，実証的・科学的に説明するわれわれの能力を向上させることで，特定の学問研究の発展に貢献」する

３．妥当な因果的推論が可能な研究プロジェクトにつながらないような課題は，修正ないし破棄する．

（2）仮説の設定の段階

Bの理論の特定（41-42頁）においては，

４．反証可能な理論（つまり，いずれ理論となるであろう仮説）を構築する．「誤りの可能性のある（つまり，ドグマではない）理論を選ぶ」．

ａ．観察可能な含意（observable implications）を最大化するような理論を選ぶことで，反証可能性を高める．

ｂ．理論をより具体的にすることで，反証可能性を高める．「曖昧さがなく，具体的な予測をする理論は（ここでの予測は，一般的な意味でのそれ）そうでない理論に比べてその誤りを容易に証明することができる．したがってより優れた理論である．

５．論理的一貫性のある理論を構築する．「もし同じ理論から２つ以上の矛盾する仮説（この仮説は，単なる原因に対する結果の予想という意味あいである）が導き出されるとすれば，どのような証拠もその理論の正しさを証明することはできない」

６．より少ない変数からより多くの事象を説明することで説明能力を高める．「できる限り少ないことから，できる限り多くのことを」説明する

ａ．簡潔性を追求することにより説明能力を高める．「説明変数の数を減らすことで，説明能力を最大化する」

ｂ．観察可能な結果をひとつでも多く説明することにより，説明能力を高める．「理論をできる限り包括的に述べる」そして「自分の立てた仮説に関して，自分やほかの研究者がもっている'データを用いて検証できるかもしれない観察司能な含意を，考えられる限りリストアップする」

Ｃ．事例および観察の選択（42-44頁）

７．事例と観察を区別する．「事例」はより広い単位，すなわち，分析の対象

となる広範な分析領域あるいは研究領域と理解される．他方「観察」は，そうした研究領域から集められ，記述的・因果的推論を行うための直接的な基盤となるデータを指す．

8．理論によって説明しようとする変数の分散の範囲に注目する．「研究者が説明したいと思う分散」が実際に従属変数に表れるような，この分散が理論により説明されうるものでなければならない．

9．十分な数の観察を含めることにより，不確定的研究デザイン（indeterminate research design）ではなく確定的研究デザイン（determinate research design）を構築する．不確定な研究デザインを避ける．なぜなら，こうしたデザインでは「観察された含意よりも多くの推論を行うことになる」ので，研究者は「因果仮説について事実上なにひとつ知ることができない」からである．不十分な数の観察しか得られない場合，研究者はつぎのことができる．

a．（従属変数を替えるか，下位単位に分析の焦点を当てることにより）観察数を増やすことで，不確定性の問題に対処する．

b．強力な理論を用いて説得力を高めることで，不確定性の問題に対処する．観察数が不十分な場合でも「研究者が関心を寄せる理論的諸問題が十分明確に提起され，観察可能な含意と適切に結びついているならば，因果関係に対する理解はある程度深まるだろう」．

c．観察をより大きな研究プログラムのなかに位置づけることで，不確定性の問題に対処する．「単一の観察であっても，それがある研究プログラムの一部であるならば因果説明を検証するうえで有効である．もしその観察と比較しうるような別の単一観察が，おそらくはほかの研究者によって集められたならば，それはもはや単一の観察とはならない」．

10．因果同質性を追求する．因果同質性とは，「同じ説明変数の値をもつすべての分析単位においては，従属変数の期待値も同一になるという仮定」である．

11．事例選択バイアスを避ける．因果的推論（155-59頁）および記述的推論の双方を無効にしうるという点で，事前選択バイアスは深刻な「問題」（140頁）を投げかける．バイアスが起こる主要な原因のひとつは，選ばれた標本が従属変数のとりうる値のすべてを網羅していないことにある．事例の無作為抽出は事例選択バイアスを回避する標準的な方法であるが，少数事例の研究においては適切な手法ではないかもしれない．

12．少数事例研究においては意図的に事例を選択する．少数事例研究において

事例を無作為に抽出すれば，関心のある変数がとりうるすべての値を網羅することはない．「通常，観察は研究の目的や戦略と合致するよう意図的に選択されるべきである」．この助言は，記述的推論および因果的推論双方にとって有効である．DSIはとりわけ因果的推論に関して意図的な事例選択の基準として以下の点をあげている．

a．独立変数ないし従属変数のいずれかが一定の観察は選択しない．「説明変数が一定の場合，因果効果は測定できない……」．研究者は従属変数変化しない観察をとりあげた研究からも因果効果について何も知りえない」「研究デザインの構造上従属変数が変化しえないような極端な選択バイアスのかかった事例に対処するにはどうすればよいか？　答えは簡単である．

　そうした事例を回避すればよいだけである」．

ⅰ．独立変数ないし従属変数に基づいて観察を選択するにあたり，当該変数がとりうる値を観察が十分網羅しているかどうか確かめる．

　たとえば，従属変数に基づいて事例を選択する場合，「極端に高い値と極端に低い値をもつ観察を選択する……」

ⅱ．無分散デザイン（no-variance design）の問題に対処するため，より大きな研究プログラムのなかに観察を位置づける．

b．従属変数と独立変数双方に基づいて観察を選択する場合，重大な問題が発生しうる．「最も避けなければならない過ちは，検証しようとしている仮説に合致するようなかたちで独立変数と従属変数が変化するような観察を選ぶことである」．

13．個々の観察が互いに独立していない場合，観察から得られる結果の確実性は低下する．研究者はまた，こうした観察の相互依存性の原因について言及すべきである．個々の観察が互いに十分独立していない場合，「新しい観察は，観察が相互に独立している場合に比べてそれほど新しい情報をもたらさない……部分的にしか独立していない観察を扱う場合，導かれる結論の確実性を誇張してはならない……．観察同士の依存の理由について注意深く分析しなければならない」．

3　仮説の予測化

　引用は，先と同じフリードマン著，佐藤隆三・長谷川啓之訳『実証的経済学

の方法と展開』富士書房，1977 年である．

1）フリードマンの予測の事例

「最低賃金以下しか受け取っていない人たち以外に，最低賃金以上を受け取っているいくらかの人の賃金を引き上げることによって貧困を減少させると信じて（予測）いる（同書，6 頁）」人がいる．

反対者は，法定最低賃金が，失業者を雇用させるが現状の賃金水準の固定化に繋がると考える（予測している）（同書，6 頁）．

「経済政策についての意見の差異は，主として基礎的価値についての基本的差異，つまり，人びとが究極的には戦う以外にはない差異よりはむしろ行動の経済的結果についての予測の差異——それらの差異は，原理的には，実証的経済学の進歩によって取り除くことができる．——から主として生じていると，わたしはあえて判断する（同書，5 頁）」（これはひとつの仮設である）．

さらに，当該手段の有効性に関する予側の差異として，規範的経済学と実証的経済学（前者は，「こうあるべき，と主張する経済学で，後者は，不備を修正していく経済学と思われる）を区別することが必要である，とする（同書，6 頁）．

いまひとつは複雑な現実の本質的な特徴を抽象することをねらった一団の実質的な仮説である．これは，帰納による，ある結論である（同書，6 頁）．

予測は「まだ生起していない」「すでに生起した現象」のどちらでもかまわない（同書，9 頁）．

「仮説に関連して重要な問題は」「その予測の誤差の一般的な大きさを規定することである．」たとえば，「落体」については，誤差により「依然として不完全ではあるが」「一般的な理論がつくられて」いる（同書，19 頁），とする．

2）政治学での予測の過程
（1）記述的推論

先に示したプレイディ，コリアーの著書における D の記述的推論（同書，44-45 頁）では，

14. 記述は推論を必要とする．社会科学の研究において，記述はありのままの事実を収集するプロセスとしてではなく，観察からより広い概念や比鮫を推論する，ものとして理解されるべきである．

15. 複雑な現実と比べれば，定量的あるいは数理モデルと「解釈」に基づく研

究とのあいだにはそれほど大きな距離はないことを認識する．現実世界の複雑さと，最も厚みのある記述における複雑さの程度の差は，最も厚みのある記述と最も抽象的な定量・数理分析の差よりもはるかに大きい．

16．個々の事例の特異性から，分析上重要な特徴を抽出する．「あらゆる現象やあらゆる出来事は，ある意味すべて固有のものである……問題は，事実のかたまりからわれわれが理解しようとする社会的現実の特徴を抽出できるか否かである」．

17．文脈を理解する．「可能ならば，研究者は歴史や文化の豊暁さを理解したうえで，自己の記述を単純化すべきである……単純化して科学的に研究するまえに，事象の歴史的・文化的文脈に精通することは，誤った単純化を避けるために不可欠である」．

18．粗悪な説明に比べれば良質の記述の方がよい．良質の因果的推論を行うことが困難な場合，記述的推論を慎重に行うことに集中する方が好ましい場合もある．

19．観察可能な概念を研究する．「可能な限り，観察不可能な概念ではなく観察可能な概念を選択する」．「粗っぽいが明瞭かつ具体的な概念を実証する作業に比べると，抽象的で測定および観察が不可能な概念を実証する作業は困難であり失敗する可能性が高い」．

20．一般論として，類型や分類は研究初期の予備的道具として用いる以外は使用しない．「類型や枠組み，あらゆる種類の分類といったものは，データ収集のための一時的な道具としては有効である……しかし一般的に，われわれは研究者に対してこのような方法でデータを整理することを勧めない」

21．適切な指標を用いる．「妥当性とはわれわれが測定していると考えるものをきちんと側定していることを意味する」．妥当性を追求する際に注意すべき問題のひとつは，「研究者の理論的目的に最も適したものさしを使用する」ことである．

22．何度やっても同じデータを引き出せるような信頼できるデータ収集を行う．

23．測定誤差を推定する．「あらゆる観察や測定は……不正確なので」，研究者は「測定誤差を推定」すべきである．「定性的研究者は，自らの観察の妥当性を慎重に判断することで，不確実性の度合いを推定すべきである」．

24．事象の体系的側面と偶発的側面を区別する．「記述的推論の最も重要な目的のひとつは，研究する事象の体系的側面と非体系的側面を区別することであ

る」．したがって，分析上生産的な記述は，体系的側面を分離しようとする．というのも，研究者が実際に説明したいのはこの部分だからある．

（2）因果的推論

Eの因果的推論（同書，45-47頁）においては，

25．因果関係の評価には推論が不可欠である．因果関係を直接観察することはできない．因果関係とは，データと仮定に基づいて推論されるものである．

26．因果的推論を導いた仮定が，当該研究において満たされていることを可能な限り示す．因果同質性，条件付独立性，観察の独立性といった仮定は，先行研究や既存の知識からの洞察に基づいて「正当化されうるし，またされなければならない」．

27．理論を用いて適切な説明変数を誉択する．「データ漁り（data mining）」はしない．「理論モデルなくして，研究者はどの説明変数を分析に含めるべきか決断できない」．「「データ漁り」ではなく，理論志向のモデルの構築を目指せ……」．すなわち，研究者は単に「思いついた説明変数を何でも用いて回帰分析や定性的分析を」行うべきではない．

28．すべての関連する説明変数を含めることにより，欠落変数バイアスを回避する．「見落とされた制御変数を体系的な方法で模索し，それらが分析に含まれるべきか考える」（同書，206頁）．ある変数が従属変数と説明変数の両方に相関する場合，その変数を省略すると因果的推論にバイアスが生じる．

　　以下の３つのステップを踏むことで，欠落変数バイアスを回避することができる．

a．第1，潜在的に関連するすべての説明変数をリストアップする．

b．第2，関連する説明変数をコントロールする．

c．第3，中心的な因果効果を推測する際，媒介変数をコントロールしてはならない．「一般的に研究者は，主要な説明変数の影響下にある説明変数Ｊ（媒介変数）をコントロールしてはならない」．

29．無関係な変数を省くことで，推定量の分散を最小化する．「考えうるすべての因果的推論に基づいてデータを収集」すべきではない（DSI（キングほかの著書）217頁強調は省略）．なぜなら「無関係な変数を含んだ分析の代償は高くつくからである」．「変数が多く事例が少ない」という問題に対する最善の解決策は，より多くの観察を収集することであるが，「もしこれが不可能な場合，研

究者は無関係な変数を見きわめ」それらを分析から排除すべきことである.

30. 多重共線性に起因する不確定的研究デザインを回避する. 複数の説明変数が互に強く相関しており, それぞれの因果効果を識別できないような研究デザインを避ける. この問題に対する DSI の解答は, 以下の通りである.

a. さらに観察を加えることで多重共線性の問題に対処する.「ほかの分析レベルにおける観察可能な含意を模索する」. そうすることで, 強い相関関係にある説明変数それぞれの因果効果を識別する能力を高めることが出来る.

31. 内生性を避ける.「よくある誤りは, 説明変数を引き起こすような従属変数の数を選ぶことである……(この誤りを)避ける最も単純な方法は, 外生的な説明変数と内生的な従属変数を選ぶことである」.

内生性の問題を解決する 5 つの方法は, 以下の通りである.

a. 観察を注意深く選択することで, 内生性の問題に対処する.「まずわれわれは, 一般的な内生性の問題を, 欠落変数バイアスをもたらす特定の原因の問題に置き換え, そのうえで, こうしたバイアスの原因が存在しない観察を模索すべきである」.

b. 内生性の問題を欠落変数の問題に置き換えることにより, この問題に対処する「内生性の問題をこのように置き換えることで, 研究者はこの問題にうまく対処することができる. なぜなら彼らはこの欠落変数を明確に測定しコントロールすることができるからである……」.

c. 従属変数を細分化することで内生性の問題に対処する.「従属的側面と説明的側面の両面を合わせ持っているように従属変数を再構成する……内生性のバイアスを回避するためには, 従属変数における従属的側面のみを見つけ出し測定しなければならない」.

d. 説明変数を細分化することで内生性の問題に対処する.「内生的と思われる説明変数を 2 の側面に分ける――1 つは明らかに外生的なもの, もう 1 つはすくなくとも部分的に内生的なもの……」. そのうえで「説明変数の外生的な側面だけを因果分析に」用いる.

e. バイアスのある推論を矯正することで, 内生性の問題に対処する.「たとえ研究者が内差性のバイアスを回避できないとしても, のちにバイアスの度合いを測ることで推論の精度を高めることもできる. すくなくとも, そうすることでバイアスの方向を明らかにすることができ, 正確な測定値の上限と下限の範囲を示すことがおそらくできるだろう」.

32. 事例選択バイアスを予測し，可能であればそれを矯正する．「事例選択バイアスが不可避であるならば，研究者は問題を分析しバイアスの方向ならびにもし可能であればその大きさを確かめ，それをもとに初期の予測を正しい方向へ修正する」．もし研究者が「バイアスの存在に気づいていながらその方向や大きさを確定できない場合……，すくなくとも結論の不確実性を明示すべきである」．

3）デカルトの予測の過程

ところで，「如何にただすか」という予測は，演繹により導出される．よって，ここで参考になるのがデカルトのコギト論である．ラッセルは，デカルトのコギトの導出過程を，「認識」ととらえるが，デカルトはそうとは述べてはいないが，まさに「演繹」の展開過程とも捉えることができる（注：ラッセル著，市井三郎訳『西洋哲学史——古代より現代に至る政治的・社会的諸条件との関連における哲学史——』みすず書房，1961 年，554-557 頁）．

これらを駆使して，例えばデカルトはコギト理論を導出したと思われる．そこで，実例として，デカルトの，コギトの導出過程をみておこう（注：デカルト著，落合太郎訳『方法序説』岩波文庫，1953 年）．

デカルトは，『方法序説において「私は考える，それ故に私は有る」という，彼の真理を導きだした経過を述べている．そこで，その過程を示しておこう．

「私はひたすら真理の探求に没頭したいと願う」のであるから，よって「いささかでも疑わしいところがあると思われそうなものはすべて絶対的に虚偽なものとしてこれを斥けてゆき，かくて結局において疑うべからざるものが私の確信のうちには残らぬであろうか，これを見とどけなければならぬと私は考えた」．
「それとともに，私どもの感覚はややもすれば私どもを欺くものであるから，有るものとして感覚が私どもに思わせるような，そのようなものは有るものではないのだと私は仮定することにした」（仮説の設定過程）．
「また幾何学上の最も単純な事柄に関してさえ，証明をまちがえて背理に陥る人があるのだから，自分もまたどんなことで誤謬を犯さないともかぎらぬと思い，それまで私が論証として認めてきたあらゆる理由を虚偽なるものとして棄てたのである」．

88

「最後に，私に，私どもが目ざめていて持つ思想とすべて同じものが眠っているときにでも現れる，かかる場合にそのいずれものが真であるとも分からない」．

「この事を考えると，かって私の心のうちにはいって来た一切のものは夢に見る幻影とひとしく真ではないと仮定しようと決心した」（新しい仮説の設定）．

「けれどもそう決心するや否や，私がそんなふうに一切を虚偽であると考えようと欲するかぎり，そのように考えている「私」は必然的に何ものかであらねばならぬことに気づいた」．

「そうして「私は考える，それ故に私は有る」というこの真理がきわめて堅固であり，きわめて確実であって，懐疑論者らの無法きわまる仮定をことごとく束ねてかかってもこれを揺がすことのできないのを見て，これを私の探求しつつあった哲学の第一原理として，ためらうことなく受けとることができる，と私は判断した」．

以上である．まさに，彼の演繹の過程が生々しく語られているのである．

4 予測の実証段階

引用は，先と同じ M. フリードマン著，佐藤隆三郎・長谷川啓之訳『実証的経済学の方法と展開』富士書房，1977 年である．

1）フリードマンの実証の考え

「理論は言語としてみるならば，なんら実質的な内容をもってはいない．（中略）その機能は（中略）われわれの理解を容易にするための整理体系として役立つことであり，（そんなことはない．1つひとつに意味内容が与えられていると，筆者は考える）それを判断する基準は，整理体系にとって適切なものかどうかということである（整理体系となるには，意味をもっていなければ，判断のしようがない）．範疇（カテゴリー）は明確かつ正確に定義されているか．それら，範疇はすべてをつくしているか．各個別項目をどこに整理すべきかが知られているか．それともかなりのあいまいさが残るか．われわれが欲する項目がすぐに発見できるように見出しとか小見出しの体系ができているか，それともあちこち捜さねば

ならないか，いっしょに考察したい項目が，同じところに整理されているか．整理大系は，相互参照に骨を折らないでもすむようになっているか．

　これらの問に対する答は，一部は論理的考察に，（演繹）また一部は事実に関する考察（実証）による．

　形式論理学の規準さえあれば，特定の言語が完全で矛盾していないかどうか，すなわち，その言語で表わされる命題が，正しいか間違っているかを示すことができる（反証可能性）．

　事実の証拠がありさえすれば，分析的な整理体系の範疇が有意味な経験的対応物をもっているかどうか，つまりそれらが特定の種類の具体的な問題を分析するのに有益かどうかを示すことができる（フリードマン，前書，7-8頁）（つまり，ここは，論理実証主義での展開の仕方についての解説となっている）．」

　「検証過程：すでに生起した現象」なら，「記録を調べ」「生起したことがわかれば，その予測は確証される（同書，9頁）」．

　「供給と需要」という「言葉は，経済理論の言語の要素」として「重要な範疇である（同書，8頁）」．

　「社会科学」では，「明示的に計画された実験によってテストしうることはめったにない」．「たまたま生起した実験がもたらした証拠に頼らざるを得ないのである」．しかし「ということは，社会科学と自然科学との間の根本的な差異をあらわすものではない（同書，10頁）」としている（しかし，フリードマンは，社会科学が主観によって成立した現象を対象にしているという根本的な差異を見過ごしている：筆者）．

　「直接的な証拠が経済学には与えられないために，仮説のじゅうぶんなテストが妨げられる」が，「失敗に終わった仮説が」「つねに再び登場してくるのである」．

　「説得力のある証拠を」「もたらすことがある」それは例えば「短期間に貨幣量が大幅に増加すれば物価も大幅に上昇する」といった仮説である．「インフレーションからえられる証拠」がそれである（同書，11頁）．

　「形式論理学や数学は，推論の正しさをチェックしたり仮説の含意を発見したり」することの有力な道具となっている（同書，12頁）．

　予測のテスト＝経験的証拠が持つ意味は，「仮説の構成とそれらの妥当性」を見たり確認したりするところにある．よって，「仮説が説明しようとすることを説明していると保証するため，すなわち」「仮説がもつ含意が，すでに観

90

察ずみの経験とあらかじめ矛盾しないことを保証するためである」とする（同書，12頁）．

「新しい事実＝仮説（なぜなら，事実の集合から帰納的に新しい事実を汲み取る）を演繹し，それら演繹された事実（つまり，予測）」は「観察によってそれらが誤りであることを示すことができるように（つまり，十分議論が可能であるように），じゅうぶんに明瞭に定義されていなければならない」として，「反証可能」であることに言及している（同書，13頁）．

ついで，仮説の正当性を示すための「新たな証拠」を集めるのは容易ではないため，「容易に入手できる他の証拠」で行おうとする．しかしここには，その証拠は「適切な関連を持つ」という想定，つまり仮定が存することとなる（同書，14頁）．

葉の繁茂の密度に関する仮説の例により，「葉の成長に対する直接的な証拠はに，もっと一般的な理論が適合する他の現象からえられる間接的な証拠によって強化される」と，「仮説の相似物」の証拠が有用であるとする．つまりたとえば「より広範な種々の現象に適合する，いっそう一般的な理論」の一部である場合である（同書，20-21頁）．

「理論をその諸仮定の現実性よってテストすることはできないこと，しかも理論の仮定という概念そのものが曖昧模糊としている」とする（同書，24頁）．

「理論の諸仮定は」「３つの異なった積極的な役割を果たしている．１．仮定はしばしば理論を記述，もしくは提示するためのひとつの経済的（効率的・合理的）な様式である．２．仮定はときとして仮説をその含意によって間接的にテストすることを，容易にする．３．ときとして仮定は，理論が妥当すると予想される条件を指定する便利な手段である」．科学的分析と規範的判断（客観的判断と，かくあるべし，という主張＝主観）の区分が重要（同書，42頁）．

「仮説はその仮説の含意もしくは予測と観察可能な現象との一致によってのみテストされる」．「仮説のテストは，（社会科学では）いっそうむずかしく」なっている．

ある仮説を理解するためには，要因の軽重を見ることが必要である．それは「ある理論がじゅうぶんに現実的かどうかという問題は，当面の目的にとってじゅうぶんに良好な予測をその理論がもたらすかどうか，あるいは択一的な理論による予測以上にすぐれた予測をそれがもたらすかどうかを確かめて，はじめて解決されるのである」と，重要な指摘がなされている（同書，42頁）．

　そして，まとめとしてフリードマンは「いかなる理論も試論的であることは避けがたく，しかも知識の進歩とともに変化をうけやすい」としつつ，「その理論の仮定が現実的であるかどうかによってテストができる」という考えは誤っているとする（しかし，この点は必要であると考えられる．何故なら，突然斬新な提言がなされても，もしそれを実現させたなら M. ポランニーの指摘した「暗黙知」はひきつがれなくなり，社会全体が低迷状態に陥るであろう．既に，共産主義という社会で経験したところである：筆者）（同書，43 頁）.

　さらに，「抽象モデルや記述的資料」は，問題としている対象によって，適切に選択して利用する必要があり，また，「仮説の構築は，霊感，直観，発明のような創造的な事業である」として，論理学や科学的方法に関する論文や三段論法もしくは定理によって研究されるべきことではない，とする．しかし，なるほど直感により新しい仮説が思いつかれたとしても，その正当性は科学的に証明されねばならないから，両者が必要ではないかと考えられる（同書，44頁）.

　最後に，フリードマンはオスカー・ランゲ（ポーランドの，マルクス経済学者）の方法論の，誤りを指摘する（同書，279 頁）.

　「かれは，形式論理学の規準に適合しているかどうかということを除けば，かれの理論構造の妥当性をテストすることを一般に不必要であると考えている（同書，286 頁）」とし，そして，ランゲの方法論の弱点として，「1．過度の単純化，（4種類の関数，商品，株券，債権，貨幣）（同書，289 頁），2．分類の種類が，単に理論的な可能性によるもので，「現実の世界には，それに直接対応するものはなにもない」（同書，288-292 頁）」として，机上の空論的な接近法であるとしている.

　ついで，明確な誤りとして，（同書，293 頁）「1．用意なしの経験主義，つまり，ランゲは「議論を簡単ならしめるため，かつ，実際上はさほど重要性をもつようには思われないために，本文ではこれらの複雑な事情を無視することにする」としているが，結果，提言された言表は「直接経験の事実にはなんら言及しておらず，（中略）妥当性に対してなんらの証拠も与えていない」とする．（同書，295 頁）」「2．逆確率の根拠のない利用＝特殊な事例だという理由で若干の可能性を排除してしまう方法である」とする（同書，295 頁）．これは，リカードやマルクスが執った手法である．しかし，たとえ事象出現の機会が少数であっても，それらを含めて説明されなければ，その提言は明らかに誤りであ

る．

「3．摩擦の導入＝非論理的になること，である」．これは，「何らかの摩擦が存在しているとすれば，」として，仮定の状況につき説明するが，肝心の「摩擦とは何か」についての説明はない．よって，論評が不可能となってしまうのである（同書，297頁）．

「4．不確実性の取扱い」＝従来とは異なる接近方法＝いわば仮定を採用するしかも，その有効性につき証明がなされていない（同書，298頁）．

最後に，結論として，ランゲの問題点は，「形式的な構造を強調すること，一般化されるべき事実をはじめに詳細に指定しないで一般化しようと企てること，理論の妥当性の最終的なテストは，形式論理学の諸規準に一致することではなくて，いまだ観察されたことがなく，観察によって否認される余地を残し，しかもその後の観察によって否認されることのないような事実を演繹できることなのだという認識がないことにある」とする．まさに，演繹は目的にかなう提言に接近することができるツールなのである（同書，304頁）としている．以上の指摘から，ランゲと同じ誤りを繰り返さないように十分配慮されたい．

2）政治学の実証の考え

理論の再検証および再構築

Ｆの理論の再検証および再構築（プレイディ，コリアー前書，48頁）では，

33．自己の研究の手順を公開することで，ほか他の研究者がその結果を評価したり再現したり出来るようにする．「再現できる程度に研究を細部にまで公開することによりにより，その研究の手続きや方法を評価することが可能になる」

34．理論を検証する際，その理論を構築するために使われたデータを使ってはならない．「理論の含意がオリジナルのデータから『導き出された』ものではなく，別のデータから導き出されたり当該理論から派生したまったく別の仮説である場合に限り」，理論構築で用いたデータをその理論の含意の検証に用いることができる．

35．一般論として，データを分析したあとに理論は修正されるべきでない．既存のデータに適合しない理論を，急場しのぎで修正することは避ける……」．

ａ．もし理論がより限定的なかたちに修正された場合，新たなデータを用いて再検証する．データを分析したあとに理論が修正される場合，研究者は「（よ

り広い事象をカバーし，したがって反証される機会が高まるように）理論の適用範囲を広げることができる．しかし研究者は修正された理論を検証するための新たなデータを収集することなしに理論を限定的に修正するべきではない」．

5　提言「新貨幣制度経済」導出の過程

次に，「新貨幣制度社会」導出の過程を示しておく．これは資本主義（市場経済と議会制民主主義による社会経済体制）での市場経済を修正した制度である．

●提示にあたっての留意点

全てを対象にするのではなく，主要な提言の命題につき「人間の自己保存と種の存続を，真の公平・平等と肉体的精神的に平穏のうちに実現，存続する」を特に確認する．

まず，人間の性質を勘案して，論を立ててゆく．

a．人間は，怠け者である．よって，競争を強制せねば働かない．それを実現しているのが，市場経済である．また，市場経済は，万人が賢人でなくとも機能するシステムである．よって，市場経済は前提せざるを得ない．また，一程度の「成果主義」は，必要悪として導入せざるを得ないだろう（公務員においても）．

b．人間は，欲が深い．よって，それを制御するシステムが貨幣による需給の調整である．いくら欲しい財があっても，価格が高く，貨幣の所有量が少なければ，諦めざるを得ないこととなる．これも，市場経済のシステムである．

ところが，それ故に人々は際限なく貨幣を手に入れようとする．結果，過剰生産により，景気の変動を招来し，価格の低下を求めることから（安ければ大量に販売でき，利益が大きくなる）公害を発生させる．

以上から，当面は市場経済を維持しつつ，生産の量的追及をやめさせる方法が求められる（それが，貨幣の機能の制限であろう）．

c．人間は利己的である．よって，他人を自身に従わせようとする．結果，無用な軋轢が生じることとなる．よって，教育以外にも，経済に「優しさ」を内部化させることが，必要となるであろう．互いが利他心を培えば，平穏な社会が実現するであろう．

これらを勘案しつつ，さらに次の事項を考慮する必要がある．

　1．トレンドに沿っているか．制度は飛躍してはならない．つまり，貨幣の使用は前提としているか．

　2．貨幣の機能に制約を加えることは，人間の自己保存と種の存続を，真の平等と肉体的精神的に平穏のうちに実現，存続するという原則に反する事態を生じるか否か．つまり，生産力は低下し，よって生活レベルが低下する．⇒税の再分配で対応できるのか．⇒貨幣の機能の制限の方が，政治的な影響が小さく，根本的解決となるはずである．

　3．欠陥の原因の根本を押さえているか．＝「貨幣こそがそれ」でよいか．近江商人の「三方良し」の商法でも，やがては大店となっている．何故か．薄利でも着実に蓄積する，根気強い気質がある．⇒社会全体への気配り，対応策：道徳教育で，他利精神の重要性を説く．

　4．失業の発生が極力抑えられているか．対応策：コロナで仕事がなくなっても，「国，地方が雇用をする．ベーシックインカムを支給する（不必要なら，確定申告で返納する）．緊急資金を配布する」なる諸政策でカバー．必要なら，ヘリコプターマネー（ベーシックインカムと同じく，原資は国債）を．要は，緩める，締める，のバランスである．生活保護は，年金のようになっているため，本来の「自立支援」にただす．

　5．対策が，「貨幣の機能の制限」で本当に欠陥を制御可能か．そのことで，量から質への転換は可能か（生産量は，設備が縮小されることで低下するはず）．これは，予測の結論である．

　それでは，仮説や予測を立てるときの，注意点はどのようなものだろう．その時，社会という構造物の特異性をまず認識し，人間社会は飛躍的な変化は不可能であり，トレンドの延長としての変化しかできないことを確認すべきである．飛躍は，不可能である．何故なら，M.ポランニーの指摘した「暗黙知」が引き継がれなくなるからである．よって，トレンドとしての未来が予測できなくなる．

　ここで具体的な事例として，「社会経済制度」を考察する場合について考えてみよう．

　1．まず，あるべき社会の姿をきめる．失業がない．所得の格差が小さい．質的経済発展が続いている．ただしドグマでないかに注意が必要である．

　2．そのための条件を挙げ，どうすれば成立するかを述べる．現実に実現

可能かどうかを考える．このとき，それがドグマでないかを，十分に検討
する．

３．そのため，これにより実現する社会が，現在の状況を下回らないか，
また，現状にたどり着けるか，つまり，飛躍がないかを予測する．

（例：何が平等であるかにつき，それを設定し，そこから現在にたどり着けるかを推測，
つまり，演繹で逆戻りさせてゆく）．

　既述のように，社会科学では，実証実験はほぼ不可能である．他方，自然科
学ではほとんどが実証実験により，予測の実存を確認してゆく．よって，社会
科学では，自然科学における「実証実験」に代わる手段はあるのかを，考えた
い．１つの方法は，「推論のレベルを高める」ことではないかと思われる．提
示された仮説は，さらに推論で予測を導出するが，その予測をさらに充実させ
る手段はどのようなものだろう．自然科学ではここで実証実験を行うが，社会
科学は実験できない．よって，実証実験にかえて新しい推論形式で対応するし
か手段はないだろう．その構造の中心は，仮説は帰納で，予測の導出は演繹で
あり，予測の実証実験では，それら全てを使用することであろう．

　予測とは，「人間にとって，それが望ましいのか否か」という視点を導入し
て演繹で検討することではないだろうか．つまり，予測の内容が，人間が目標
としている「自己保存と種の存続を公平・平等かつ平穏的に継続させることに
合致するか」を演繹手法で確認する，という手順でその予測を確認する．それ
を，自然科学の実験部分に充てるというやりかたである．勿論，現実社会で予
測の内容に沿う事象が存するか否かについては，抜かりなく調べることが必要
であろう．

　帰納法において，仮説的なものは１つのみならず複数を推理して導出し，そ
こから，演繹で予測を定立させる．この，複数の仮説と予測を，先の人間の目
標に沿うものか否かにつき検討する．次に，その予測がラッセルの記述理論の
「確定記述」を確立するため，徹底的に推敲されることとなる（この，言葉の曖
昧さの分析は，ウィトゲンシュタインの『論理哲学論考』，『哲学探求』を参照されたい
（注：ウィトゲンシュタイン著，中平浩司訳『論理哲学論考』ちくま学芸文庫，2005 年．彼
は，「命題の総体が言語である」（同書，38 頁）．「哲学の目的は思考の論理的明晰化である」
（同書，51 頁）．「私を理解する人は，私の命題を通り抜け――その上に立ち――それを乗り
越え，最後にそれがナンセンスであるときづく．そのようにして私の諸命題は解明を行う

（いわば，梯子をのぼりきった者は梯子を投げ棄てねばならない）．私の諸命題を葬りさるこ
と．そのとき世界を正しく見るだろう．語りえぬものについては，沈黙せねばならない（同
書，149 頁）」と述べる．)．

　一方，『哲学探求』では「ウサギとアヒルの図（同じ図が，どの部分に重きを置
いて見るかによって，ウサギに見えたりアヒルに見えたりする）」が著明である．この
図によって，人間が如何に主観的な理解に左右されてしまうかを，指摘したも
のである（ヴィトゲンシュタイン著，丘澤静也・野家啓一訳『哲学探求』岩波書店，2012
年，378 頁）．

1）仮説の導出

　ところで，そもそも「仮説」とはどのようなものなのだろう．この点，板倉
聖宜氏は，つぎのように述べられる（板倉聖宜『科学と方法——科学的認識の成立条
件』季節社，1969 年）．

　　仮説とはなにか
　　1．仮説でない「仮説」，ドグマと真の仮説とを区別するもっとも重要な
　　めやすは，（中略）その真否を問いうるような具体的な命題であるかどうか
　　ということにある（同書，271 頁）．
　　2．もう 1 つ注意すべき事柄（中略）は，その仮説の真否が 1 回きりの現
　　象によって問われるものでなく，原理的には何回でも問いただしうるも
　　のでなければならないということである（同書，272 頁）．
　　3．すべて認識というものは，実践・実験によってのみ成立する（同書，
　　203 頁）．
　　4．その対象を認識するとは，その対象を確認しようとして目的意識的に
　　見つめる働きがなくてはならない（同書，203 頁）．

　まず，仮説の提示においてそこには反証不可能な内容は，微塵も含まれては
ならないのである．よって，まず仮説にドグマが潜んでいないかを，確認する
ことが求められる．その手段のその中心は演繹になるであろう．ここで「反証
不可能」とは，何を意味するのであろう．これは，K. ポパーが提示した科学
方法論の基礎的な考えで，いま提示された「仮説＝理論」が科学的な議論の対
象たり得るためには，それが「反証可能」でなければならない，というもので
ある．すなわち，提示された「基礎言明」がそれを「反駁する再現可能な結果

を発見した場合にだけ，われわれは理論が反証されたとみなす.」という考えである．したがって，反証できない「理論」は単なるドグマにすぎず，検討の対象とはなりえない，ということとなる（注：K. ポパー著，大内義一・森博共訳『科学的発見の論理』上，恒星社厚生閣，1971 年；K. ポパー著，大内義一・森博共訳『科学的発見の論理』下，恒星社厚生閣，1971 年，103，107 頁.）.

　よって，まず仮説にドグマが潜んでいないかを，確認することが求められる．その手段の中心は演繹になるであろう．自身が提案した仮説だけに，これをみいだすのは，なかなか厄介である（注：この罠にはまったのが，マルクスである．彼は，「商品には，価値が存在する」というドグマに陥ってしまい，もはや修正することができなくなってしまっていた．なぜなら，その考えが，アダム・スミスやデイビッド・リカードによって「交換価値という，財の値打ちの大きさを判断せしめる尺度」として提示された概念を，「価値＝値打ちそのもののおおきさ」と内容を飛躍させて理解してしまったのである．このドグマに依拠しつつ，「経済学」をうちたて，とくに，「剰余価値」という概念を引き出してしまい，結果，搾取論という架空の概念を創造してしまった．また，この「科学的」な概念により，「価格」の大小関係を説明しようともしてしまったのである．結果，当然失敗してしまったのである（詳細は，本書補論 2 を参照）．また，前者からは，「生産手段の国営化」という実践手段を引き出してしまい，多大の不利益を人間社会にもたらしてしまったのである．このように，「社会科学」は，それの正当性を十二分に検討しなければ危険な存在であることを，周知しておくことが重要であることが理解できよう（筆をすべらせれば，公務員という怠惰に流れやすい集団（全員とは言わないが）を育成し，こうした人間の意識の悪化により，人間という種の存続に危険信号が灯り始めたのである））.

　仮説の提示には，関連する事実から導き出さねばならない．今，最終的目的は現在の社会経済体制を修正した新しいそれを見出すことにある．よって，まずは現在の体制が抱える問題点を確認することが必要となる.

　今，よく言われる「経済上の欠陥」を見ると，

　　　貧困＝所得格差の増大
　　　雇用不足＝失業
　　　公害による被害
　　　景気循環と不安定な経済
　　　自己利益のみを追求する姿勢
　　　金融主導で経済を成長

　　短期的な利益の追及
　　賃金がコストとなっている．だから，賃金の安い外国へ生産を移す

などである．ところで，以上はすべて「貨幣」が絡む現象で，つまり貨幣の獲
得量の最大化を目指すことから，現実化する事象である．
　では何故極大化を目指すのかといえば，貨幣はあらゆるものを手に入れる能
力を，つまり無限の交換能力を有しているからに他ならない．生きるためには，
財やサービスが必要．⇒よって，必要な財やサービスへの獲得欲がある（本能）．
⇒財やサービスを手に入れるためには，貨幣が必要．しかも，貨幣はあらゆる
ものを手にし得る力を持っている．⇒したがって，貨幣を所有すればするほど，
財やサービスの獲得の可能性は高くなる．⇒つまり，人々が貨幣の獲得の最大
化を求めるのは，貨幣が無限の交換能力を有しているからであろう．つまり，
貨幣は持てば持つほど，あらゆる面でハッピーとなれるのである．そしていま，
資本主義社会の欠陥の原因が貨幣獲得の最大化を目指すことに起因するとする
なら，ここに，事態の打開には，市場経済の本質，つまり「貨幣」の性質の制
約が必要ではないかという予想が生じるのである．このように，これらを帰納
の視点で見ると，ここから，「貨幣をただす」という「仮説」が導出されるこ
ととなろう（こうした欠陥が生じるのは，人間が生きる目的を確認していないからであろ
う）．

2）予測の導出
　「では，如何にただすか」という予測は，演繹により導出される．
　ここで参考になるのがデカルトのコギト論である．先に見たように，まさに
「演繹」の展開過程の「見本」とも捉えることができる．
　それでは，予測としての新しい社会経済体制の姿は，どのようにしてこの仮
説から導き出せばよいのであろう．今，資本主義という市場経済では様々な問
題が生じ，それらの原因が「貨幣獲得の最大化」を常に目指すことであり，か
つ，それは「貨幣が無限の交換能力を持っているからである」ということが分
かった．とするなら，貨幣獲得への飽くなき欲望を抑えるためには，貨幣によ
る交換をやめる．あるいは，貨幣が持つ無限の交換能力に制限を設けて，あら
ゆるものが自由に獲得できないようにする．または，貨幣以外の交換手段を新
たに考え出す，といった対処法が考えられる．しかし，最初の案は，人間社会

のトレンドを否定するから，採用できない．３つ目の，貨幣に代わるものは，
貨幣しかないから，変更はできないこととなる．よって実現可能な案は，貨幣
の機能の制限しかないこととなると，考えられる．ここから，「貨幣の交換機
能の制限」という予測の結論がでてくる．しかし，これは「貨幣の供給量の縮
小」と同じ効果を持つと思われるから，景気の悪化をもたらす可能性が存する．
よって，悪化を是正する手立てが処方される必要がある．したがって，その手
段が同時に示されねばならないこととなる．

３）実験・実証の検討

　この結論が妥当かどうか，実現可能かどうかを，現実の事象でたしかめる．
すると，現実にプリペイドカードが使用されている．このプリペイドカードの
存在は，カードがいわば制約された使用しかできないことから，まさに能力の
制限された交換手段と同じ状況ではないかと考えられる．また，様々な地域通
貨も同様であると思われる．よって，能力の制限された交換手段は，実現可能
と推察されるのである．

　なお，実証できない場合は，ラッセルのいう「記述理論」で確定記述に転換
することで，推敲を深める必要がある．

　ここでは，貨幣の能力の修正には，交換手段としての能力以外に価値保蔵能
力も存することをあげ，この能力の制限についても言及することで，確定記述
に近づけるものと思われる．しかしよく考えると，価値保蔵の機能は交換手段
機能の存在によって引き出されたものであるから，交換手段機能の制限は直ち
に価値保蔵機能の制限を実現するものと思われる．よって，交換手段機能の制
限さえ検討すればよいのでは，と考えられるのである．また，いきなり新制度
へ移行することは困難であろうから，中間的な制度も必要になるだろう．

　ともかく，こうした推敲を経てまとめられたのが，以下の論考である．基本
は貨幣の交換能力に制限を加えることで，貨幣入手への願望の意欲を抑えよう
とするものである．このほか，極力怠惰心を抑えることや，失業の防ぎ方，競
争体制でのセーフティーネットの在り方や，助け合い社会の構築などについて
も，貨幣の交換能力の抑制がどのように作用するかどうかにつき，考えてゆか
ねばならない．ただ今回はまだ全てにわたって考察はできてはいない．今後の
課題である．ただ，見通しとして，法の整備や教育の刷新が必要となるであろ
うことが，予想される（スキルを高める，罰則の強化，三方良し・他利精神の涵養，社

100

会の共通認識化).

　論理実証主義では，帰納によって仮説を導出し，次いで演繹により仮説の予測化をなし，最後に予測を実証することで，新しい理論が創出できるとする．しかし，ここではこうした硬直的な提言ではなく，また，政治学の保城氏の考え（保城広至氏はアブダクションを「ある事実やデータが観察された場合，それはなぜかと問い，何らかの作業仮説をつくって説明・検証する方法のこと」とされている（保城広至『歴史から理論を創造する方法——社会科学と歴史学を統合する——』勁草書房，2015年，96頁））からするなら，仮説の導出，仮説の予測化，それらの実証には，推測手段としての，帰納，演繹，類推，アブダクションがすべて動員される必要があることとなる．なお，アブダクションもパースの示した事例からすれば，類推と演繹と帰納に類似した推理そのものではないかと，考えられる．よって，提言の手順は仮説（その際，「命題（確定記述），反証可能性，実証性，人間の自己保存と種の存続を，公平と真の平等と肉体的精神的に平穏のうちに実現存続する，トレンドの延長線上にあるか」を常に確認する），予測，実証であるが，そのためのツールには推論のための全ての手段を，あらゆる場面で動員する事が必要であるということである．そして，あらゆる場面が，ポパーの試行錯誤的な遂行（小河原誠『ポパー——批判的合理主義——』（現代思想の冒険者たち　第14巻）講談社，1997年，157-159頁）によって進められることとなる．これが，本書の結論である．（ただし，事例で示した具体例では，部分的な使用例しか示していない）).

　最後に，次の点を注意されたい．すなわち，「人間は正しく推測する能力を備えている．しかし逆に，間違った考えを信じる，という欠点も併せ持っている」という事実である．したがって，「何が人間にとり正しいのか，逆に間違いなのか」を判断する価値尺度を，まず明確にして持っていなければならない．これがなければ，平気で誤った方向に突き進んでいってしまうであろうと考えられる．そしてこの価値尺度こそ，「人間の自己保存と種の存続を，真の平等と肉体的精神的に平穏のうちに実現，存続する」という目的意識と考えられる．ただし，これは「本当にこれで良いのか」として，常に再考し続ける必要があるのである．以下に，このようにして考え出した経済制度を，示しておこう（この考えは，既に拙稿『貨幣帝国主義論』晃洋書房，2004年，で提言したものである．ただ，若干の追加を行っている).

4）新貨幣制度経済とは

（1）共産主義に憧れる理由

今日，多くの人々が共産主義にぼんやりとした憧れを持つようになってきた．その理由は大きく2つあるだろう．1つは資本主義経済が貧富の格差の拡大や拝金主義の蔓延，無駄の拡大など，様々な問題を抱えているからであろう．よって，資本主義（なお，筆者は資本主義を「市場経済による議会制民主主義」と定義づけている）に代わる別の社会制度が求められ，既に提案されている共産主義に，少し手を加えれば素晴らしい政治経済体制となるだろうとの安易な考えのもと，手っ取り早くその候補に挙げられたと思われる．もう1つは，現在多くの人々が怠惰になってきたからではないだろうか．それは，生産性が上昇し，あくせくする必要がなくなってきたためであろう．しかしおよそ生物全般において怠惰という性格を持つのは，人間ぐらいであろう．そして，怠惰は人類を滅亡に追いやる原因であろうことは，想像に難くない．一方，共産主義制度は，誤った平等主義の下，怠けていてもみんなと一緒の収入が保障される制度である．よって，まさにあこがれの対象となるのであろう．しかし，こうした安易な考えは危険であるだろう．なぜなら，共産主義は既に経験したように生産性は向上せず，支配階級以外は貧困に喘ぐこととなり，また，自由は制限され不平等な社会に苦しむこととなるからである．こうした事態が生じたのは，資本主義に代わる新しい，かつ優れた経済制度がいまだに提示されていないからだろう．そこで，1つの解決策として，新しい経済制度を提案してみたい．それは，「新貨幣制度経済」と名づけるものである．ここで，貨幣制度という名称が入っているのは，貨幣制度経済は人間社会にとり必然であった経済であり，いわば，人間が生活必需品の充実を追い求めていった結果，必然的に到達した社会経済制度であったのである，という認識によっている．したがって，我々はこの貨幣制度をまずは引き継いでゆく必要があるのであり，否定すれば，経済は成り立たなくなるであろうと推測できる．つまり，「市場経済」は，継続させねばならないのである．その上で，市場経済が持つ様々な欠陥を是正しようとするのである．つまり，市場経済の修正を意図したものとなっている．勿論，資本主義社会が前提する「民主主義」制度は，なんとしても引き継いでゆかねばならない．ここで問題になるのは，貨幣が単に交換手段だけでなく，富の蓄積機能や資本の役割をも果たしていることであろう．結果として，人々は常により多くの貨幣を手に入れようとし，そのため，常に貨幣を資本として運用し

ようとし，よって，生産は常に拡大を続けてしまっているのである．

　結果，人々の所有する貨幣量に差ができ，よって貧富の差が生じてしまう．また，貨幣の獲得の最大化への行動から過剰生産に陥り生産を縮小せねばならなくなる．結果，景気の悪化から失業が生じてしまう．よって，貨幣の獲得欲に歯止めをかけ，万一の企業の倒産や失業には対応策を設けることが必要となるだろう．

　ここで，では何故貨幣は富の蓄積機能を有するのかということである．富の蓄積機能により，人々は貨幣を大量に獲得すればするほど，より多くの財やサービスを手に入れることができるのである．そしてそれは，事実上貨幣は無限の交換能力を持っているからと，否，持たされているからと考えられる．およそ，貨幣によって購入できないものはないだろう．よって，貨幣制度に制約を加えることが，1つの解決方法として浮かび上がってくる．それが，新貨幣制度経済であり，つまり，現状の問題を解決するためには，なにも資本主義社会を廃止する必要はないのであり，貨幣制度での問題点を是正すれば良いと考えられる．したがって，新しい制度でも基本的に市場経済，民主主義は前提されており，現在と変わるのは，貨幣の機能に制約を加えるところだけである．また，倒産や失業にはベーシックインカムという手段が考えられる．以下の論は，拙著『貨幣帝国主義論』晃洋書房，2004年，による．

（2）貨幣とは何か

　現在，紙や数字が貨幣の役割を担っているが，元々は誰でも欲しがる財が貨幣として登場した．やがて貴金属がその位置を占める．つまり，貴金属であるが故に貨幣としての地位を占めることに，人々が合意を与えたのである．やがて，磨耗した貨幣が流通を許容され，小額貨幣の必要性から紙を素材とした貨幣＝紙幣が出現し，今や紙や数字そのものが貨幣となる．ここで，紙や数字が貨幣となり得るのは，つまり，人々がそれらに貨幣としての役割を認めることに合意を与えあうのは，紙や数字はその量の増減にたやすく対応できるからであり（この点，貴金属は量が限定され，対応できない），何よりも，今や貨幣の存在は既に前提されているから，貨幣の存否そのものを問題とする段階は過ぎ去り，貨幣の「交換手段という使用価値」の便利さに気づいた人間は，その存在を当然のこととし，したがって，今や単に貨幣の機能をたやすく果たし得る素材であれば，何物でも貨幣となる段階（合意を与え得る段階）に達しているからであ

る．貨幣は今や貨幣自身の素材が問題とされる時期を通り抜けてしまったのであり，また「何故合意が成立し得るか」という段階も過ぎ去り，貨幣の存在が自明の理，前提とされる社会となってしまったのである．したがって，貨幣＝交換手段という使用価値の有意性に気づいた人々は（勿論，価値の蓄蔵手段も含むが），交換手段，蓄蔵手段という使用価値を持たせうるものであれば，何に対しても貨幣の役割をはたすものとして地位を与えはじめたのである．むしろ，交換手段（ただ現在では価値尺度という使用価値を果たすからこそ，交換手段という機能を有しているのである），蓄蔵手段という使用価値は，今どうしても手離せない機能となったが故に，その機能を果たせる「もの」として，それらの使用価値を発揮させやすい素材をこそが追求され出したのである．その究極の「もの」が数字そのものであったのである．数字は腐ることはなく，供給は無限であり，数え易く，大小を示す最も基本的な素材である．極論すれば，今までは人々の合意を得るために「使用価値」を有するものに貨幣の役割を与え，人々もよって合意したのが，今や，あるものに交換手段という「使用価値」を与えて貨幣たらしめ，人々がそれに合意するという段階になったと言えよう．

　当初は，生活に役立つという性質を持つ財が貨幣の役割を担っていたが，交換手段が利便な存在であるという認識が人間社会で一般化すると，交換手段の存在そのものに合意を与え合ったのである．この瞬間から，交換手段という使用価値を有する存在にしようとする合意があれば，それに交換手段の役割を与えてもかまわないという合意を与えることが可能になったのである．そして今日にみる「数字」そのものへと変化し，交換手段となったのである．何よりも，数字はコインが成立した当初から，貨幣の内実そのものであったのである．正確には，交換手段としての役割を与えるという合意を与えたのである．

　ところが，人間は自身が生み出した交換手段たる貨幣という道具によって滅亡の危機を迎えることとなってしまった．人間の生産性向上欲が，最終的にたどりついた貨幣制度は，人間の社会関係，人間関係そのもの，さらには生存環境すら崩壊せしめつつあるのである．再確認すれば，貨幣が無限の交換可能性を与えられ，それが示す大きさが単に交換価値となっている，しかも，人々はそれを使用価値と錯覚しているが故に，人々はひたすら貨幣の獲得量の拡大をのみ願い，獲得貨幣量の多寡で人々を評価し，収入が多い職業ほど地位が高いとする．値が高い絵画ほど，名画なのであるとするのである．こうした歪んだ考えが，赤子の時から擦り込まれてゆくのである．拝金主義が蔓延り，ついに

は，人間の生存にとって不可欠な環境をも破壊しつつあるのである．水は汚染され，大木は平気で切り倒される．1本の大木は，切り倒せば単なる木材として，邦価10万円程度であろう．生きた大木のままなら，その使用価値は100億円でも不足するくらいなのである．さらに，貨幣の獲得が可能ならば，自己保存と種の存続に抵触するような商品やサービスでさえ，販売されるようになってきているのである．他方で市場経済は，大量の売れ残り商品を廃棄物として，つまり，ごみ化＝浪費化をもたらしているのである．しかし，人々はようやくそれに気付いてきた段階である．したがって，ゴミの不法投棄は，実は環境汚染を引き起こす重大犯罪なのである．にもかかわらず，現行の法体系では全く軽微な罰則しか適用させていない．本来，歩きタバコやその吸殻を道端に棄てる行為等も，重罪の対象となる不法行為なのである．それでは，いかにすればこのような逆立ちした状況を是正できるのであろうか．それは貨幣を本来の正しい制度に転換させる以外に道はないであろう．以下，その点を見てゆきたい．

（3）貨幣の交換機能の制限

　そこで提言したいのが，流通させる貨幣の交換機能の能力を制限するという方法である．既にみたように，絶望的状況という予想を引き出す元凶は，貨幣の存在，現時点での貨幣の持つ機能拡大の存続に存したと考えられる．よって，貨幣を変質させうるなら，最悪の事態は避け得る可能性が存在することを意味していると考えられる．今日の，貨幣の凶暴性は，まず，貨幣としての基本機能たる交換手段に対し，あらゆる交換手段機能を与えてしまったこと，いわば，交換手段に万能を付与したが故に生じたのではないかと考えられる（例えば，貨幣は未来の価値すら先取りして，浪費を可能にしてしまっているのである）．今や，貨幣が人間をその支配下においているのは，貨幣が「利潤」の源泉と化し，利潤の象徴として存在し，それは貨幣が富の蓄積機能を有するに至ったが故であり，しかも，その主因が貨幣のもつ交換の無限性にあるとするなら，ここに我々は貨幣の凶暴性を制御し得る1つの解決手段を手にしたこととなる．それは，貨幣がもつ交換の万能機能＝無差別性＝無限性に制限を加えるということである．我々は，交換手段として存在する貨幣に，交換の無差別機能を止めさせるのである．否，制限することに合意し合うのである．さすれば，貪欲な制限のない富＝貨幣の蓄積指向が，行為的に（制度的に）制止できるのではないかと考え

られる．したがって，現在あらゆる交換の可能性を有する貨幣に種々な制限を
加えるのである．それは，時間的，場所的，交換対象的な制限が主なものとな
るであろう．つまり，ある条件を満たした場合のみ無限性を付与するが，満た
さない場合はそれに応じて交換手段として機能し得る能力に制限を加えるので
ある．例えば，その貨幣の通用期間を 20 年間とするのである．しかし，単に
そうした貨幣だけを単独で発行したならその貨幣は敬遠されるか，または急い
で支出（購買に供）されるか，あるいは，その貨幣の価値が他の一般の万能の
貨幣の価値より低くなり，交換レートが安くなるといった事態が生じるであろ
う．したがって，制限は単に期間のみならず，場所的，交換対象的にも加えて
ゆく必要があるだろう．つまり，貨幣とはそうした制限を有することがあたり
前の存在とするのである．さらに，逆に貨幣を受け取る時点で，貨幣を受け取
る側の行為の内容によって，いかなる貨幣を受け取り得るかを変化させてゆく，
という制限を加えてゆくのである（例えば，宗教家に支払われた御布施は，宗教活動
のみしか通用しないこととする）．そうした合意を成立させるのである．さすれば，
無制限な貨幣獲得欲に歯止めがかけられうると考えられる．この場合，制限の
基準は人間の平等的平穏的存続（人間の生きる目的である自己保存と種の保存を，真
の公平・平等社会の下に肉体的にも精神的にも平穏に永続すること）に寄与する行為か
否かという点に置かれ，寄与するならばより制限のゆるやかな貨幣を，反対の
場合はきびしく制限された貨幣が支払われることとするのである．こうした制
限は，貨幣の富の蓄積機能に著しく制限を加えるものとなるから，貨幣の蓄積
意欲が大きく減退するものと期待できるのである．今日の IT 社会なら十分実
現可能であると考えられる．詳述しよう．

（4）数字の表記で制限を加える

　我々の経済生活は，今や分業による生産行為を抜きにしては存在し得ない段
階にある．よって分業によって必然的に同時的に発生する交換行為は避けて通
ることはできない．よって，交換を仲立ちする交換手段つまり貨幣の存在を否
定することはできない．しかも，今や貨幣の実態は紙や数字となっている．そ
れでも交換は実現するのである．このことは，まさにマルクスのいう価値は存
在しない，否，必要ないのである（使用価値はまさしく存在するが），を如実に証
明していることになろう．合意さえ存せば交換手段たりうるし，否，交換すら
可能なのである．とすれば，人々の合意さえ存在すれば，逆に貨幣の交換手段

機能の制限も可能となるのではないだろうか．例えば，数字の種類によって交換対象の制限も可能となるのである．そして，交換機能に制限を加えるか否かの基準を「人間の自己保存と種の保存を平等的平穏的に行う」に寄与するか否かに置くことの理由は，そのことがまさしく人間存続に直結する基準であり，かつ，我々が忘れていた人間行動の最も真なる目的であると考えられるからである．そして，具体的には，有害物資を垂れ流して生産された財や，生産されたものが，やがて有害物に変質し得るもの（前者の典型例が，化学薬品の生産や原子力発電による電力であり，後者の例がソーラーパネルである）は，販売で獲得できる貨幣＝数字を例えば漢数字とし，その貨幣で購入できる対象は工業製品のみとするのである．したがって，賃金には漢数字の貨幣だけ支払う訳にはいかないから《何故なら，工業製品だけでは労働者は生きてゆけないから》自動車生産以外の経済活動，否，人間行為を行わない限り企業としては成り立たたなくなるのである．もし，万能貨幣が賃金として支払えない場合は，そこで働く労働者は，その貨幣を獲得すべく，工業労働以外の活動をせねばならなくなるのである．逆に，人間の平等的平穏的存続に大きく寄与すると考えられる「人間のやさしさ」「人間の誠実さ」「人間の温かさ」等には，その行為に対し総てのものと交換可能な貨幣＝数字が与えられねばならない．道端に捨ててあった空缶を拾ってゴミ箱に入れた時，子供の危険な行為を注意した時，身体の不自由な人に席を代わった時，等々，彼等へは無制限の貨幣が公的に付与されねばならない．

　とすれば，ここにおいてケインズの言う有効需要の内容も変質させねばならないことがわかろう．彼の理論によれば，生産は常に目一杯の拡大を続けておかねばならない．しかし，少し考えればこの考えはやがて行き詰まりをみせるであろうことはすぐわかる．限られた資源がやがて天井を持たらすであろうからである．有効需要のなかみは，したがってそれに対応する「生産」のなかみは，「人間の自己保存と種の保存の公平・平等的平穏的存続」に寄与したものでなければならない．その結果が失業を皆無とさせる世の中であるはずである．具体的に言えば，人口をむやみに増加させるような手段や行為は制限されねばならない．市場経済では，人口増は生産の拡大につながる，つまり好況の要因なのである．この現実から，脱却しなければならない．「少なく産んで賢く育てる」を実践せねばならい．単に「利潤＝貨幣の獲得」の拡大を目指した生産やその他の行為には制限を加え，人間にとり必要かつ公害のない，さらに公害

とならない製品の生産は，必要量を目一杯続けなければならない．したがって，極論を言えば，自動車は排ガス，騒音，交通事故等をほとんどなくすまで，また廃車後の処理が確立するまで，必要な車両（例えば，輸送車や救急車など）を除いて生産を中止すべきである（何よりも，今余りに人々は贅沢にかつ，怠惰になり過ぎている）．とすれば，自動車産業に携わる人々は失業せざるを得なくなり，生活できなくなるだろうか．

（5）善行に対価を

　この点．先述のように今まで当然無料と考えられてきた善行（対価を要求することが憚られてきたような行為）にも対価が支払われるようにすることによって，解決できると考えられる．ここで，「善行」が貨幣支払の対象となり，かつ，無制限の交換機能をもつ貨幣が支払われる対象となるのは，人間社会の基本的性質から来るものに他ならない．即ち，個の利己心と全体が要求する利他心とを調整するのは「人間のやさしさ」以外には存在しないからである．即ち，やさしさとは思いやりに他ならず，思いやりとは「他者への配慮」に他ならない．したがって，「やさしさ」こそが個としての利己心を抑制し，社会＝人間の集団が要求する他利心を満たしてくれる人間の心情に他ならないからである．したがって，我々はいかにしてやさしさを人間から引き出すのか，このやさしさにいかにして対価を支払うのか，その対価の大きさの基準を何におくのか，といった課題を解決してゆかねばならないこととなる．若干の予想を示しておこう．例えば横断歩道を渡っているお婆さんに手を貸してあげた場合，そのお婆さんはその人に御礼として無制限の貨幣1000を手渡すこととしよう．もし，お婆さんが支払わねば，それをみていた町を巡回する公人が公的人物としてその人に1000のチケットを渡し，その人が金融機関に持参すれば1000が通帳に入金されることとなる．したがって，これは歳出の一部となるのである．とするなら，例えば失職中の人でも「やさしさ」を発揮すれば無制限の貨幣を入手できることとなるのである．善行を積めば収入が獲得できるのである．これはいわば有効需要の内実を投資や財の消費ではなく，サービス＝善行の消費（支出）にシフトさせたことを意味している．ここにおいて人々はもはや企業に雇用されたり，自家営業を営むことで生活手段を手に入れるという状況から脱出できることを意味している．他方，財の生産は本当に必要でかつ，人間にとって優しいもののみが生産されだす．何故なら，そうした財を生産すれば，無制

限の交換機能をもった貨幣の入手が可能となるからである．生産の当初，その内実が不分明な時は，時間の経過によって明確になった時点で，清算を行えばそれで良いのである．また，生産の場以外で収入が実現することから，財への需要はより大きなものとなり得るから，必要な財への欲求が常に存在し続けることとなり，必要な財の緩やかな生産拡大が常に存在し得ることとなる（好況の持続）．そうした社会体制を早急につくる必要があるのである．しかも，自動車の生産に携わって入手できるのは工業製品のみと交換可能な貨幣であるから，いずれにせよ彼等は企業以外での人間生活において，人間行為を発揮せねばならないのである．今や，人々は貨幣の拡大を求めれば求めるほど「人間の自己保存と種の保存の平等的平穏的存在」に寄与することとなるのである．勿論，一部ではあるが，それでも過剰生産が発生する余地が存するが（何故なら，制限された貨幣でも良い，としてその獲得の拡大をねらってさらに生産量を拡大する結果，供給が需要を上回るため），そのため売却できず供給が過剰となった時，人員整理が生じる可能性が存在する．しかし，整理された人員は失業者ではあるが，全くの無収入とはならない．彼等は「やさしさ」を供給することで，収入を確保し得るからである．

（6）「やさしさ」の経済への内部化

　何よりも，こうしたやさしさが社会全体にゆきわたると，単なる利の追求が反社会的な無駄な行動であることに人々は気付きはじめていくであろうから（何故なら一般で言う「利潤」は人間が常に対立し，むやみに競争している社会でこそ必要悪として要求されるものであるからである．つまり，利潤の拡大によって個の安定化が保障されるからである．しかし，対立がなければもはや「利潤」は必要ではなくなるのである．人々は本来の「利」の獲得を目指す行為に従事するのである），おのずと需要に見合った生産が選択されていくものと考えられる．特に，本来的な商品生産をしている人々はその事実に早く気づくであろう．他方，非本来的な商品は，そもそも需要そのものが小さいから，当初から過剰生産に陥る可能性は小さいと考えられる．しかも，販売できたとしても制限をされた貨幣しか手に入れられないから，いずれは淘汰されてゆくことが予想される．このように，機能を制限された貨幣の創出や，「やさしさ」の経済への内部化は，我々が現在苦しんでいる「過剰生産と失業」，さらには環境破壊という行為によって生じる不利益から解放してくれる可能性を有すると考えられる．まさに，現実的な政策手段なので

はないだろうか．要するに，生活に必要な財を入手し得る機能を持つ貨幣を獲
得するには，その活動は経済活動だけではなく，何らかの平等的平穏的存続に
貢献した場合には入手できるようにする．したがって，もし人々が怠惰に生き
ようとするなら，たちまち生活に行き詰まる場面が生じるであろう．何故なら，
生活に必要な財の入手が可能となる貨幣が枯渇するからである．したがって，
人にはもはや従来のように他人を脅かして利潤を獲得したり，そうした貨幣を
貯えておいて怠惰に暮すという訳にはいかなくなるのである．

（7）利己心の影響

　以上のように，貨幣の交換機能に制限を加える必要があると考えるのは，次
のような考えが基底に存するからである．我々人間は基本的には利己的な存在
であり，かろうじて理性がそれを押しとどめているにすぎない．したがって，
理性が正しく培われなかった人々や，条件によって理性を忘却する人々が存在
する現実社会を前提とする限り，人々の行動は常に社会の目的にかなっている
とは限らず，むしろ逆に反社会的な行動や利己的な行動をするものと考えられ
るのである．とするなら，いわゆる経済的自由は我々にとって，いわば必要悪
的な存在とならざるを得ない．即ち，もし反自由的な経済運営，例えば計画経
済が実施されたなら，たちまち生産性は低落し，平等社会とはかけ離れた不平
等な分配が蔓延することとなろう（これは，既に人間が社会主義政権下で充分に体験
したことである）．いわば，貧しさのなかの不平等社会の実現である．他方，経
済的自由がそのままの形で放置された社会では，生産性は上昇するものの人々
が勝手に利潤を最大にしようと行動する結果，過剰生産が常態化し，他方で不
必要なものが利潤の拡大のために生産され，むしろ，害悪を与えるものさえ生
産され出す．他方，粗悪な財の生産でも，利潤の拡大行動の結果，必要以上に
生産されるため，過剰生産，過剰労働力をかかえ込むこととなる．このことか
ら，やがて販売不振から生産の減少，つまり不況へと向かってしまう．いわば，
経済が好・不況の循環を繰り返すこととなり，不況が長期かつ深刻であれば，
人々は，長くかつより多くが失業に苦しむこととなる．しかも，こうした恐慌
から脱出する施策は，生産の拡大＝資源の浪費以外には存在しない．とするな
ら，こうした人間の能力の水準を前提としつつ，なおかつ，経済的に平等，平
穏的な状況を存続させようとするなら，自ずとその手段は限定されてくるであ
ろうし，逆に言えば，より本質的な手段が執られなければ，いつまでたっても

悪化した経済状況に苦しまなければならないこととなる．したがって，現況の
経済状況を強制していると考えられる貨幣に制限を加えるといった手段は，必
要不可欠のものと考えられるのである．いわば，経済的強制による是正である．
こうした施策により，人間の気持ちを是正し，思いやりによる生産へと導きた
いのである．よって，生産の目的は貨幣の獲得が第一ではなく，他の人々から
の賞賛となる．

（8）プリペイドカードのような貨幣

　ところで，こうした制限を設けた貨幣は，既に現在でも存在する．プリペイ
ドカードは，ある特定の商品の購入しか許可しない貨幣に他ならず，また，期
限付きのサービス券，商品券は，特定の店や地域でしか通用しない期間限定の
貨幣に他ならない．また，最近では地域通貨やエコマネーといった，機能が制
限された貨幣（期限 地域 支払対象 支給対象等が限定）が，現実に我が国でも流通
している．特にエコマネーについては，加藤敏春氏が，既に 1997 年に提唱さ
れていたとのことである．氏は，エコマネーの目的を「コミュニティにおける
「互酬」のネットワークを拡大し，他者との交流を促進する手段である．エコ
マネーにより，環境，福祉，教育，文化，そして経済のどの分野で善意のサー
ビスを交換するとき，当事者間に「気遣い」が生じ，サービスの提供に伴って
それぞれの個性的な「トキ」を交換するようになる．このような機能は，多様
な情報を削ぎ落して，価格という情報に一元化した現在の貨幣に期待すること
はできない．エコマネーの真の目的は，人間が「気遣い」により「時間」を回
復し，「自分探し」から「世界探し」への旅をすることにある．エコマネーの
取引が「時間」を尺度としている本当の理由も，ここにある」とされている
（同氏，『エコマネーの新世紀──"進化"する 21 世紀の経済と社会──』勁草書房，2001
年）．現在，地域通貨とエコマネーという言葉は，区分されることなく使用さ
れているようである．が，エコマネーは同時的に地域通貨でもあると考えられ
る．

　このように，現実にも制限された貨幣はここかしこで実在しているのである．
そして，こうした制限された貨幣は「消費の制限」をも事実上もたらしており，
言わば消費者を選別しだしたと言えよう．良い意味でも悪い意味でも．勿論，
選別が差別につながり，持てる者のみの利便が謀られることとなれば誠に問題
である．しかし，逆に過剰消費を指向する消費（者）に制限を加える作用をは

たすならば，未来の価値の先取りという，貨幣が持つ最悪の機能を制御できるのではないか（したがって，過剰生産の抑止）と期待されるのである．当然，本来の設立目的から逸脱した諸行為（例えば，宗教活動に名を借りた利得行為等）も，少なからず防止できるのではないかと考えられる．

（9）新貨幣制度経済への展望

　ところで，貨幣の機能に制限を加えるということは，貨幣で示すべきその財の内実を各々限定させる，ということを意味する．そこで，この制限を実現させるために，その前段階としての貨幣制度を検討しておきたい．それは，財を2つの貨幣価格で表示する，というやり方である．即ち，財の使用価値面と交換価値面を各々別の貨幣単位で表記し，交換の時この2つの貨幣を同時的に支払うようにするのである．勿論，現在の貨幣において，平等的平穏的存続に反する商品が販売された時，ペナルティーを課すようにすれば，同様の結果が得られるかもしれない．しかし，実現には相当の時間が必要となるであろう．何故なら，肝腎の人々の意識がなかなか変わらないであろうから，ペナルティーを課す段階に至るには時間がかかるであろうからである．しかし，現実に2つの価格を示せば，いやおうでも平等的平穏的存続の重要性に気づかざるをえないであろうからである．

　使用価値は，本来その内容が質的に異なるため，比較不可能であると考えている．しかし，ただ1つ「人間の生存にとっての貢献度」という共通の尺度が存すると考えられる．従来，無意識的にはともかく，見向きもされなかったこの尺度を，もう少し広げて「人間の自己保存と種の保存の貢献する度合をもって，その財の使用価値の大きさとして表示してはどうか」ということである．一方，旧来的な価格の大きさは，その財の交換価値を示すものとするのである．この時，使用価値を示す貨幣単位を，例えばユーティーとし，交換価値を示す単位をワークとしよう．そして，ユーティーには，従来と同じ無限の交換可能性をもたせるが，ワークは，例えば工業製品の入手にしか使用できないようにする．一財には，この2つの貨幣を同時的に表示させ，2つの貨幣を同時的に支払い，流通させるのである．今日のIT社会では，充分処理可能であると考えられる．具体例を示してみよう．

　例えば水は，交換価値なら1リットルせいぜい200ワークという値であるが，使用価値ならばその重要性から100万ユーティーという値がつくであろう．従

って，各々の貨幣単位，つまり，価格単位は，水の場合100万ユーティー200
ワークという表記になるであろう．ただし，生活必需品たる水が高価であると
生活できないから，100万ユーティーを200ユーティーに値下げしていること
を明記する．一方，ダイヤモンドは，使用価値はほとんどゼロであるから（生
活に役立たない）1カラット10ユーティーとし，入手は困難であるから100万
ワークという表記となろう．人々は，これらを各々の発行された貨幣で支払う
のみでなく，電子カードに貯えた貨幣で支払ってゆくこととなる．ともあれ，
比較不能な使用価値も，人々の合意があれば可能となるはずであり，時代と共
に，比率は当然変化してゆくであろう．

（10）有害商品の価格と，ワークとユーティーの交換

　次に，今有害な製品や生産の過程で環境の破壊が発生したとしよう．賢明な
人々は，当然製品を購入しないであろうが，そうでない場合，専門家が有害の
判定を下し，その時，生産企業はまず生産を中止し，ついで，損害賠償を行う
こととなる．ここで主として支払われるのは，ワークではなくユーティーであ
る．いわば，使用価値のマイナスの財を販売したわけであるから，例えば100
万ユーティーを国家に対して支払わせることとなる．この時，彼等が製品の販
売で入手していたユーティーは，せいぜい1億ユーティーで，一方，ワークは
1000億であったとすると，当然一度に支払うことはできない．そこで，その
企業はまず手持ちのワークをまずユーティーと交換するが，交換レートは国が
定め，1ユーティー＝1000ワークであったすると，その企業が入手したワー
クをすべて吐き出したとしても，まだまだユーティーは不足する状態となる．
したがって，その企業は次の製品では使用価値の非常に高い品物を開発せざる
を得なくなるのである．ユーティーの大きな製品の販売で，ユーティーの獲得
を目指さざるを得ないのである．使用価値が大きいとは，人間の自己保存と種
の保存の平等的平穏的存続に寄与し得る能力の高さを言っているのであり，そ
うした財の開発を当初から目論んだ方が，余程生産は安定化することから単な
る交換価値の大きな財の生産は縮小してゆくと考えられる．これらの評価は，
いずれにしても人々の合意によって決定されてゆくのである．例え，付加価値
の高いテレビの生産にしても，製品の始末に困るような材質が含まれておれば，
ワークは高くともユーティーは低くなってしまう．したがって，他が生産した
別の商品，例えば洗濯機を購入しようとした時，使用価値の低い，例えば騒音

の激しいものしか購入できなくなる．高いユーティーが付されている洗濯機は，手持ちのユーティーが少ないため，購入できないのである．ともかく，彼は常に使用価値の高い財を開発せねば，生活レベルがどんどん落ちてゆくこととなるのである．このように，ワークとユーティーの両者の獲得を増やそうとする行為は，いうところの「利潤」の獲得の拡大を目指していることと同じことである．ただ，ここでは「利潤」を無限大に大きくするような行動はとれないだろう．いま，利潤獲得のために次々と使用価値と交換価値の大きい製品を開発しても，従来の製品がまだまだ使用可能ならば，それは全くの浪費となってしまうであろう．従って，浪費を促す財は有害であるとして，たちまちユーティーは最小となり，場合によっては，ユーティーを買い手に与えなければ販売できないようになるかもしれない．勿論，製品の寿命が長ければ長い程使用価値は大きいから，ユーティーは高くなる．よって，自然と製品の無駄な新開発は抑制されることとなる．よって，人々は自ずと財の本来の使用価値を中心に考慮したものへと，生産を切り替えてゆくこととなるだろう（なお預金口座を区分し，利益を旧製品の増産と新商品の開発への資金，という振り分けを行わせ，前者に制限を設けるといった処置も考えられる．しかしこうした処置は，生産者が全て善人であることが求められるから，法的措置が必要になるであろう）．その時，交換価値を具現化していた貨幣は，その役目を終えることとなるであろう．その時，人間は人間が考え出した貨幣を，自らが制御しつつ，「貨幣」によって正当に交換を行う社会を構築することとなるのである．その時，人々は自ずと人間の自己保存と種の保存の公平・平等的平穏的存続を実現させる行動をなすことを，当然であるとしている自身の存在に気づくであろう．

　なお，ベーシックインカムは企業へのそれは，相当な理由を前提とすることは言うまでもない．個人のそれは，いわゆるマイナスの税という性格を持ち，そのことでスキルアップを図る時間を確保するのである．

(11)　レッセ・フェールは最適をもたらさない

　ともかく，経済行為におけるレッセ・フェールは，スミスが言ったように最大の幸福を人類にもたらすものではなかったのである．例え，人々が賢人で道徳心に満ちていたとしても，人間の持つ生産性拡大欲は制度として誤ったものを構築せざるを得なかったのである．即ち，既存の経済制度は残念ながらこのままでは意に反して人間そのものの存立を危うくさせる性質を内包せしめてい

る，ということである．つまり，人間が経済的自由により，その都度その都度
最適であろうとして導入してきた経済上の様々な制度は，その時には望ましい
ものであったが，実は，人間の存立さえ否定するような欠陥システムであった
のである．つまり，人間は知らず知らずの間にそのようなシステムを利用し繁
栄してきた．しかし，ここに至り，システムの内でもまさに貨幣制度が人間社
会を破滅に追いやる元凶であることに気づきはじめたのである．生産力がさほ
ど高くはなく，かつ，人口もさほど多くなかった人間社会では，まさに便利な
道具として経済活動を円滑ならしめていた貨幣．しかし，現在のような，人口
爆発と膨大な生産力を有する時代では，益々の危機的状況を推し進める役割を
はたすようになってしまっているのである．我々は，我々を破滅へと導きつつ
ある貨幣による交換を，修正してゆかねばならない段階に到達したのである．
レッセ・フェールは誤りを正すことはできない．我々は，意図的に正しい制度
を創り出してゆかねばならないのである．その具体策こそ，貨幣の交換機能の
制限であり，さし示す内実を，使用価値たらしめることであった．そして最終
的な目標は，貨幣を不要とする社会経済制度の構築である．

　なお，人間自身が生産の拡大の要因であること，つまり，人口の数が生産の
拡大・縮小に直結することから，逃れることはできない．何故なら，生産の拡
大は人間自身が消費生活をより充実させようとする，生産物への需要の根本要
因であるからである．したがって，我々は需要の内容，つまり生産への影響に
ついて，人口数以外においてより良い状況へと導くことが，我々にでき得る対
処方法となるであろう．それが「貨幣の機能の制限」であると，考えられるの
である．

　ところで，以上みた浪費と環境破壊による人間の危機状況，および共産主義
への漠然とした憧れ以外に，今一つ重大な危機状況を人間は迎えつつある．特
定の国家による露骨な覇権主義である．その野望をゆるせば，世界は民主主義
を否定され，過酷な社会が構築されてしまうだろう．つまり，人間社会の終焉
である．したがって，我々は何としてでもこうした3つの大きな危機を克服せ
ねばならないのである．今一度，経済行為の中で本来の勤勉さが強制されるシ
ステムをつくらねばならない．総ての制度を平等的平穏的存続に見合うよう，
改定せねばならない．覇権主義を阻止せねばならない．

　さらに，現状の所有意識を変えねばならない．現在は余りにも所有権が保護
され過ぎており，自己主張のため過大な生産に歯止めをかけることなどできは

しない．せめて，土地については，所有権ではなく使用権の所有に留めるべきであろう．こうした制限は，当然生産性向上の足かせとなるから，生産量は減少するであろう．しかし，狙いはまさに量の縮小にあるのである．また，人口減少や機能が制限された貨幣の流通（制限は貨幣の流通速度を低下させる）は，需要の縮小をもたらすから，不況を回避するために，国債や公債によって貨幣供給を行い生産の拡大を図ればよい．AI が発達した今日なら，かなりな程度適切な対応が可能であると考えられる．

　最終的に万人が賢人となったとき，もはや市場経済を採用する必要はなくなる．よって，貨幣を使用することも不要となる．必要品の生産は，AI が行い，人間は，人間による高評価を得ることのために，生産に携わることとなる．人々は皆賢人であるため，人口数は適正な人数に抑えられ，また，余計な物を余分に取ることもない．この時，現状の問題点は，ほぼ解消されているであろうと，予測できる．

　以上が，新しい社会経済体制の提言の内容である．

第4章　様々な研究方法

> ### 提言
>
> 　学問分野は，今や多岐にわたっている．その全てを理解することなどは，到底不可能であるように思われる．よって，可能な範囲で各々の研究の方法につき，みていきたい（注：したがって，各分野の研究の到達内容を，せめて10年に一度ぐらい公表して，互いに成果を共有するようにせねばならない段階にあるのでは，と考えられる（科学の統合段階））．

1　社会学

1）ウェーバー：理念型

　世良晃志郎氏は，ウェーバーの理念型につきウェーバー自身の説明をまとめられ，「1つまたは若干の観点を一面的に高昇し，この一面的に高昇された観点に適合するところの，ここには多くかしこには少なく，ところによっては全く存在しないというふうに，ばらばらに存在している多くの個々の現象を，内面的統一性をもった1つの思惟像に結合することによって獲得される．この思惟像は，その概念的に純粋な姿では，現実の中にどこにも経験的には見出されない．それは1つのユートピアである」．「現実の資本家は，恋愛し，音楽を愛好し，泥酔し，浪費し，病気になり，正義心や同情心に駆られ，（中略）時には資本の法則に完全に反して行動し，等々のことがありうる．しかし，われわれはこれらいっさいのことを捨象して，「資本範疇の人格化」としての「資本家」の「理念型」を作ることができる」とされている［世良晃志郎『歴史学方法論の諸問題，第2版』木鐸社，昭和50年（1975年），12頁］．とするなら，結局，理念型とは仮説の形成にあたって，本質を認識して提言された様々な状況の集合体，と考えられる．なお，歴史学では将来を予測する時に，仮説や予測を構築することとなろう．

　ところで，ウェーバーの方法論の「理念型」による分析方法については，その概要を，西村孝夫氏は次のように示しておられる.

　「ウェーバーは，現実態は無限の多種多様性として現れる．しかるに，有限な能力しか持たない人間がこの現実態を認識するためには，その現実態の一部を「知るに値する」という意味で本質的なものとして選択して認識するしかない.

　この認識においては，個性的理念型と要素的理念型という2つの理念型によってそれを行い，これらの理念型によってこそ個々的な現象を統一的な思惟形象に結合することで得られる認識となり，この認識こそが対象とする概念規定になる，としていた」とされ，次の**図4-1**を示される.

　西村氏は，現実態を特徴付ける要素を見る視点を「個性的理念型」，それを構成する様々なより基本的な要素の各々を，「要素的理念型」であると解釈されている．したがって，ウェーバーは「類型の複合」が，個性的理念型（対象とする現実態の概念規定）として把握されるとするのである．しかし，西村氏は

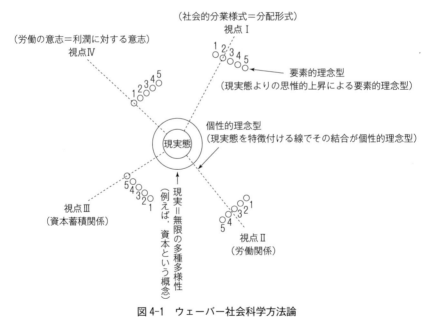

図4-1　ウェーバー社会科学方法論

（出典）西村孝夫『経済学大系と歴史――一つの学史的試論――』未来社，1962年，171頁，第3表「ウェーバーの類型学的方法」から引用．ただし，一部．本文の説明事項を追記した．

ここでは要素の単なる複合＝寄せ集めという認識になるから，その概念要素の有機的な構成として捉えられていないという致命的な欠陥を有すると指摘されている（西村孝夫『経済学大系と歴史——一つの学史的試論——』未来社，1962 年，169-172 頁）．確かに，そもそも要素として第 6 の事象が存在するなら，たちまち複合の統一は未結のものとならざるを得ないこととなる．

　ただ，西村氏の以上の説明は，ウェーバーの論考で示された内容以上のものが示されている．ウェーバーが示したのは，個性的な類概念としての理念型と，論理的な類型概念としての理念型である．両者をいかに関連付けて分析するか，ということについては，触れていないのである．では，ウェーバーが考えた理念型と論理実証主義とは，どのような位置関係にあるのであろう．理念型につきウェーバーは，「偶然的なものを取り除くという意味で類型概念を構成することは，歴史的個体においても，いやまさしく歴史的個体においてこそ，必要欠くべからざることとしておこなわれている，ということが分かるであろう．ところで，歴史叙述ならびに具体的な歴史的概念の構成要素としてたえず見いだされる類概念も，当然のことながら，そうした叙述や概念にとって概念上本質的な特定の要素を抽出し，（思考の上で）高めることにより，理念型として構成することができる．これは，理念型概念の適用例のうち，実際上とくに頻繁で重要なばあいでさえある．そして個性的な理念型はいずれも，類的で，理念型として構成された概念要素から合成される．ところが，このばあいにも，理念型概念に特有の論理的機能が示される．たとえば「交換」概念は，当の概念の構成部分の意義は度外視し，たんに日常の慣用語として分析するかぎりでは，数多の現象に共通に見いだされる標識（メルクマール）の一複合体という意味における単純な類概念にすぎない．しかしいま，この概念を「限界効用の法則」に関連づけて，経済的に合理的な経過としての「経済的交換」の概念を構成するとすれば，そのとき，この概念は，論理上十全に展開されたあらゆる概念と同様，交換の「類型的」諸条件にかんする判断を内に含むことになる．このとき，当の概念は，発生的な性格を取得し，それと同時に，論理的な意味で理念型となる．すなわち，それは，経験的実在から遠ざかり，経験的実在は，この理念型とただ比較され，関係づけられるにすぎない（ヴェーバー著，富永祐治・立野保男訳，折原浩補訳『社会科学と社会政策にかかわる認識の「客観性」』岩波文庫，1998 年，135-136 頁）」としている．ここで，理念型として構成されている要素は，類概念と類型概念であるとしているが，まずこの「類概念」とは，類的つまり

似通った性質をもつ概念という意味なら，論理実証主義での仮説の導出と同じプロセスと考えられる．次に，類型概念は，論理的な意味で理念型とされているから，この概念の導出は予測の提示過程に限りなく近いものとなると考えられる．つまり，理念型による分析は論理実証主義と同じ方法論であると，考えられるのである．

また，方法論で言われる「分析・総合」「上向・下向」と，論理実証主義での仮説や予測との関係は，どのようなものであろう．既述したように，下向とは，現存の事象から抽象としての内包に分析（分解）することであり，上向とは，幾つかの抽象としての内包を統合して，本質で捉えた現実の姿を提示することであろう．とするなら，前者は仮説を成立させる過程に当たる道筋であり，後者は，多くの場合の予測の導出にかなうであろう経過過程と考えられる．これが，全体の関係であろう．つまり，分析・総合，上向・下向という研究過程でも，帰納と演繹などを駆使することとなるということであろう．

ところで，森岡弘通氏はマイヤーとウェーバーの歴史論争につき，『歴史は科学か』において，マイヤーは，科学的に研究するということは，「単純なものを確認することではなく，一般的なものを確定することである」とし，「歴史にも妥当する」としていたとする（エドワルト・マイヤー著「歴史の理論と方法」，マックス・ウェーバー著「文化科学の論理学の領域における批判的研究」両者とも森岡弘通訳『歴史は科学か』みすず書房，1987年，改訂版，16頁）．それはまた「類型的諸現象」として示すことである，とする（同書，16-17頁）．また，「歴史研究において歴史法則をかって発見したこともなければ，それをだれか他人の研究の中で見出したこともない」ともする（同書，39頁）．

一方，ウェーバーは，科学的な歴史とは「論理的分析」のことであり，この点マイヤーは「因果的分析」が科学的であると理解している，としている（同書，106-107頁）．また，「歴史も仮説を立て，事実に即して検証されるから，自然科学と同じである，とする（同書，190頁）」．なお，「歴史哲学的な方向づけがマイヤーには欠けていた」と指摘するが，これは恐らく文献学での「価値分析」の欠如をさしているものと思われる（同書，151，158頁）．

２）パーソンズ：構造―機能主義

パーソンズの構造―機能分析法とは，パーソンズの社会研究での，構造―機能分析法とは，社会現象はそれ自体「実態」ではなく，それを構成する様々な

変数の活動，ないし働きとそれらの相互依存の関係構造と考え，それらを全体的状況としてとらえて（鈴木幸寿ほか編『社会学用語辞典』学文社，1972年，68頁），そのために，AGILという4つの機能的要件を設定した．A（適応），G（目標の達成），I（統合），L（潜在的構造維持および緊張の緩和）を遂行するため，それぞれに対応する同じく4つの下位システムが分化してくるとする．例えば，全体社会を見る場合には，Aは経済，Gは政治，Iは法律・秩序，Lは，異論があるものの文化・教育がそれにあたるとする（小室直樹「構造―機能分析の論理と方法」，青井和夫編『理論社会学』（社会学講座Ⅰ）第2章，東京大学出版会，1974年，49-53頁）．次に，各々の機能としてはA（物的世界への適応），G（欲求の充足），I（役割による統合），L（行為の意味付け），としての役割を担うものとして理解し（富永健一「社会大系分析の行為論的基礎」前掲書，第3章，122頁），社会を要素間の互いの影響によって動態的変化を示すものとして，その動向を因果応報的に分析していこうとするものである．しかしながら，ここでは分析方法としての枠組みは示されているものの，肝心の「影響の仕方とその結果が，如何になされるか」についての分析方法の説明が舌足らずであることは否めないと考えられる（図4-2）．

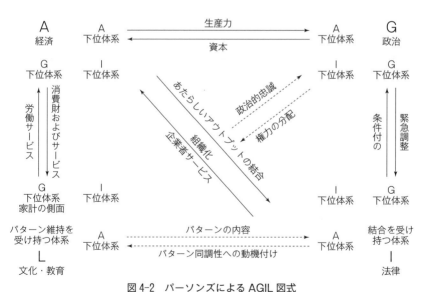

図4-2　パーソンズによるAGIL図式

（出典）T. パーソンズ　N. J. スメルサー著，富永健一訳『経済と社会Ⅰ』岩波書店，1958年，103頁，第4図　社会の第一次下位体系のあいだの境界相互交換，を引用．ただし，一部割愛した．

2　経済学

　経済学には，近代経済学とマルクス経済学が現に存在している．しかし，マルクス経済学は重大な誤りを内包しているから，その提言の内，採用可能な箇所は限られていると考えられる．マルクス経済学は，労働価値説に基づく価値論を前提に成り立たしめられている．よって，そうした部分は，修正する必要があるであろう（本書補論2参照）．しかも，現実にある大学ではマルクス経済学が，そのままの内容で堂々と講義されているのではと，懸念される．したがって，大学に入学されたかたは，十分気を付けていただきたい．

1）近代経済学
（1）行動経済学
　経済学と心理学の融合を目指しているが，まだまだ，端緒的段階であり，内容はマーケティング論である．

📖 リチャード・セイラー著，篠原勝訳『セイラー教授の行動経済学入門』ダイヤモンド社，2007年．
📖 大垣昌夫・田中沙織『行動経済学——伝統的経済学との統合による新しい経済学を目指して——（新版）』有斐閣，2018年．
　ここで懸念されるのは，近代経済学が科学から逸脱しそうになっている点である．
　なぜなら，言表の言葉が，単称名辞や確定記述となっていないからである．例えば，行動経済学が今後「文化経済学（大垣・田中前書，192頁）や「幸福の経済学（同書，228頁）」という分野に研究を広めていくとしているが，ここで「文化」や「幸福」，「経済行為」についての定義づけが確定されているのかが，窺い知れないのである．語意の確定は，科学にとって，必須の条件である．その点，伝統的経済学は，明確である．

伝統的経済学
　　Y＝C＋I，Y＝C＋S
　　Y＝所得の全額

　　C＝消費行為の全額

　　I＝投資の全額

　　S＝貯蓄の全額

ここでは記号の定義が明確に確定されているのである.

　つまり, 命題, 確定記述としなければ, 科学的論議にはならない.

　このことから, 行動経済学では, 対象を分散させるより生産・交換・分配・消費という経済行為に的を絞り, まずは従来の経済理論の真偽の確認や精緻化を試みることが, 求められれるのではないだろうか.

　あくまで, 最大利を市場経済の下で実現させるための人間心理についての考えをこそ追及していくものではないだろうか. そこから人間行動を推察することになるのではないだろうか. なぜなら, 人間は, 万人が賢人たらんと欲しているであろうからである.

　行動経済学では, 判明した個々の人間心理をそのまま分析するという手法が取られている. しかし, 先述したように (同書, 12-16 頁) 心理には基本的なものと派生的なものがあり, 後者は前者に従って生じたものと考えられる. 根本的, 基本的な心情は, 自己保存と種の存続に対する心理であろう. また, 怠惰は生物の内でも特有の心情であろう. とすれば, 「最大利を求める」 という行動や最初の情報を受け入れるのは, まさに 「自己保存」 を図るための行為と考えられる.

□ 大竹文雄 『あなたを変える行動経済学――よりよい意思決定・行動をめざして――』 東京書籍, 2022 年.

　本書は, 早稲田塾という大学受験予備校での行動経済学の講義をもとに, 作成されたという. ここでは, サンクコスト (埋没費用：もはや取り戻せない費用や時間, 同書, 34-35 頁) を忘れよ, 損失回避 (現状＝参照点にしがみついて非合理な意思決定をする, 同書, 60-61 頁) 現在バイアス (遠い将来なら冷静に対処できるが, 目先のことにはできない, 同書, 77-78 頁), ヒューリスティック (面倒なことには, とかく近道で考えてしまう, 同書, 126-127 頁), と言った人間心理の性質につき, それらを是正する手段につき説明し, ナッジ (状況を変えず, 費用も余りかけずに, 人々の行動を変える様々な手段, 同書, 161 頁) では, コロナ禍での, 人々の外出制限を促すキャンペーン標語の実例を示している. よって, 行動経済学とは, 社会全体

124

の経済状況が対象ではなく，あくまで個々の人間行動についての考察であることが判明する．

☐ 大竹文雄『行動経済学の使い方』岩波新書，2019 年，177-178 頁.
☐ ダン・アリエリー，ジェフ・クライスラー著，櫻井祐子訳『アリエリー教授の「行動経済学」入門，お金篇』早川書房，2018 年.
　本書は，行動経済学そのものの解説ではなく，人間心理の特徴的内容，例えば「痛みを避ける（アリエリー他著の書，86，275 頁）」，「お金を重視しすぎる（同書，251，279 頁）」などをあげ，「生活環境の小さな変化が大きなちがいを生む」ということを示すのが，行動経済学であるとする（同書，273 頁）.

☐ 水野勝之・土居拓務編著『明治大学リバティブックス，新行動経済学読本──地域活性化への行動経済学の活用──』明治大学出版会，2021 年.
　ウィンザー効果：広告そのものからより，同じ内容を，身近な人を通して得た場合の方を信用し易い（147 頁）．のほか，旧来のミクロ経済学での，完全競争市場・市場均衡・需要曲線・供給曲線等に対する疑問を掲載している（185-221 頁）.

　外に，
☐ リチャード・セイラー著篠原勝訳『セイラー教授の行動経済学入門』ダイヤモンド社，2007 年.
等.

（2）理論経済学

　基本は，論理実証主義と同じ手順を踏んでいる．ただ，仮説や予測を導出するツールに，数学も使用するのが，いわゆる近代経済学である．近代経済学の方法論について，詳細に説明しているのがフリードマンである．既に第 3 章で触れたところである.
☐ M. フリードマン著佐藤隆三・長谷川啓之訳『実証的経済学の方法と展開』富士書房，昭和 52 年（1977 年）.

　最後に，社会科学における数量的方法についての竹内啓氏の見解をみておこ

う（竹内啓『増補新装版社会科学における数と量』東京大学出版会，2013年）．

「資本主義社会においては，本来質の差であるべきものが量の差として現れ，従ってそこにいわば虚偽の数量が成立しているといっても，このような数量は決して架空のものではなく，現実の社会関係の中に存在している以上，やはりそれはそれとして現実の意味をもっているのである（16頁）」．

方法的数量化（20-24頁）
１．直接表現できない状況に対して，１つの仮説的な抽象的モデルとして数量的関係を想定し，そこから導かれる結論を，現実を理解するための手がかりとして用いようとすることである．例えば国際政治関係の分析にゲームの理論が応用される場合など（ゲームの理論での，選択した政策の効果を，数字の大小で示す）．
２．数量的でない観測データを数量に変換すること．ある事象を観測する場合，観測されれば１，されなければ０として置き代える，あるいは，事象と関連する事項につき，関係の深浅を5.4.3.などと数値化する，といったケース（22頁）．
３．因子分析法といわれる，数量化されたデータを，一定の形でまとめて，いくつかの指標を導くというやり方．よって「直ちに実体的なものを反映しているものとして解釈することには慎重でなければならない．」とされる．「多くの経済指標が本質的には方法的数量化にもとづくfictitious（偽り）量である（23-24頁）」．

「自然現象においては量的な関係は，時・所を問わず一定不変である」．
「社会的な関係の中に現れる数量関係は，社会の歴史的発展にともなって変化する（41頁）」．

「社会科学にとって重要なことは（中略）出生率がいかなる値をとるかということ自体ではなくそれが社会の歴史的発展に応じてどのように変化するか（中略），それはいかなる理由によるものであるか，ということである（41頁）」．
「必ずしも実際の計測値と結びつかない数字を用いて論理を明確化することである（41頁）」．

「20世紀になって，具体的な統計数字と，経済理論における仮説的な量とを結びつけて，経験的に実証可能なような命題ないし“法則”を経験的データの観測を通じて導き出そうとする試みが，いわゆる計量経済学というかたちで始められた．それは経済学におけるいわゆるケインズ革命によるマクロ経済学の成立とともに，著しく発展した．それは予測や政策決定のために実用上有益な結論をあたえることができるようになった（42頁）」.

例えば，ケインズの有効需要の理論では，次のような数式により，乗数（投資の大きさがどれだけの所得の拡大をもたらすか，という倍数のこと）の大きさが検討される．

$\triangle Y = \triangle C + \triangle S$ ‥‥‥‥‥‥‥‥‥‥‥‥‥ ①

$\triangle I = \triangle S$ ‥‥‥‥‥‥‥‥‥‥‥‥‥‥‥‥‥ ②

$\triangle \dfrac{C}{Y} = 1 - \dfrac{1}{k}$ （kは投資定数）‥‥‥③

②を①に代入

$\triangle Y = \triangle C + \triangle I$

$\therefore \triangle C = \triangle Y - \triangle I$ ‥‥‥‥‥‥‥‥‥‥‥‥ ④

④を③に代入

$\triangle Y = k \cdot \triangle I$

つまり，投資の伸びがk倍の大きさの所得を生み出す，という結果を示しているのである（多田顕・久保芳和，図説，経済学体系6『経済学史』学文社，1979年，152-153頁）.

なお，方法論とは直接関係ないが，近代経済学には様々な数学理論やゲームの理論などが必要とされるであろう．逢沢明『ゲーム理論トレーニング』かんき出版，2003年，など．

（3）制度学派

経済行為を，人間社会の制度（慣習，成文法などのルール）の影響（取引費用の増減）から考察する．ここでは経済学に関連して制度をみているが，この問題は，経済学にとどまらず文化科学（人文・社会科学）全体に関わる問題と考えられる.

📖 D. C. ノース著, 竹下公視訳『制度, 制度変化, 経済成果』晃洋書房, 1994 年.

「制度は社会におけるゲームのルールである. あるいはより形式的に言えば, それは人々によって考案された制約であり, 人々の相互作用を形づくる. したがって, 制度は政治的, 社会的, あるいは経済的, いずれであれ, 人々の交換におけるインセンティヴ構造を与える. 制度変化は社会の時間的変化の様式を形づくり, それゆえ歴史変化を理解する鍵となる (3頁)」.

「制度とは, 制約, 慣習, 行為コード, 行動規範, コモン・ロー (慣習法) (2頁)」, 「成文法, 憲法 (48頁)」

「制度がその機能を果たすための本質部分は, 違反をつきとめる費用と処罰の厳格さである (5頁)」.

「制度と組織は異なる. (5頁)」, 「組織：政治団体政党, 上院, 市議会, 規制機関 (5頁)」

「経済団体：企業, 労働組合, 家族農業, 協同組合 (5頁)」

「社会団体：教会, クラブ, 運動協会 (5頁)」, 「教育団体：学校, 大学, 職業訓練センター (5頁)」

「ゲームの基本的ルールである制度 (6頁)」

「制度は総費用を構成する取引費用と変換 (交換) 費用を決める (6頁)」.

「制度の主要な役割は, 人々の相互作用に対する安定した構造を確立することによって不確実性を減少させることである (7頁)」.「成文法, 個人間の契約, 伝統 (7頁)」

「しっぺ返しの戦略 (17頁)」, 「模倣と合理的思考 (27頁)」

「取引費用は交換されるものの有用な属性を測定する費用, 権利を保護し契約を監視・執行する費用, からなる (36頁)」.「経済的交換に費用がかかる (36頁)」.

「生産費用は交換費用と取引費用の総計である (37頁)」.

「交換によって, 原料, 機械, 労力などを, 手に入れる. これは, 言い換え. 見落としていたのが, 取引費用 (37頁)」, 「文化 (49頁)」, 「慣例 (51頁)」

「フォーマルな制度的制約によって, われわれは, 費用ゼロで, あるいは非常に少ない費用で, われわれはこの確信を表明することができる (59頁)」.

「フォーマルなルールは, さまざまなインフォーマルな制約の創造に結びつくであろう. 適合期待が起こる. 制度的基盤の相互依存網は, 大幅な収益逓増を生み出すであろう. (つまり) 費用の低下 (125頁)」.

📖 青木昌彦・奥野正寛編著『経済システムの比較制度分析』東京大学出版会, 1996年.

　ここでは，使用される語句の定義が示されていないため，論が「制度」を超えてなされているように思われる（制度，資本主義など）.

　「経済システムをさまざまな制度の集まりと考えることで，資本主義経済システムの多様性とダイナミズムを分析しようとする」比較制度分析（1頁）.

　「社会システムと呼ばれるものには，文化・価値観や制度が含まれる（23頁）」.

　「文化と制度，（25頁）」,「法的制度，（28頁）」,「自生的制度，（24頁）」

　「コーポレイト・ガバナンス＝企業のコントロールにかかわる権利と責任の構造（23頁）」

📖 盛山和夫『制度論の構図』創文社, 1995年.

　「制度とは何か. これが本書を通じて探求される問である」とし（3頁），ついで，経済学での問題意識を解説する（7-10頁）.

　「R. H. コース，D. C. ノース，O. E. ウィリアムソン，H. デムセッツ，A. A. アルチアンなどが中心で，（中略）T. エッガートソン」によれば「価格理論を拡張しかつ一般化して，それを経済的および政治的諸制度に適用する」ことが狙いであるとされている. うち，コースは組織の存在は「取引コストが存在するからだ」とし，ウィリアムソンも，取引先コストは，資本主義の諸制度である法，経済，組織に関する一般理論を構築するという目標にたいして，最も有力な研究戦略だと考えている，としている. また，ノースも「なぜ制度が存在するのか，そしてそれが社会の作動においていかなる役割を果たすかを理解することができる」と述べているとする. この点，コースも「本来であれば経済システムは企業組織なしで市場だけで営まれるはずだ」ということが前提されていることになる，とする. そして，こうした見解には「始めに市場ありき」が前提されているから，「取引コストが自発的で社会契約的なスタイルでの企業の出現を導く，と考えたいのかもしれない」というフーリーの批判があるとしている.

　そして，制度一般の問題意識から，「制度は理念的な実在であって，基本的には意味および意味づけの体系である」. 制度を検討する側面として「意味の体系，行為の体系，モノの体系」をあげられる，とする（221頁）.

　また，制度の類型として「制度体（国家，軍隊，会社，教会などの組織）と，家族，共同体，市場などの共同社会とにわけられる（243 頁）．ルール（制度的「意味」の間の関連構造）をさだめ，「意味」行為およびモノを関連づけている（244 頁）．（中略）広い意味でのルールの集合が構成する秩序である（245 頁）．様式（モード）（公共的な意味をもって人々の諸行為を拘束し，ある秩序を一定程度現実化するような制度．差別，階級・階層，地位，流行など）があるとしている（245 頁）．

　ただ，「制度の研究とはいかにあるべきか」という設問にたいし「制度に関する一般的な理論系への進展がまだみられないとしたら，それは意味世界を記述する一般的な用語系を社会科学者がまだ十分な程度には発達させていないからであろう．そして，そうした方向への探求を進めることが，制度論の今後の課題なのである（269-270 頁）」と，結論は先送りされるのである．ただ，ここでの問題は，適切な用語に思い至っていないことではなく，すでに現存する制度が何故そのような姿をとっているか，こそが問題の中心であるはずである．つまり，現存する制度は，人間の「ある価値判断」により成立せしめられたことは，疑いようはないであろう．つまり，制度を成立させた価値判断の内容こそがまず明らかにされねばならない．それは，生物としての人間が生物一般として持っている本能的な願望に他ならないであろう．そして，この願望にかなうか否かによって「善・悪」が判断されていると考えられる．筆者はそれを「人間の自己保存と種の存続を，真の平等と肉体的に精神的に平穏のうちに実現，存続する」ことに求めてきた．だからこそ，現在まで人類は存続することができたのである（注：ところが，現在この価値判断が否定されだしたのである．そして，正反対の価値判断が，多勢を頼んで主張されるケースが増加してきており，むしろ今や風前の灯火とさえなっている．とするなら，元の価値判断を早急に取り戻す必要があると考えられる．結局，人類は自然科学ではなく文化科学（人文・社会科学）の誤りによって滅亡の方向に向いつつあることとなる．）．

　つまるところ，ここでの指摘の根幹は「人々の主観を超えたところに社会の客観的把握の根拠を設定してきたが，著者はそれを否定して，制度とは人々の主観的な意味世界に究極の根拠を置く理念的実在であるとする（同書のカバー）」．つまり，筆者（美馬）のいう「社会現象は，主として人間の主観が引き起こす」という考えに近いことが分かるであろう．その主観が導き出す主たるものが，制度であると考えられる．ただ，何故現状のような制度が形作られたのか，という問いかけにたいして，根底にある価値判断基準に思いを致せなかったこと

が，問題解決に至らない原因であろう．しかも，あらゆる文化科学（人文・社会科学）が，同じ状況に滞っていると考えられるのである．

（4）サーチ理論

📖 今井亮一・工藤教孝・佐々木勝・清水崇『サーチ理論——分権的取引の経済学——』東京大学出版会，2007 年．

「現代の標準的な経済学の核心を成すのはワルラス一般均衡理論である．そこでは，中央集権的な市場において，（中略）大規模で集権的な取引によって価格と数量が同時に決定されている（1頁）」．

「一方で多くの財・サービスの取引は，局所的・分権的な性格を有する．（中略）そのマージンの決定はきわめて分権的・局所的である（1頁）」．

「すべての財・サービスが中央集権的市場で取引できるなら，物々交換が可能であり，決済手段としての貨幣の存在は必要ないはずである（1頁）」．しかし，「欲求の二重の一致（物々交換において，互いが提供する財・サービスが，相手方が欲するものと一致していること）」が存在しない限り，物々交換は不可能である（2頁）」．

「これら取引の局所的・分権的取引を，体系的・包括的に分析できる経済学の枠組みが，サーチ理論である．

この理論は Stigler, Diamond などによって価格分布の説明理論として（中略），労働市場分析，貨幣理論，産業組織論などの文脈において，（中略）Pissarides にまとめられた一連の労働市場研究や，（中略）清滝信宏と Randall Wright による貨幣理論研究は，サーチ理論の発展における新時代の到来を告げた業績である．（中略）今日では，マクロ経済学や労働市場分析においては不可欠の枠組みとなった（2頁）」．

価格理論としては，欲求する財の適性価格は「期待される価格低下が価格探しのコストを上回っている時のみ，価格探しが行われるというモデル」が定式化されている（3頁）．

「労働市場では，労働者は，納得できる賃金を提示してくれる雇用主が現れるまで職探しを続けるという戦略を取ると想定できる」．

「財の売り手は」「すべての売り手が買い手の最高支払希望額を価格として設定するので，価格分布は1点に退化し，買い手の価格探索行動はなくなる（3頁）」という結論に至っている．

ただ現実には，取引相手の互いが「いったん出会った以上，取引を前提に事後的に交渉する」から，この設定で分析がなされている（4頁）．＝両方向サーチモデル

現在では，「消費者は価格を見て購入を申し込み，労働者は賃金を見て求人に応募する」という，ディレクテッド・サーチモデルが用いられている（6-7頁）．

サーチ理論では，「貨幣の（超）中立性＝貨幣量の増減の影響は，物価のみである」などといった論理とは異なる結果を導出している．なお，本書では貨幣の本質を「貨幣とは取引記録手段である」「貨幣とは買い物のプライバシーを保護する手段である」とされているが，これらは2次的な手段であり，本質は数字であろう（9頁）．

2）マルクス経済学

なお，マルクス自身が提言した経済学は，ここでは取り上げない．そもそも，単なるドグマであると考えられるからである．内容を知りたい方は，『資本論』を読まれたい．ただここでの文章は煩雑であるから，入門書を参照されることをお勧めする．なお，多くの入門書は，『資本論』での論が正しいものとして論じていることに注意されたい．ともかく，マルクス経済学は成立し得ないと考えられるから（本書，補論2参照），取り上げる必要はないのかもしれない．が，現実には多くの人々がマルクス経済学を前提として，経済を論じている．したがって，その現実には触れておく必要があるだろうとして，取り上げたのである．

レギュラシオン理論
📖 廣松渉ほか編『岩波哲学・思想事典』岩波書店，1998 年，1728 頁．

フランスを中心に 1970 年代以降展開されてきた反新古典派理論であり，M.アグリエッタの記念碑的著書『資本主義の調整と危機』（邦訳『資本主義のレギュラシオン理論』）を出発点とする．ここでレギュラシオンとは，さまざまな社会的諸要素が対立と闘争を通じて，矛盾をはらみつつも統一性を生みだしていく仕方，を表わす言葉であって，L.アルチュセールに代表される構造主義的マルクス主義の「再生産」概念を乗り超えるべく提記されたものである．

レギュラシオン学派（そのうち，特にパリ派）に属する研究者としては，M.ア

グリエッタをはじめとして，R. ポワイエ，A. リビエッツなどがあげられ，その研究成果はきわめて広範囲にわたるが，ほぼ共通な枠組は次のようなものである．すなわち，彼らによれば，「賃労働関係」「競争形態」「貨幣制約」「国家形態」「国際体制」といった「制度諸形態（あるいは構造論形態）」及びそれらの結びつきの前定の歴史的あり方が，特定の時期の国々の資本主義のレギュラシオンの様式すなわち「調整様式」を生み出し，それら制度諸形態の適合性に応じてマクロ経済的規則性である「蓄積体制が決定されるものと説明される．このように，レギュラシオン理論は，「経済的・社会的動態ク時間的空間的可変性」を強調する．かかる理解にもとづき，戦後の先進諸国の「蓄積体制」は「フォーディズム（大量生産，アグリエッタ著書，169 頁）」と規定され，その成立と互解の過程及びそれ以降のアフター・フォーディズムの国民的軌道が分析されてきた．また，このアプローチは拡張され，ポスト社会主義国や発展途上国の研究にも適用されている．

　レギュラシオン理論は，基本的にはマルクス主義経済学である．ソ連の社会経済体制の失敗・崩壊により，教条的なマルキシズムは否定しているが，根底は変わらない．なにより，「価値論」を前提にして経済の諸問題を論じているから，正しい結論はおそらく引き出せないだろうと予想される．

📖ミッシェル・アグリエッタ著，若森章孝・山田鋭夫・大田一廣・海老塚明訳『資本主義のレギュラシオン理論（増補新版）——政治経済学の革新——』大村書店，2000 年.

　●分業，貨幣，負債
　貨幣が論理的にも歴史的にも商品関係よりも先に存在することを意味する．
　アグリエッタは，貨幣を K. ポランニーの考えに従って理解している．しかし，筆者はすでにポランニーの貨幣論は誤っていることを指摘している（拙著「再考，K・ポランニーの貨幣論」大阪府立大学『経済研究』第 62 巻　第 1・2 号　2016 年).

　ポランニーの問題点は用語に定義を与えず，したがって確定記述か否か判断できない状態で論を展開することである．これでは問題の本質がどの点にあるのかがわからない．そのような「曖昧さ」のうちに，あれこれと自説を展開する．

　ところで著者は，伝統的貨幣論を否定しつつも，「貨幣は論理的には商品関係に先行する（同書補論，7-11頁）」とする．これはおそらくポランニーの「貨幣の単独の機能しかもたない原始貨幣論のことを指していると考えられるが，伝統的な貨幣論でも，物品貨幣の段階ではまだ商品の生産は盛んではなく，いわゆる交換手段として成立した，としているから，このような表現をすると，そもそもポランニーの考えに立つのか，伝統的な貨幣論に立つのか，どちらを指すのかさえ判らないのである．価格が成立することにより，費用と収益の差が「利」として認識されはじめたのであり，「貨幣は商品関係」よりも前に存在したという理解は，伝統的なものと変らないのである．この新しい貨幣の解釈が，資本主義に対して，どのような新しい解釈をもたらすのであろう．しかし，示されている内容はあいかわらず「賃労働と資本」という階級対立の旧的視点では，と思われる．ただ，現在では，様々な給付金制度の存在が収入を増加させ，収入が増えると支出が増え，需要の仰制とならなくなってしまい，価格メカニズムが正常に作用しなくなっているとするが，この点について「成長の持続性もまた重要である（52頁）」（よって，著者は成長を善としている）としている．

　「レギュラシオン理論が，マルクス主義にもとづいてケインズ経済学を深化・発展させようとした（76頁）」．

　「物価スライド制は，相対価格の運動の意義を狂わせた（74頁）」（価路の上昇は，そのことで需要を抑える機能として作用する．ところが，物価スライド制で需要は縮小しずらくなってしまった）という指摘もされている．

●テーラー主義の原理（132頁）

　さまざまな職務における一連の動作テンポを速め，労働日の気孔（あな）を小さくしていくような，労働過程内部の生産諸関係の総体．つまり，マルクス説経済学でいうところの「労働の強化＝利潤の増大につながる」と考えられる（133頁）．

●ネオ・フォード主義＝オートメーション化（ロボット化）

　ロボット化は，人間労働を省き，価値創造は減少することとなるから，マルクス経済学では，価値関係に変化をもたらすこととなろう（141，144頁）．

●貨幣の一般的属性——貨幣制約の意味（333頁）

「商品交換の一般的等価としての貨幣と信用の貨幣標章すなわち銀行貨幣とを区別しなければならない．銀行貨幣は価値創造という独自な行為である．この行為によって銀行は貨幣，資本の収集と配分をおこなう他のあらゆる金融仲介機関から質的に区別される」「すでに形成された貨幣が一般的商品流通を離脱し，貸付・返済や有価証券の売買といった機能を含んでいる金融的流通を通じて資本になることができる」．

「貨幣が債務を決済する支払手段となるとき（334頁）」（よって，K.ポランニー的な理解）．

●価値制約：価値実理の制約関係（333頁）

貨幣制度が結局，貨幣として用いられる商品の生産に立脚するとすれば労働時間の貨幣表現は一例として金を挙げることができるだろう．つまりこれは商品を生産する社会的条件から直接に生じるとしていることになるだろう（334頁）（したがって，ここでも著者はマルクスの考えに従っており，「貨幣は商品である」という束縛から抜け出ることができないでいる．現在はまさしく数字が貨幣となっており，したがって，創生された値打をすべて示すことが可能となっている：筆者）．

結局，著者はマルクスの理論に従って論を展開するから，当然おかしなものとなってしまう．なぜなら，マルクスの経済学なるものは労働価値説による価値論を前提とする．しかし価値の存在など今だかって実証されたことはない．つまり，ドグマにすぎない．よって，マルクスの考えそのものが成立し得ないのである．よって，著者の考えが誤っても当然なのである（337-338頁）．

□ アラン・リビエッツ著，若森章孝・井上泰夫訳『レギュラシオン理論の新展開　——エコロジーと資本主義の将来——』大村書店，1993年．

「構造主義が古典的マルクス主義に対する進歩であったのは，構造主義があらゆることを社会関係として研究したからです．たとえばアルチュセールは，古典的マルクス主義が機械体系としてとらえている生産力概念を，労働編成のなかで人間が相互に取り結ぶ一定の関係としてとらえ直しました（123頁）」．

「アルチュセール的な構造主義は極めて根本的かつ重大な欠点も抱えていました．それは，社会関係を硬直的に太極化させて把握する——たとえばブルジョアジーに対立するプロレタリアートというように——見方にかかわっていま

す（124頁）」.

「個人はあたかも自由に個人的軌跡を選択しつつも，構造（＝社会，つまり社会関係の全体）の再生産をひきおこす，つまり結果的にあくまで社会が個人を規定しています（125頁）」.

「（しかしながら，個人を重視する）方法論的個人主義にとって，存在するのは個人であって，構造は見せかけにすぎません（126頁）」.

「構造主義からレギュラシオン・アプローチへの展開をみる．構造主義者はいかにして構造が再生産されるかを解明したけれども，危機を把握できなかったとすれば，われわれレギュラシオニストは，原則としてすべては危機を迎えるのであって，むしろ逆に，事態が奇跡的に安定化するのはなぜか，という問題を提起したのです．社会は分裂，爆発の傾向を抱えているにもかかわらず，諸主体が良好な結果を生み出す軌跡をたどることになるのはなぜか，このことを，われわれはレギュラシオンと呼んでいるのです（127-128頁）」.

以上から，レギュラシオンは，マルキシズムの流れにくみする考えであることが分かる．そのことは，次に示す著書でさらにわかる.

📖アラン・リビエッツ著，若森章孝・若森文子訳『レギュラシオンの社会理論』社会学の思想，6，青木書店，2002年.

リビエッツは，基本的にはマルキストである．ただ，マルクスの考えすべてを認めるのではなく，中心となる「理論」には，社会改革のツールとして有益だと，期待している．それは，1．唯物論，2．弁証法，3．歴史主義，つまり，緑（の党）もマルクス主義者もともに，ミネルヴァのふくろうが飛び始めるときが来たと確信している．（中略）革命やパラダイム転換，時代の変革といった大転換が不可欠である，という確信を共有している，という考え．4 政治的進歩主義，の4つである．以上は今でも正しい原理だ，としている（272-273頁，貴重な道具）（ただ，補論2で触れたように，弁証法は成り立たない．また，歴史主義は，ポパーのいう意味でとしてではなく，独自のものである）.

ただ，現状分析ではマルクス経済学によっている．たとえば，賃労働関係（38頁），剰余価値（39頁）資本家（4頁）とは，剰余価値……その一部は固定資本や労働力やストックとして具体的な生産過程の中に固定され，一部は貨幣の形態でたえず流動しているのである，という理解や価値増殖，といった特有の概念で，説明がなされる．ただ，生産様式については，弁証法的唯物論，史的

唯物論（56頁）により未来の姿を示すのではなく，改良主義の立場に立ち，「移行の問題（生産様式の終焉という）」は，「現在の生産様式の諸要素にはどのようなものになろうとする傾向があるのかを見極めることだけだ（75頁）」と述べて，共産主義は必然である，とはみなしてはいない．

　現実の問題意識は，地球環境危機の深刻化（297頁），つまり，地球温緩化問題であり（303頁），今や目的は「永続可能な」社会の実現となっている（290頁）．

□ローベル・ボワイエ著，山田鋭夫・井上泰夫編訳『入門・レギュラシオン──経済学／歴史学／社会主義／日本──』藤原書店，1990年．
　「日本はフォーディズムではなかったのではないか（16頁）」．
　「フォード的原理である分業の徹底化，構想と実行の根本な分離（中略）複能労働のいっそう大きな可能性を探っていた」．結果，「フォーディズム的な行き過ぎた機械化を回避することができた（17頁）」．
　「市場メカニズムと経済計画の両方が必要である推測できる」かという質問にたいし，「レギュラシオニストの考えによれば，（中略）市場か公共部門かという選択を行うのでもなく，（中略）必要なレギュラシオン（調整＝ケインズ的な安定などを，取り戻す）は何であるかを問うことです」としている（61頁）．
　「テーラー主義（労働強化）とは，労働の合理化だった（のであり，レーニンはテーラー主義を賛美した）」とする（68頁）．
　「資本主義が成功したのは競争によってイノベーション（技術革新）が起きたからだ（89頁）」．
　「ケインズ理論が完全に忘れているのは，利潤，資本主義経済の動態の最も本質的な要素としての利潤です（93頁）」．
　「マルクス主義者は（中略）信用貨幣分析できなかった．価値法則を説明するのに，貨幣商品を持ち出さなくてもよいのです（139頁）」．
　レギュラシオン理論の基本概念，として（144頁）「第一に，蓄積体制というきわめて本質的な概念があります．中略，資本制的蓄積はいかにして生じるかという問題です．第二に，銀行の倒産を引き起こすような危機においても，貨幣がいぜんとして存在し続けるのはなぜか．つまり，資本制的蓄積がたんなる偶然性を超えて，必然的に展開する過程を説明する必要があります」としている．以上から，ボワイエは単なるマルキストではないことは推測できる．しか

し，まだマルクス経済学を正しいと理解しているようで，おかしな発想を繰り返している．例えば，今見た基本概念で，なぜこのような「問題意識」を重要なものと認識するのであろう．マルクスが批判している経済制度は，主として「市場経済」の抱える問題についてである．したがって，本来は資本主義ではなく，市場経済を問題視すべきであったのである．ところが，市場経済を資本主義制度そのものと錯覚したため，資本主義全体を否定するという誤りをおかし，議会制民主主義をも否定してしまったのである．市場経済の基本は「貨幣による価格メカニズムでの需給の調整」である．したがって，貨幣を無くすことは市場経済を中止することであるから，そのようなことは現段階では考えられないのである．とすれば，問題意識そのものが見当違いのものであると考えられる（144頁）．

「フォーディズムは生産ノルム（規範）と消費ノルムの同時的・平行的変容を意味しています（145頁）」．

以上，レギュラシオンは，マルクス経済学を基本に置いているから，いくら詳細に論じても，基礎が間違いであるから，経済上の新しい提言はできないであろうと思われる．

最後に，旧態的な経済学についての見解の事例を見ておこう．

□ライオネル・ロビンズ著，中山伊知郎監訳，辻六兵衛訳『経済学の本質と意義』東洋経済新報社，1957年.
「経済理論の本質は（中略）究極的な与件の性質に関する種々さまざまの過程の下における，諸目的と諸手段の間の以上のごとき関係の形式的な諸意味内容に関する研究である．経済史の本質は，（中略）このような関係が時間を通じて現れる実体的な事例についての研究である．（中略）経済理論は形式を記述し，経済史は実体を記述する」とされている．このように，以前の説明は，非常に形式的なものであることが分かる．具体的な目的については，ここでは触れられていない（59頁）．

3　言語学

ソシュールの言語学での意味論的分析方法

　ソシュールの分析方法については，加賀野井秀一氏の『ソシュール』に平易に解説されているから，それに従って内容理解を進めてみたい（加賀野井秀一『ソシュール』講談社選書メチエ，2004年．なお，既に拙著「再考，K・ポランニーの貨幣論」大阪府立大学『経済研究』第62巻　第1・2号，平成28年（2016年）12月，において，概略を説明している）．加賀野井氏は，言語学での言語の捉え方は，あらゆる言語を包摂した概念のランガージュから出発し，このランガージュは，ラングとパロールからなるとする（加賀野井，同書，69，70-71頁）．例えば三角形と言った時，理念の三角形は，面積は存するが厚さは存しない．かつ，各々の陵線も厚み（巾）はない．他方，紙の上に示された三角形という形は，線分の厚みが存し，正確な直線ではない．また，3つの角度も厳密な度数ではなく，角度に近いものとして示されるだけである．よって，両者は明確に異なった存在である（同書，72頁）．

　ここでラングとは「言語体系」いわゆる国語であるが，そこで示される語は，いわば抽象的存在，いわば理論的に考えられた基本的なものを意味し，他方，パロールは現実にしゃべる言葉，実在している「言葉」を意味する（同書，80頁）．次に，分析の対称となるのは2つのうち抽象的存在としてのラングであり，ラングは通時的及び共時的に分析されるとする（同書，80頁）．通時的とは，時間軸に沿った，つまり変化をみる捉え方であり，共時的とは，同時代的な捉え方であるとされる（同書，81-82頁）．この時重視すべきは共時的な面であり，共時的な面を十分分析した上で通時的分析に至るべきであるとする．何故なら言語の共時的な関係がはっきりせねば，通時的な関係が明確に捉えられなくなるからだ，とする（同書，86-87頁）．次に共時的分析では，言語の存在の仕方が「体系的」である，という捉え方をする（同書，86-89頁）．体系的とは，様々な単語（音声と文字）が，各々の意味をもって我々が理解できるのは，互に他の単語と区別されることによってである，という捉え方をすることである．その理由は単語の実体の意味する対象範囲は実は意外に不確実であるからであり，その範囲は近接した意味をもつ他の単語との関係において，その単語との間で自己の守備範囲（意味する範囲）を確定しているにすぎないからだとする（同書，87

頁).

　例えば，虹の色において，日本では7色である，とするが，米国では6色で
あるとする．米国では藍色がないのである．つまり，同じ色の領域を日本では
青藍紫の3色で，米国では，blue，purple の2色で示してしまうこととなる．
つまり，同じ実体が一方は3色他方は2色で示され，互の色の違いは互の関係
によってのみ示されているにすぎないことがわかる（同書，87頁）．この体系の
なかにある個々のエレメントを「辞項」という（同書，86頁）．ところで，この
辞項こそ我々が日頃口にしている言葉であり，様々な単語の組み合せとして表
現されているものである．これを記号とみなし（シーニュ）(signs) とする．シ
ーニュは，シニフィアン（意味するもの）(signifiant)（＝指示対象）と，シニフィエ
（意味されるもの）(signifié)（＝意義）からなり立っている，という理解に立つのが
ソシュールの言語学であり，ここに言語学の「意味論」という側面が展開され
る論の所似が存するのではと考えられる（同書，90-92頁）．なお，言語記号は，
「記号全体」という表記がなされている．何故なら，発音と意味の両方が，そ
こに含まれている概念であるからであるとする（丸山圭三郎編『ソシュール小事典』
大修館書店，1985年，302-304頁）．

　ここでシニフィエとは，概念としての音声であり，シニィフィアンとは単な
る音声そのもののことである．例えば/yama/という音声がシニィフィアンで
あり，その音声が意味する対象が「山」という概念，シニフィエである，とい
うことである．ここまでの分析方法は，貨幣を検討するにあたって重要なもの
となる．つまり，意味論とはこのように言語を「体系」的存在して捉えること
を指すのであると考えられる（新村出編『広辞苑』第6版には，意味論につきその1
で，〔言〕語や句・文などを表わす意味，構造や体系性を研究する言語学の一分野，統語論・
音韻論と共に言語研究の主要な領域とされている）．

　このような研究方法を具体的に行った例を，加賀野井氏は次のような通事的
な事例で示している．「わろし」，「あし」という古語は，当時の意味で「わろ
し」は「悪い」ではなく，「不細工」「ダサイ」という意味であり，「あし」が
現在の「悪い」という意味を担っていた（加賀野井前掲書，81-83頁）．逆に，現
在では，「わろし」は消滅し，他方，「あし」はかろうじて，「よし　あし」と
いう表現で残り，「あし」そのものは「悪い」という表現で示されているとし
て，まず共時的に過去と現在の状況を検討される．そして通時的には「わろ
し」と「あし」という語意が，やがて「わるい」と「よしあし」へと変化した

とみなされる．重要なのは，まずは古い時と新しい時点での，観点の区別が重要なのである，とされている（同書，86-89頁）．

　このように，言語学では1つの言語を全体として捉え，単語の機能は，全体の一部として見て（相対的解釈）はじめて理解可能となる，という捉え方をするのである．この全体が，体系である．よって，言語学での意味論は，体系的にみるから，体系論でもある．さらに，レヴィ＝ストロースは体系論を構造主義的に発展させているから，言語学も構造主義論を常に視野に入れながら見ていくことが必要となるであろう．

□レヴィ＝ストロース講演集，大橋保夫編『構造，神話，労働』みすず書房，1979
　年，37-43頁．
　　語の意味
　　体系：ソシュールの用語．ある特徴を共有しながらも相互に異なる要素の
　　　　　集合．音素，語の意味などは体系をなす．
　　一般：個々別々のものを統一した組織．そのものを構成する各部分を系統
　　　　　的に統一した全体．一定の原理で組織された知識の統一的全体．
　　体系的：組織的，統一的，システマチック．（新村出編『広辞苑』第6版，岩
　　　　　波書店，2008年）．
　　体系：（廣松渉ほか編『岩波哲学・思想事典』岩波書店，1998年，1007頁）．
　　分節した構造部分をもちつつ，相互に関連し，1つの全体を構成する多様な
認識の組織体系である．体系には部分を秩序づける原理があり，それにより各
部分の交換不可能な位置と機能が定まる．一般に，知性が一貫性を求めて認識
を体系化するのは自然であり，体系性を目指さない思惟のほうがむしろ無責任
だと言えよう．矛盾律への違反を避けるという1点では，すべての認識は最小
限の体系性を志向している．とくに論理学と数学のように，認識の体系が演繹
的な基礎づけの連関をなす場合，体系は公理と定義から出発し，定理の連鎖と
いう形をとる．（中略）片仮名でシステムといえば，社会学のシステム理論のよ
うに，部分に還元できない特性をしめす相互依存的な複数要素の全体を指す．
部分が相互に関係した結果，部分にはない特性を生む全体は「構造」ともいわ
れる．これに対し，体系は要素からなる全体にしても，部分相互の手段—目的
関係による上下の階層性を特徴とすると同時に，たとえば家族構造や都市構造

のように，さらに高次の全体の部分ではなく，それ自身究極の全体であろうとする傾向（つまり，ストロースの言うように構造は変化するとみた場合で，体系は，変化しない，完成された状態とみなす場合）が，ギリシャ哲学以来，顕著である．

　体系論の特徴は，筆者がK.ポランニーの貨幣論を批判した論考で指摘したように「ことばの意味は，他の異なる意味を持つ言葉との対比（差異化）によって，初めてその独自の意味が理解されるのである」という捉え方である．繰り返しになるが，「つまり，〈虹という〉同じ実体が一方（日本）は3色，他方（米国）は2色で示され，互いの色の違いは互いの関係によってのみ示されているにすぎないことがわかる（拙稿「再考，K・ポランニーの貨幣論」，大阪府立大学『経済研究』，第62巻第1・2号（平成28年（2016年））（加賀野井『ソシュール』講談社選書メチエ，2004年，81-82頁）．

　ということで，言葉は単独では意味が理解できず，その言葉と異なった，他の意味を持つ言葉との比較によって，はじめてその言葉の意味を理解できるという考えである．実はこうした考えは，既にインドのナーガルジュナ（龍樹，紀元後150〜250年ごろの仏教徒.）が，彼の著書『中論』で「浄に依存しないで不浄は存在しない」「不浄に依存しないでは浄は存在しない」と述べており（中村元『龍樹』講談社，2002年，316頁），浄という概念はその反対の不浄という概念との対比によって，ようやく理解できるのだ，と指摘しているのである．

　こうした疑問はさておき，体系を単に体系的にみることと，体系をさらに構造的に捉えるという場合，両者の決定的な差異は，後者は体系が変化するとみなすことであり，しかも，変化する前の体系と変化した後の体系において，ある不変の要素が貫かれているとする，という見方であるということである．

　そこで，次に構造主義を廣松渉ほか編『岩波哲学・思想事典』岩波書店，1998年，でみておこう（496-497頁）．

　まず，
●構造：新村出編『広辞苑』第6版，岩波書店，2008年，950頁．
　物事を成り立たせている各要素の機能的な関連．また，そのようにして成り立っているものの全体．一つのものを作り上げている部分部分の材料の組み合わせ方．また，そのようにして組み合わせてできたもの．
●構造：廣松渉ほか編『岩波哲学・思想事典』岩波書店，1998年，493頁．
　部分と全体との関係という意味を示す概念．二項対立（上と下）が一定の体

系を前提し，その体系のうちで成立するということが構造に他ならない．より一般的には，構造は部分と部分が全体と関わっていくときの，その関係の全体的統一性のこと（同書，49頁）．

「1つの体系の諸要素を結び合わせる関係の集合である（同書，494頁）」．

●構造主義：廣松渉ほか編『岩波哲学・思想事典』岩波書店，1998年，496-497頁

　思想史上の源泉として第一に挙げられるのは，ソシュールの言語学である．（中略）言語には，表面的にも意味内容面にも実態はなく，恣意的で共時的な差異しかないというのが，構造主義がソシュールから受け継いだ言語体系＝構造の捉え方であった．

　構造主義における構造は，要素及び要素間の差異関係からなる全体で，変換（変形）を通して不変であるものを指す．その構造の不変性は，自己完結的で実体的な不変性をもつ体系とは違い，変換によってのみ現れるものである．構造は，それぞれ差異関係からなる2つの系列の対応関係によって生まれるのであり，それぞれの差異の系列は単独では構造たりえない．（中略）［構造主義は］自己完結的な体系に拠ってきた西欧近代の諸科学や形而上学に対する根本的な批判となった．

　最後に，レヴィ＝ストロースの構造という概念につきみておこう．

□レヴィ＝ストロース講演集，大橋保夫編『構造，神話，労働』みすず書房，1979年，37-43頁．

　「「構造」とは，要素と要素間の関係とからなる全体であって，この関係は，一連の変形過程を通じて不変の特性を保持する．この定義には，注目すべき3つの点というか，3つの側面があります．

　第一は，この定義が要素と要素間の関係とを同一平面に置いている点です．別の言い方をすると，ある観点からは形式と見えるものが，別の観点では内容としてあらわれるし，内容と見えるものもやはり形式としてあらわれうる．すべてはどのレヴェルに立つかによるわけでしょう．したがって，形式と内容の間には恒常的関係が存在する．たとえばそういうことなのです．

　第二は「不変」の概念で，これがすこぶる重要な概念なのです．というのも，わたしたちが探究しているのは，他の一切が変化するとき，なお変化せずにあるものだからであります．

　第三は「変形（交換）」の概念であり，これによって，「構造」と呼ばれるものと「体系」と呼ばれるものの違いが理解できるように思います．というのは，体系もやはり，要素と要素間の関係とからなる全てと定義できるのですが，体系には変形が可能でない．体系に手が加わると，ばらばらになり崩壊してしまう．これに対し，構造の特性は，均衡状態になんらかの変化が加わった場合に，変形されて別の体系になる，そのような体系であることなのです」．

　その後，構造の具体例として，人間の横顔が描かれた紙を曲げたり斜めにしたりしても，全体の印象は異なった顔に見えたとしても，顔を構成する特徴的な鍵鼻は，しっかりと把握できる，と説明されている．

4　政治学

　以下の書籍は，政治学での方法論につき述べたものである．ここでは論理実証主義による研究方法を精緻化する手段が述べられている．
1．G. キング，R. O. コヘイン，S. ヴァーバ著，真渕勝監訳『社会科学のリサーチ・デザイン――定性的研究における科学的推論――』勁草書房，2004 年.
　これは既に検討したものである．

2．H. ブレイディ，D. コリアー編，泉川泰博・宮下明聡訳『社会科学の方法論争――多様な分析道具と共通の基準――』勁草書房，2008 年.
　本書では巻末の「用語解説」が参考になる．
　　語句の意味
　　因果的推論：観察されたデータに基づいて因果関係を解明するプロセス（308 頁）．
　　因果的プロセス：因果関係における出来事の流れや順序．しばしば因果関係の具体的現象として理解される．
　　因果メカニズム：因果プロセスにおける連鎖または連結．独立変数（原因）と従属変数（結果）のあいだに媒介変数と呼ばれる付加的な変数が存在すると想定している．
　　過程追跡：因果メカニズムや因果連鎖を見つけ出すために行う変化の過程を分析すること．定性的手法の基本的分析道具．事例研究，媒介変数の項を参照．

過程構築：ある事例における結果に至るプロセスを，始めから最後まで明らかにすること．つまり，事例を，発祥から結果まで時間を追って逐次見ていくこと．

事例研究：1個（N＝1）または数個の事例に特化した研究デザインのこと．また，事実から仮説を引き出すこと．つまり，帰納による検討段階のこと．

記述的推論：観察されたデータに基づき記述的な結論に到達するプロセス．

研究サイクル：研究における典型的なステップの流れ．通常，研究問題の設定，理論の特定の，事例選択，記述的または因果的推論，そして時にはデータと仮説の関係を何度も見直すことによる仮説の継続的改良などを含む．

十分条件：結果を必ず起こす原因

説明変数：＝独立変数

先行変数：ほかの説明変数よりも因果的に先行する独立変数の一類型．このとき，ほかの説明変数は媒介変数と呼ばれる．

独立変数：＝説明変数：ほかの変数に影響を与える，もしくは影響を与えると仮定される変数のこと．ここでいうほかの変数と従属変数，または結果変数と呼ばれる．

媒介変数：説明変数と説明される結果を因果的につなぐ変数．ある変数が媒介変数か否かは，因果モデルによって異なる．先行変数は（背景変数とも呼ばれる）は，因果的に媒介変数の前に位置する．

必要条件：ある結果が起こるためにその存在が不可欠な原因．したがって，その原因がなければ決してその結果は起こらない．

3．アレキサンダー・ジョージ，アンドリュウ・ベネット著，泉川泰博訳『社会科学のケース・スタディ——理論形成のための定性的手法——』勁草書房，2013年．

●論理実証主義に立つ考え

　政治学での（現状の把握が目的）方法論であるが，他の分野でも応用可能である．

　定性的研究と定量的研究につき，ここでは，前者が「記述的」，後者が「数量的」な表記として，捉えていると考えられる．

　社会科学の研究手法，事例研究手法，統計手法，数理モデル（12頁）．

　「事例研究手法の体系的発展は（ジョン・スチュアート・ミルによる同手法への目覚

しい貢献）」（つまり，事例研究とは，帰納的に「仮説」を提示する手法のことと考えられる：筆者），本書は事例研究の比較優位を明らかにすることに加えて，事例研究を実践的に用いるための最善の方法を体系化し，科学哲学の論争との関係を検討し，中範囲理論（middle-Range theory）や類型理論（typological theory）の概念，および事例研究がそれらに貢献する手順を改良する（14頁）.

　事例研究の優位性と限界（25頁）

　長所：概念の妥当性，（28頁）新たな仮説の導出（29頁）

　限界，選択バイアス（31頁）

　また「ある一個の事例における特定の変数の変化が結果をどの程度左右するのか，あるいはそうした変化がある事例群にみられる結果に対して一般的にどれほど影響を与えるのかについて，暫定的な結論しか出せないことである（34頁）」.

　「ある変数が特定の結果に対して必要条件か十分条件かに関する理論的主張を検証するうえで，事例研究の役割に注目している（35頁）」.

　自由度の問題：統計用語では推定の不確実性，つまり証拠に基づいて競合する説明の是非を判断できないという，より大きな問題のこと（37頁）

　代表性の欠如統計手法は，より大きな事例の母集団——標本はそこから抽出される——にとって代表的であり，かつその母集団について推論ができるような多数の標本事例を必要とする（40頁）

　事例研究の変北第1世代，統計手法の貢献（50頁）

　第2世代，事例研究の貢献（55頁）

　事例研究の主なる利点のひとつは，帰納的に特定した変数を追加して仮説を構築するという発見方法上の目的に資する能力である（56頁）

　「過程追跡は（中略）民主国家による平和を説明しうる因果メカニズムについての主証に関して，個々の事例を検証することを可能とする.（中略）「政策決定プロセス」をみることで，可能となる.つまり，因果プロセスである」.

　「事例研究は類型理論（複数の独立変数の異なる組み合わせがどのように相互作用して，従属変数の値やタイプに差異が生じるのかに関する理論）を発展させることができる（57頁）」.

　「比較事例研究のための最類似および最相違研究デザインはともに，ジョン・スチュアート・ミルの「差異法」と「一致法」の論理に依拠しているため，ミルなどが指適した方法論的限界に制約される」（しかし他に「比例的変化の方法」

「残余法」などがある：筆者）（62頁）．

　第3世代―数理モデルの貢献（66頁）

　実験の不可能性，

　帰納的飛躍＝有限数から不変への飛躍，保城（76頁）

　理論負荷性，事実は主観によって「解釈」されてしまうから，決して客観的な存在たりえない（78頁）．

　体系的重点比較法（79頁）

　体系的重点比較の手法と論理は（中略）研究者が研究目標に照らして一般的な質問をつくり，そうした質問を研究対象の事例について問いながら標準化されたデータを収集することで，体系的比較と事例に関する発見を蓄頻することができる，という意味で体系的である（79頁）．

　この手法は，分析する歴史的事例の特定の側面のみを扱うという意味で「重点的」である．「ある特定事象の個々の事例の説明をより広範で複雑な理論へと昇華するように分析する（中略）政策決定者が単草一の歴史的類推に頼ることを思い止まらせる（79頁）」．

　「本質的に記述的，叙述的な単一事例研究（中略）が満たさねばならない要件．第一に，分析者は，分析しようとする事例群がどのような事例空間にあるのか，すなわちどのような「事象群」または「下位事象群」の例なのかを明確に特定すべきである．第2に，調査対象である事象祥または下位事象群のなかから単数・複数の事例を選ぶやり方は，（中略）その目的を達成するのに適切な研究戦略に沿ったもので（中略）単に「興味深い」あるいは研究するためのデータが豊富であると理由で事例を選ぶべきではない」．

　「第3に，事例研究では，説明するという目的にとって理論的意義のある変数を選ばなければならない（81頁）」．

　「事例の分析は「重点的」である必要がある．（中略）事例の分析は，特定の研究目的を念頭に入れ，その目的にとって妥当な理論的関心を持ちつつ行われるべきである（82頁）」．

　「多くの事例研究があまり理論の形成に貢献しなかった理由のひとつは，明確に定義された共通の着眼点を欠いていたことである（82頁）」．

　「体系的重点比較の形式に単にかたちばかり固執してもよい結果は残せない（83頁）」．

　「理論志向の事例研究をデザインし実行する3つの段階（85頁）」

研究の目的，デザインおよび構成を明確化する．2研究デザインに忠実に
個々の事例研究を実施する．3研究者が事例研究から発見を導き出し，それが
当該研究の目的の達成にどう貢献したかを評価する．

　優秀な歴史家はすべて修正主義的歴史家である．（中略）歴史家は新たな証拠
や有力な新解釈が生まれてきたときに既存の解釈を修正する心構えを持ってい
なければならない（114頁）」．

　「理論の検証は，理論を強く裏付けたり，理論に疑問を呈したり，理論の適
用領域を狭めたり広げたり，事例，類型もしくは一般的現象を最も的確に説明
する理論はどれかを特定したりすることを目指している（125頁）」．

　「因果メカニズム：因果関係で示される結論，か（146頁）．因果メカニズム
を定義して，法則を使って事例を説明する際の認識論と因果メカニズムの認識
論を区別する（147頁）」．

　「物理科学と，社会科学の根本的な違いは，人間という行為者は思慮する
──つまり考え，予想し，かつ社会的・物理的世界を変えようと働きかけるこ
とができ，そして短期的願望・欲求とともに長期的意図を持っているというこ
とである（つまり，研究対象そのものが常に変化しうるということである．よって，仮説
も常に変化させねばならないこととなる：筆者）（147頁）」．

　「人間という行為主体が思慮するということは，社会科学における理論化を
さまざまなかたちで制約する」．「物理科学よりも社会科学において予測可能な
理論の形成はいっそう困難になる（149頁）」．（逆である．人間行為の束が社会現象で
あり，それは「思慮」の結果によって出現するのだから，主観の内容を見ることでむしろよ
り接近可能である．別の束になれば，別の理論に変化するだけのことである：筆者）．

　「物理科学では一般的な，プロセスと結果の両方を説明かつ予測できる理論
と，プロセスと結果を説明できるが予測はできない理論を区別すべきである．
2番目の類の理論は社会科学で一般的であり，物理科学でも見受けられる
（149頁）」．（普通は，予測の実証の可能性につき社会科学は困難度がたかく，自然科学では
一部の分野以外は，可能性が高い，ということのはずである：筆者）．

　プロセスと結果：仮説の提示での「プロセスと結果」のことと推察できる．

　予測できる：仮説を予測に高める，という意味と思われる．が，文意では
「予測により本当に推測することができる」，という意味のように思われる．

　「社会科学では物理科学においてよりも頻繁に研究プログラムの根本的な変
更が起こる．これは（中略）その研究対象が自らの思考・行動の結果変化して

148

しまうためである」（つまり，対象そのものが人間の主観の変化によって姿を変えてしまうから，元の理論は当然否定され，新しい理論に変えなければならなくなる：筆者）.「長期にわたる理論の進歩は社会科学において可能である.（中略）社会的事実は観察者から独立して存在しており，擁護しうる因果的推論の対象となりうるという科学的現実主義の見解に同意する（社会的事実は，観察者から完全に独立はしていない．観察者の主観もその一部として構成せしめられているからである：筆者）(150頁).

因果メカニズムを，「観察可能な事象の間の仮説上のつながりを示す分析的構成概念」と定義（154頁）.

「因果関係と因果効果の意味は異なる，」とし，「因果効果の定義は，観察できない反実仮想上の結果を想定した存在論的なものである．因果効果は，1個の独立変数のみを変化させるような完璧な実験を行うのが可能なときに，結果がどの程度変化するかについての期待値である（157頁）」.

ミルの一致法と差異法の限界（237頁）

過程追跡，歴史的説明，（7頁）過程追跡：原因と結果の関係の異なる連鎖を重視する，妥当かつ検証可能な因果的叙述＝歴史的説明（227頁）

定性的研究手法は，1社会科学は物理科学と同様に予測可能な理論を提示可能である．2過程追跡の手法を用いて因果メカニズムに焦点を当てた説明をすれば，強力な因果的推論の根拠が得られる．3複数事例の比較と過程追跡の両方を組み合わせた累計理論化は，個別事例の歴史的説明と，複数の事例にわたる汎用性のある理論的パターンの両方とのあいだで一貫性のある中範囲理論をつくりだす強力な方法である（168-169頁）.

ミルは，（中略）一致法と差異法について論じた（172頁）．共変法は，鍵となる変数の単なる存否を観察するのでなく，複数の変数の定量的変動を測定して相互に関係づけるものであり，ある意味で統計手法の前進となる手法である（172頁）.

過程追跡の制約．1因果経路を途切れることなく確定できること2具体的な予測が導き出せないこともある（245頁）.

類型理論：理念型：その利点には，複雑な事象を過度に単純化することなく扱う，複数事例の類似点と相違点を明確化し比較を容易にすること，すべての種類の事例を包括的に示すこと，相互作用効果を内包すること，などである（258頁）.

類型理論とは，「独立変数（原因）を特定し，研究者が事例やその結果を測る

際に用いる分類としてその変数を記述し，こうした変数が個々にどう作用するのかに関する仮説だけではなく，それらの組み合わせや様態がどのように，およびどのような条件下で特定の従属変数（結果）に効果を与えるのかに関する条件につき一般命題を示す理論である（260 頁）」．

（類型理論）を利用することは，帰納的研究と演繹的理論化の両方をともなう反復的プロセスである（288 頁）．

「類型理論化のための演繹的アプローチは，確立した理論があるときはその検証に役立ち，相互作用効果を取り込み，また同一結果帰着性の問題に対処するような統合的な理論を提案できる．類型理論のこのような帰納的，演繹的な発展形態を事例内分析の手法，とくに過程追跡と組み合わせれば，ミルの手法や他の比較の手法の限界をかなり和らげることができる（289 頁）」．

5　歴史学

歴史学は，今日混迷状態にあると考えられる．もともとは「過去の史実を詳らかにする」ことに興味があり，ひたすらそのことに励んできた．いつしか，そのことが歴史を研究することであると考えられ，理解・実践されてきたと思われる．ところが，マルクスが「史的唯物論」により人間の歴史には法則があり，それに従って発展していくという歴史（法則）主義を提言した．以後，この立場による考察が歴史研究の主流の１つとなっている．一方，それ以前の研究には実証主義という呼称が与えられ，両者は対立関係にある．ただ，マルクスの歴史（法則）主義をポパーは批判し，「人間が未来を見極めることなどできない（ポパー著，久野収・市井三郎訳『歴史主義の貧困——社会科学の方法と実践——』中央公論社，昭和 40 年（1965 年）東京）」とした．人間の歴史は，その時々の条件によって決定されるだけだ，当初から定まってはいない，という意味を示す．また，以前から歴史は科学か，という疑問も存した．このように歴史学には，意外に確定した内実は存在していないのである．

1）日本商業史
そこで，筆者なりに歴史の概念につきまとめたものが，『入門日本商業史』に示した内容そのものである．そこで，その点もふまえて，「歴史」という概念につきまとめておこう．

　歴史とは，「人類社会の過去における変遷・興亡のありさま．また，その記録（新村出編『広辞苑』第 6 版，岩波書店，2008 年，2986 頁）」，「人間社会の時間の経過に伴う事象の移り変わりと，その過程での出来事．また，それを記録したもの（山田忠雄ほか編『新明解国語辞典』第 7 版，三省堂，2017 年，1609 頁）」，という説明がなされている．では，「歴史学」とはなにか．意外に，解説した書物はなかなか見当たらない．しかも，歴史学とは言わず，「歴史を研究する」という表現が当たり前のように口にされる．また，近年では，歴史学を単に歴史とさえ表現される．よって，以前筆者がまとめた歴史学についての見解を示しておこう．

　「そこでまず，一番大きな枠組みとしての歴史学についてみておこう．歴史学とは「人間の歴史」を対象としており，そこから大きく人間存在の方向性を探る学問であると考えられる．歴史学＝歴史科学は，以下の 3 つの側面に整理できると考えられる．第 1 が本来の意味の歴史科学であり，第 2 が歴史現象を対象とする科学であり，第 3 が歴史的手法による科学である．まず，第 3 は方法としての（或いは手段としての）歴史科学のことであり，史料によって過去の事実を明らかにしようとする諸科学のことである．そこから，マルクスに寄り添えば，基本的には帰納的に諸法則を導出しようとするものである（例えば，経済史．ただ，対象は，人文，社会，自然の史実全てとなるであろう）．第 2 はいわば対象としての歴史科学であり，歴史的性格をもつ現象を取り扱う諸科学がそれに含まれる．しかし，歴史的現象には人間行為すべてが含まれるから，これは人文科学，社会科学そのものに他ならない（一般にいわれる歴史科学もよって第 3 の意味を含みつつ，この意味として理解されていると考えられる．なお，自然科学そのものは自然現象を対象とするから，歴史学には含まれない．ただ自然科学での研究の積み重ねは史実となるから，研究史として当然歴史学の対象となる．また，自然分野の研究史は，自然科学の知識が必要になるから，自然科学も極める必要が生じる）．第 1 のそれは，目的としての歴史科学のことである．歴史科学は如何なる目的を持って，研究を進めてゆくかという側面から見たものである．その目的こそ人間の方向性（法則ではない）であると考えられる．したがって，歴史科学は人間科学そのものであろう（拙著『入門日本商業史』晃洋書房，2003 年，66，69 頁．なお，若干の追記をした）」．ただし，未来の姿はマルクス主義的に，歴史を貫く法則に従って出現する，という考えではない．あくまで，現状の事実からトレンドとして見通せるであろう姿としての，予想される社会である（注：これに関連して使われる，重要な用語と

して, 歴史という言葉については, 歴史意識, 歴史認識, 歴史観という 3 つの言葉が存在する. 第 1 の歴史意識とは, 歴史現象を知り, 選択する過程のことであり, 第 2 の歴史認識とは, 選択した史実を明確化し, 記述することである. 第 3 の歴史観とは, 価値評価基準のことであり, 歴史意識は正に歴史観によって動かされているのである. なお, 歴史意識と歴史認識の理解は逆のケースが存在するが, ここでは西村孝夫氏の考えに従った（西村孝夫『経済学体系と歴史――一つの学史的試論――』未来社, 1962 年, 11-18 頁).)」.

　以上である. なお, 歴史学と論理実証主義の関連をみれば, 目的としての歴史学では, 人間の未来の姿についての仮説を導出するために, 史料という事実を担っている資料から帰納によって仮説を設定することとなろう. 以下, 順次その仮説を演繹によって予測に高めてゆくこととなる. 予測は, 今一度その「命題性」,「反証可能性」,「人間の自己保存と種の存続を, 真の平等と肉体的精神的に平穏のうちに実現, 存続する.」という条件に合致しているかを十分吟味することとなる. これは歴史法則主義としての理解とは異なる. ここでは,「未来の人間社会の姿は定められている」などとは考えていない. あくまで現状の本質的要素の把握から, トレンドとしての「予想」される姿を推測するのである. したがって, その姿は「予言」ではなく, あくまでも「予測」の姿である. なお, 現在主流の「史実の明確化」を目的とした歴史（学）は, 本来の歴史学から見れば, 帰納するための事実という素材を入手する段階にあたることとなるだろう.

　ところで, 現実の歴史学での多くは「過去の事実を明らかにする」ことが目的とされているようであり, せいぜい, 過去の史実の成立の経緯を推測することが目的とされているのでは, と拝察される. また, 研究対象は人間行為のあらゆる分野に及んでいる. その時, 研究対象分野の理論に関わる内容をほとんど確認することなく行われるため, 深く分析することができず, 史実の明確化がせいぜいとなってしまうケースが多い（例えば, 江戸時代の商行為の記帳において, ある商家ではすでに複式簿記の形式が成立していた, という研究において, 研究者は複式簿記の仕組みを理解していることは勿論, それが経営にいかなる影響を与えたかを知るためには, 経営学の知見も有していなければならないのである. したがって, 様々な分野の研究の知識が, 要求されるのである. 意外に, こうした重要な点が認識されていないのではと, 拝察される).

　なお, このとき, 人間の経済行為が研究対象である場合には, その多くが史的唯物論, いうところの唯物史観による研究, あるいは唯物史観によって打ち

立てられた判断を基礎として，研究されていることが多いのである．しかも，昨今では，先述したように唯物史観によらない，または唯物史観によって示された判断によらない研究，さらには，学会の成果と称する考え方とは異なるアプローチに拠った研究は受け付ない（審査の過程で，無視される），といった学会さえ存在する．それはともかく，このように歴史学において過去の史実を明確にするという作業は，いかなる場合でも必須の作業ではある．その段階からさらなる次の目的を目指すか否かが，歴史学が歴史に留まるか，あるいは歴史科学に至るかの分かれ道であろう．

　ここで，筆者の専門科目であった「日本商業史」についての考えを示しておこう（拙著『入門日本商業史』晃洋書房，2003年，68頁）．

　「商業史とは，経済史と同様，商業学研究への素材を正しく選択しつつ提供し，自らもまた商業学共々商業現象の諸法則を明確にしようとするのである．かつ，それは経済学，社会学，最終的には歴史学が目的とする課題解明につながってゆく．即ち，商業史とは，歴史学，社会学，経済学，商業学の目的を達成するために，それらが帰納するための史実を提供し，かつ，演繹で出された結論を検証すべき素材を提供する．この場合，経済史と同じ作業を行いつつ，かつ経済史を補填することとなるが，その内容は主として交換過程に拘わるものとなる．ただし，素材を提供するにあたり，その史実を正しく選択すること，従って，正しく解釈する必要があることから，自ら商業学，経済学，社会学，歴史学の一部または全部の研究過程を行うこととなる，と定義づけられよう．それでは，日本商業史は商業史のうちで，どのような位置を占めるのであろうか．日本商業史は，日本という国内の商業活動の歴史である．ところで，歴史学は地域区分によって，西洋，東洋あるいは各国別史に分かれている．よって，商業史も各々の区分に従って，分化されるものと考えられるが，日本商業史は他の商業史と相補いあって，統一的な一般商業史，即ち，人間全体の商業行為発展における運動法則の解明を目指してゆくものでなければならない．いわば，日本という特殊を通じて一般商業史学という普遍を追求してゆくことが目的となる（同書，68頁）」．以上の論から，歴史の役割が多岐にわたることが理解できよう．

　なお，ここで，史料の解釈の簡単な例を示しておこう．

　ここでの解釈では，論理実証主義での仮説の導出過程としての帰納と，仮説を予測へと高める演繹を使用し，全体の展開過程では見田石介氏の「認識を高

める段階」についての提言を援用した．同氏の提言は唯物論の根本は物事の出発点を「物質」に置くことであり弁証法の根本は「現象は常に変化する」ということを前提にした現象の捉え方である．かかる視点から，「科学」を推し進める段階を，見田石介氏は6つの段階にまとめられている．

　1．現象から，具体的なものの具体的分析から出発する．
　2．その現象を与えられたままにしておかないで，そこからそこに現象する本質的なものを分離する．
　3．その本質的なものを，さらにより根本的な本質の一形態として捉える，それがこうした形態をとる条件を明らかにし，その発生の必然性を明らかにする．
　4．本質を単なる実体としてでなく概念として，即ち根本矛盾としてとらえる．
　5．諸現象形態を，この概念の展開として，すなわち根本矛盾の発展の諸段階ととらえ，こうした形でそれを真に説明し同時にこの説明によって概念そのものを証明してゆく．
　6．1つの事物の根本矛盾によって，その事物の消滅，その反対物への転化の必然性を示す．

　そして，かかる認識の深化に応じて，感性的，悟性的，理性的認識を設定されるのである」．なお，筆者はこの時点では弁証法は成立するものと考えていたので，見田氏の考えをそのままの援用していた．しかし，先述のように現実的な考えでは「対話論」として見る必要があると考えられる（注：弁証法が成り立たない理由は，本書補論2を参照されたい．この視点から見ると，根本矛盾は「必然帰結」として見ることが必要になるだろう．また，第6の根本矛盾の反対物への転化の必然性は，現実には生じないと思われるから，省かれる必要があるだろう．こうした見方から検討したものである）．
　次に，史料の実際の見方の実例を示しておこう．

　「史料の解釈の仕方（具体的な展開の実例）
　 ｜史料｜ 旗本知行地の例
　酉年御年貢免状　　　　　　　横小路村
　村高 四百三十一石五斗四升二合

此取　二百十五石七斗七升一合

内　米納分　百三石五斗二升一合

銀納分　百十二石二斗五升一合　但し石当たり　五十九匁かへ

（中略）

来る極月二十五日迄に急度皆済可者也

安永二年十月二日（1777年）

御役所

庄屋　年寄　百姓　中

　　　　　　　　　　　　　　　　（東大阪市　山川家文書）

　この史料を解釈し，1つの結論を出してみよう．以下では，帰納と演繹を駆使しつつ，認識論での対話法による認識の深化により，仮説や予測を導出してみよう．

　まず第一段階の，現象の具体的分析では，

　　1．事実として，米納貢租と銀納貢租がある．

　　2．石当たり値段が1石＝59匁である．

　　3．12月中に納める必要がある．

　　4．米納銀納が，ほぼ半々である，

など が，読みとれる．

　次に，第2段階の本質の分離では，各々の具象から，

　　1．原則は自給自足にも拘わらず，貨幣納が存在する．

　　2．米価が成立している（中央市場価格か在地価格なのかが問題）．

　　3．年内での決算が原則，

　　4．銀納の割合が高くなっている（幕領なら，貨幣納は3割強である）．

　第3の，より根本的な本質を捉える段階では，銀納の割合の拡大が重要となる．このことから，

　　1．貨幣地代と思われる地代の成立．

　　2．農民が貨幣を手にいれることができる＝農民が農作物を売買している現状が存する，

　　3．まさに，貨幣が流通している，

といった内容が引き出される.

　したがって，これら3つのことから，近世後期の横小路村では商品貨幣経済が進展している，という内容が引き出される（帰納法）.

　第4の，本質を概念として，即ち必然的帰結として捉える段階では，したがって，農産物の生産の拡大は（売買の存在はそこに生産の余剰が存することを前提とする），財の交換と流通を活発にし，活発になっていると，商品貨幣経済が一般化している，という結論を引き出すこととなる.

　第5の，必然的帰結のさらなる発展諸段階では，そして，商品貨幣経済が進展すると，→ 競争の原理が激しくなる → 結果として，経済的勝敗が生じる → 生産手段としての土地の移動が生ずる → それは農民層を分解させることを意味する，という結論が引き出される（演繹法）.

　第6の段階は，先述したように，存在しない.

　そして，この結論は，それが正しいか否かにつき実証されねばならない. 結果，事実，横小路村では，持ち高百石を超える大地主＝村役人が存する.

　また，対話法から，我々は常に変化しているのであり，変化せざるを得ないのである，ということが読み取れ（より良い状態を求める人間においては，対話の継続は常に行われている行為であり，結果として，状況は常に変化発展または退化することとなる），特に時間軸を視点にすえてから帰納と演繹を繰り返しつつ，認識をより深めて理性的段階に高めていくことが，まさに科学における法則の導出につながると考えられるのである. したがって，科学とは永遠に真理に接近する手段でしかないことが理解できよう.

　ここで，最後に日本商業史学の方法論で触れた史料の取り扱い等についてみておこう（拙著『入門日本商業史』晃洋書房，2003年，73-76頁）.

1　史料操作

　科学はすべて，事実をもって出発点とする. したがって，商業史学，よって，日本商業史学も例外ではない. 事実を具現するものは資料であるが，歴史学に属する商業史のそれは史料と呼ばれる. 即ち，商業史はまず史料をもって出発点とし，事実を明確に把握しなければならない. この場合，最初の作業として史料操作が行われなければならない. 史料は基本的には，物と遺跡という姿で残されるが，両者には文字が記されたものといないものが存する. 文字が記されていない後者は単なる物的史料であるが，前者は文書史料であり，書面の形

をとるばあい，古文書と称せられる．物的史料は，文書記録のない古い時代を
研究対象とする考古学にとり，重要なものであるが，文書史料を扱える時代を
対象とする歴史学にとっても，併用的利用が要求され，多くは発掘物として発
見される．文書史料はさらに直接史料と間接史料に分けられる．前者は歴史的
事実が実現しつつある過程で現出された史料であり，事実そのものを指し示す
と考えられるものである．後者は，その歴史的事実を第三者が書き記したもの
を言う（例えば，日本近世史なら，前者には「年貢納帳」などが，後者に万覚日記帳」な
どがある）．ただし，注意が必要なのはたとえその直接史料が本物であったとし
てもそこに記された内容は当時の現実の姿をありのままに伝えている物である
とは限らないことである．例えば，貢租が1反歩の土地面積に課せられている
としても，そもそも土地の実面積がそうであったかどうかは別問題であるとい
うことである．

　よって，次に，史料は無批判に採用されてはならず，その真実性がまず追求
されなければならない．即ち史料批判＝考証という操作が必要となる．その手
続きは，一般的な歴史史料と同様であるが，商業史史料にあっては，商業学及
び経済学の一般的知識が要求されるであろう．かかる史料批判には，外部批判
と呼ばれる史料の形態への評価と，内部批判と呼ばれる，記述そのものにたい
する評価とが存する．前者は外部形態から史料の真偽の判定を行い，そのほか
誤謬，脱漏などの発見に用いられるもので，後者は，内容そのものを第三者の
偏見による歪曲が存しないか否かについて考察するもので，信頼性の批判とも
よばれる（神戸大学西洋経済史研究室『経済史教材1』晃洋書房，1973年，7-9頁），（美
馬，前掲書，73-74頁）．

2　次に，論理的展開を見る．

　こうして収集された史料は，整理統合され，そこからまず史実が明らかにさ
れる．次に，そうした史実が成立した原因やそれのもたらす影響を，その時代
時代の社会経済情勢に鑑みつつ，推論が行われ，帰納によって一つの結論が導
出される（この結論を，論理実証主義的な手法では仮説と称する）．この結論＝仮説は
そこに十分な討議が加えられ，現象にたいする予測が試みられ，演繹によって
より抽象的な結論が導出される（この結論を論理実証主義では，予測と称する）．予
測はさらに他の多くの類似の事象との（同書，7頁）比較によって検証がなされ
＝実証，その予測と諸現象との一致を見たとき（仮説及び予測および新しい現象が，
整合性をもって理解し得たとき），それは厳密な仮説と予測へと昇華され，ここに

一つの抽象化された一般理論＝法則が導きだされることとなる.

　以上の研究過程は, 論理実証主義と呼ばれる方法である. ようするに, 現実（現象）から抽出された仮説から, 演繹によって予測を引き出し, 予測を他の現象によって検証することによりそれが確認され, よって, 仮説は理論となるとする方法である（柏崎利之輔ほか『経済原論』図説経済学大系2, 学文社, 1983年, 7-8頁). 論理実証主義が, 科学研究の最善の方法論であるかはともかく, ここでその具体的展開の方法と, 展開するにあたっての視点（事象の根本的見方）及び, 論理の深め方についでの過程を見ておこう.

　まず, 仮説の導出とは抽出であるとされるから, 一般化すれば, 現象から帰納によってある結論を導出するプロセスに他ならないであろう. さて帰納（induction）とは,「多くの具体的事実から一般的な概念や法則を導き出す方法」を指す. また, それは特殊から一般を導出する過程である, とされる, 帰納法には様々なものがあるが, 科学的帰納法には, 類似法, 差異法, 類似法と差異法との併用, 比例的変化の方法, 残余法などがある.

　次に, 仮説から予測を引き出す過程は演繹によってなされるとするが, 演繹（deduction）とは,「前提となる幾つかの判断から, 結論となる新しい判断を引き出すこと」とされる. よって, 一般から特殊を導出するのが演繹であるとされる. 演繹の主たる方法は三段論法であり, 2つの与えられた判断から第3の判断を導き出すのである. 定言三段論法, 仮言三段論法, 選言三段論法, 複合三段論法などがある, この他, 関係の判断を用いる推理として, 同値関係, 順序関係が存する（寺沢常信『形式論理学要説』清水弘文堂, 1968年), 最後の検証とは, かかる演繹によって出された結論が, まさに現実の現象に存在しているか否か（現実に適合しているか否か）をみることである. 以上のように研究は進められていくと考えられる.

　しかし, 以上のプロセスはいわば研究の手順, および, その技術的過程について述べたにすぎない. 真の研究には, さらにかかる技術や手順を進める時の視点と方法論を明確にしておく必要がある. この視点と方法論を誤ると, 最初に選択された史料そのものが全く無用のものである可能性が高くなり, したがって, 引き出されてくる結論は価値あるものとは言えなくなる可能性が高い. その視点とは, 現象を必然化として捉えることであり, 必然化の原因の原因, つまりより深奥の部分を考察せねばならないということである（したがって, 人間心理の深奥部分の考察となり, いわば, メタ認知に類するものとなろう. その根本は, 人

間「利の拡大」への飽くなき欲求であると考えられる）（拙著，同書，75-76頁）．

　なお，マルクスの史的唯物論では，物的側面を重視し，人間の社会構造が原始共産制から奴隷制，封建制，近代ブルジョア制へと変化し，こうした生産様式は必然的に変遷してゆき，よって，やがては再び共産制へと突き進むとしているのである（マルクス著，武田隆夫ほか訳『経済学批判』岩波文庫，1956年），とするが（ここで注意されたいのは，こうした視点は，なにも唯物史観でなければ見いだせないことはない，ということであり，そもそも弁証法に基づく唯物史観は，弁証法そのものがドグマであると考えられるから，再考の対象であると思われるからである．（本書補論2参照）），ここでは社会現象が物的側面と精神的側面の両面が同時的に出現する「自然」現象の一部として捉え，したがって，人間の精神的側面をより重視した捉え方でみてゆくのである．よって，たとえ唯物史観を前提に考えたとしても，「反」として提示した「生産力＝利の拡大」は，もはや現在では反としての意味を喪失しつつあるが故に，「人間の自己保存と種の存続を，真の平等と肉体的精神的に平穏のうちに実現，存続することへの意志」こそが新しい反のなかみとして提示できるものと考えられる．したがって，資本主義に代わる新しい社会は「共産」ではなく「共存制社会」（または，共生制社会）となると考えられ，そうならねばならないと考えられる（拙著，同書，78頁）．

　なお，従来の著明な参考書として，林健太郎氏の『史学概論（新版）』有斐閣，教養全書，1970年がある．そこでは，マルクスの歴史意識・歴史認識の限界につき触れられているが，他方，論理実証主義には全く触れておられないのが残念である．

2）アナール学派

　現代歴史学の革新に主導的な役割を果しているフランスの研究グループ，L.フェーヴルとM.ブロックにより1929年に創刊され歴史学を中心として広く人間諸科学の連携を目指す雑誌『アナール（年報）』がこの研究グループの拠点となっていることから，「アナール学派」と呼ばれている．雑誌創刊時の名称は『社会経済史年報』，第二次大戦後の1946年『年報——経済・社会・文明——』，1984年，『年報——歴史と社会科学——』と改称され今日に至っている．専門分野ごとに細分化され，事件史に矮小化された実証主義の歴史学を批判しフェーヴルとブロックは，人間をまるごと捉える「生きた歴史学」を旗印に，歴史の総体的な把握を目指した．

　1956年フェーヴルの後を継いで『アナール』の編集責任者となったF.ブローデル（注：1956年『アナール』誌の編集責任者となったが，人間諸科学との連携を推進して，歴史学の革新に大きく貢献した．事件史中心の伝統的歴史学を厳しく批判して，歴史の深層にひそむ長期的持続の相を重視し，日常的生活世界を基礎とした歴史の総体的把握を提唱した．一国史の枠を超え世界史的な拡がりのなかで歴史を捉えようとするその視野の広さは，アナール学派の歴史家のなかでも傑出している．なお著書として『物質文明・経済・資本主義』などがある（同書，1420頁））は，歴史学を広義の社会科学の一環と位置づけ，諸学問分野の交流を推進した．ブローデルは，「変化しにくい歴史の深層を重視して歴史の構造的な把握へと向かったが，他面，分析方法としては数量分析を積極的に導入し，現代社会科学との連携を強めた．1972年からは，J.ルゴフやE.ルロワ＝ラデュリが中心となるが，構造主義人類学，精神分析学，神話学などとの連携を強め，身体性の歴史や心性史を重視して，歴史の日常態の解明を目指す歴史人類学へと向かった．近年はさらに，R.シャルチエらによって，P.リクールやP.ブルデュー（注：ハビトゥスを提案．マルクス，デュルケム，ウェーバーらの西欧社会学理論の伝統を検討し摂取しつつ，パノフスキーの文化研究の方法や，発生的構造主義からも触発を受け，ハビトゥス，実践，構造の動的な連関の理論の構築につとめており，その企ては現在でも続けられている（同書，1441頁））を援用しつつ，表象の次元を重視した「新しい文化史」が提唱されている．このように，アナール学派の歴史学は，現代思想の展開と密接に結びついている点に特徴がある（廣松渉ほか編『岩波哲学・思想事典』岩波書店，1998年，26頁）．

　イコノロジーと呼ばれる，形象の意味の特定のみならず，その形象を意味づける文化・社会・歴史の総体を問いにかけうる一般精神史の方法として，新たな概念を，A.ヴァールブルクが提唱した（1912年）．すなわち，文化現象のひとつの細部に光を当てながら普遍的な意味形成の根源に降り立とうとする方法論であり，文化科学の領域を分断する歴史的・階層的思考を横断しようとする試みであった．

　パノフスキー（注：古代，中世，近世をたがいに連関する時代とみて，民俗芸術と工芸品を美術と同質の表現資料として照合することを要求すると共に，空間的にも多様なユーラシア文化圏を貫ぬく視点の必要性を説いたヴァールブルクの考えをうけつぎ解釈学的な図像の分析を確立した（同書，65頁））は図像体系（イコノグラフィ）の記述に対して，解釈的なイコノグラフィを定立し，それを三段階の解釈の過程として示した．自然的主題を解釈する段階，伝習的主題を解釈する段階，内的意味内容を解釈す

る段階の３つである（同書, 65 頁).

　「経験にもとづき諸個人が習得する, 一定の知覚, 思考, 実践行動（身体行動
も含む）を持続的にうみだす性向を指して用いている. （中略）当人はほとんど
意識されず, なかば自動的に機能するものであるが, 状況や課題に応じた柔軟
な 適応を可能にする戦略性ももつと想定され, ブルデューはしこの観点から,
贈与慣行, 配偶者選択, 言語活動の階級的相違, 文化的趣味を分岐させる種々
の態度などの解明につとめた. ハビトゥス（注：装い, 習慣, 態度などを意味する
多義的な語.）は, 所与の社会構造を再生産する行動性向をつくりだすものとい
えるが, その戦略性においては, 構造の反復形成ではなく更新への力として作
用することもある（同書, 1283 頁）」（結局, アナール学派の狙いは史実を単独で解釈す
るのではなく, 多様な人間行為の全体の一部として理解していく, という点にあるものと思
われる).

□ポール・ヴェーヌ著, 大津真作訳『歴史をどう書くか』叢書・ウニベルシタス,
　法政大学出版局, 1982 年.

　ヴェーヌは, アナール学派の第三世代で, 歴史ジャンルのしきたりを打破す
る主張を行った. （同書, 表紙解説）たとえば,「コントの社会学は, まさに「ひ
とかたまり」の歴史科学であった」と, 社会学と歴史科学が同じものであると
主張する. ただ, 一番の問題点は彼は用語の定義を示さないことである. 結果,
論旨がすべて曖昧になってしまっている. また, マルクスの歴史主義を批判し
つつ, 他方で歴史の法則の存在に憧れてもいるのではと, 思われるのである.
特に, 彼は「何をもって科学や歴史であるか」につき説明の多くを省くから
（たとえば, 数学を利用したなら科学であるかのように述べる）, 彼自身が混迷状態に陥
ってしまっているのではと, 推測されるのである. よって, あまり参考にはな
らないのである.

6　参　考

1）保城広至氏の方法論

□保城広至『歴史から理論を創造する方法──社会科学と歴史学を統合する──』
　勁草書房, 2015 年.

　書名の意味は, 歴史から理論を打ち立てるということではなく, 時間の経過
を内包した資料を吟味することで, より確かな理論＝仮説が導き出せるという

ことである（なお，歴史学には「理論」や「法則」をもとめることはないし，また存在もしない．歴史科学の目的は，人間の未来の「予測」の導出である．在るとすれば，その意味での理論であると言えよう）．また，保城氏はアブダクションを「ある事実やデータが観察された場合，それはなぜかと問い，何らかの作業仮説をつくって説明・検証する方法のこと」とされている（96 頁）．なお，保城氏の考えを要約すれば，まず，その基本的目的は，社会科学（一時資料，基本資料，を使用しない．ある時代の一時的な状態が普遍性を持つと信じている）と，歴史学（実証研究に埋没，自分の研究対象とする時代のみある社会現象が現れると主張する）の溝を取り払う．そのことで，対立を解消することである，とされる（10，13，16-17，32 頁）．

　「ジョージらの構造化・焦点化された比較の方法を土台として，時間的な限定の中での事例を全枚挙する」ことが現時点では最善であろうとされている．なお，構造化，焦点化された比較の方法とは，「さまざまな事例に対して，研究の目的に沿った同じ問を投げかけることによって構造的（全体を構成する諸要素の，対立や矛盾，また依存などの相互関係（新村出編『広辞苑』第 6 版，岩波書店，2008年）な比較を行い，分析対象事例のある特定の側面に焦点を当てて，過程追跡（原因（独立変数）と結果（従属変数）のあいだに介在する，因果の連鎖およびメカニズムを解明する手法のこと）によって詳細に分析した後に理論化を目指す手法のことである（同書，111 頁）．この時，アブダクションと過程構築（「ある事例における結果に至るプロセスを，始めから最後まで明らかに」すること（133 頁））による緻密な事例内分析によって，ある現象の諸要因を導き出すが，もしそれが結果に繋がらなかったなら「何故なのか」という新しい問いを立て，再び事例内分析を行う（121 頁）．これを繰り返して行くのである，とされる（帰納もアブダクションと併用することが望ましいと思われる．何故なら，両者とも仮説の導出に繋がるという共通点を持つからであるであろう（保城氏はここで，「仮説の導出」に重点をおいて述べられているが，筆者は仮説の導出もその予測化も，さらにそれらの実証もすべて重要であると考えている））．

　つまり，過程構築によって歴史分析の実証の質を保ちつつも，分析後に個別の独立変数を抽象化，それを体系的に比較することによって，歴史分析から理論形成への道が開けるのである（145 頁）．そして「過程構築」を終了したのちに，そこから導き出された個別的な記述を抽象化（本質をしめす．＝帰納と演繹で）し，分割表に入れていくという作業をすることが，最終的な理論化へと至るステップ（となる）（148 頁）．分割表とは，縦横の表の横にはそれぞれの行に

分析した各事例を入れ，縦にはそれぞれの列に明らかにした諸原因を並べ，その中に数値（または○か空欄）を入れていくことで作成される．これによって独立変数の事例間比較を体系的に行うことができる（13頁）．

　なお，過程追跡には，理論を検証する，理論を構築する，結果を説明するという，3つの形態がある，とする（128頁）．理論の検証とは，「仮説が説明する因果メカニズムがたしかに存在しているかどうかを検証する」ことであり，理論を構築する，とは，「1．原因と結果に相関関係があることは知られているが，理論の不在によりその因果メカニズムは明らかになっていない場合」，「2．結果はわかっているが，それを引き起こした諸原因が未知の場合である」．結果を証明する，とは「事例（結果）の諸原因を明らかにする，ことである（128頁），」とされる．

　この他，仮説演繹法とアブダクションの違い，につき保城氏は，まず仮説演繹法は仮説を形成する過程には関わらない（データを基にして仮説とそこから帰結する予測を立て，実験結果と一致すれば仮説が正しいと判定する．よって，これは仮説を立てることも含まれているはず，90頁）とされ，アブダクションは仮説を発見する方法である（アブダクションには，仮説を立てること＝帰納と同じと，方法論全ての過程まで指すケースの，2つがある）．そして，仮説演繹法の推論の目的は，仮説の検証であり，方向づけは（独立）変数から，事例の数は多数であり，解明すべき条件は十分条件であるとし，アブダクションの推論の目的は仮説の検証であり，方向づけは事例から，事例の数は少数，解明すべき条件は必要条件であるとされる（90頁）．そして，仮説演繹法の推論方法は，

1．仮説を設定する．
2．設定した仮説から，実験／観察可能な命題を演繹的に導き出す．
3．その命題を実験あるいは観察することによって検証する．
4．検証の結果が満足のいくものであれば，1で設定した仮説を受け入れる．結果が不満足なものであれば，当該仮説は破棄，あるいは修正される（89-90頁）．

であると指摘される．

　保城氏はさらに言葉の正確な意味を掴むことが必要とされる．その一例として「説明」という言葉について，検討される（48頁）．

　そして「科学」における説明の意味には3つがある，として，

「第一に，それは因果関係の解明であるという意味に使われる（因果説）

第二に，それは理論の統合という意味に使われる（統合説）

第三に，それはある状態や性質の記述・描写という意味に使用される（記述説）」

を示される．その上で，「歴史分析を理論と結び付けるためには，このうちの第一の因果説と第三の記述説を満足させる必要がある」と主張される．「それは，まず新しい事実を（先行する研究と異なったかたちで）記述的に明らかにしたうえで，当該事実が起った原因をも解明することである．これによって，歴史学者と社会学者，双方の「説明」概念を満足させることができる」とされている（48-49頁）.

　まず「因果関係の解明としての説明」とは，「哲学の大家，C.ヘンペル」などは「なぜ惑星は太陽をひとつの焦点とする楕円軌道を動くのか」といった（中略）「「なぜ疑問」に対する解答を導き出すことが，科学的説明の目的となるのである」としているとして，「ヘンペル」は「演繹的・法則的説明（中略）と帰納的・統計的説明（中略）の２種類の方法を論じている」とされる（49頁）.「北米を中心とする政治学者」も「政治現象の因果関係を明らかにすることを所与の前提としている」．また，「久米郁男の政治学方法論の教科書」では「「説明」とはある現象をもたらした原因を推論すること」と定義されている（51頁）.

　次に，統合としての説明では，「科学哲学者のP.キッチャー」が「「説明」とは，被説明項を導くための推論パターンを（中略）減らすことである」と主張しているとされる．例えば，「ケプラーの惑星運動の法則やガリレオの落体の法則を，ひとつのニュートン力学でまとめることは，「統合という説明である」」としているとする（53頁）.

　そして，このような「説明」の使用法は，社会科学でもみられる，として「政治学の分野では，R.パットナムの２レベル・ゲームが挙げられるだろう」とされている．ここでは，「従来はばらばらに説明されていた双方のレベルを，ひとつの枠組みで捉えることに成功するのであるとされている（54頁）」.

　記述としての「説明」では，「ある状態や性質を記述・描写する，という意味に使われる」とされる．そして，この立場に立つのは歴史学者である，とする（54頁）.「政治史の「説明」が因果関係の追求という目的に特化しやすい一

方で，社会史はそれを放棄し記述説に重きが置かれがちであると言えるかもしれない (56頁)」．この他，説明とは「解釈・理解」であるという立場もあるが，著者は，それは「因果メカニズムを明らかにするための手段のひとつだと考えるべきである」とされる (61頁)．また「本書が目指すのは，第一 (因果説) と第三 (記述説) の「説明」概念の統合である」とされる (63頁)．そして，現実に「両者を同時に追究した例をわれわれは，いくつかの歴史学の研究に (中略) 見出すことができる」として，ブローデルの著書『地中海』を挙げられる (63頁)．よって，説明概念の因果説と記述説の統合により理論が形成されると，されているようである．

2) 歴史法則主義とは

歴史主義とも呼ばれる．自らが見いだしたと称する歴史の発展法則にもとづいて，歴史の将来の進路を予測し得るという立場を批判的に指すポパーの用語．歴史主義，歴史信仰とも訳される．この立場には，社会科学の方法は (この立場によって誤って理解されている限りでの) 自然科学の法則に従うべきであるとする，親自然主義と，自然科学の方法とは全く異なった方法によるべきであるとする反自然主義とがある．いずれにしても，方法論的個人主義を拒否し社会を全体として見る全体論を主張し，全体としての社会の歴史的発展を予測しようとするが，ポパーの科学論によれば，予測と予言を混同している．歴史法則主義は，多くの場合，歴史の進路を知っていると称するエリートによる全体主義と，一切の社会改良をむなしいとする宿命論を帰結させる．この考えを生み出した端緒は，ヴィコ等に端を発する「歴史学派」であろう．以後，リストをはじめ，ヒルデブランド，ロッシャー，クニースなどが続いていく．なお，ミルは彼らを「歴史的事象の継起を，一定の法則に従うものと考え，これらの法則を歴史の分析的研究によって発見しようと努力した」として，史実から仮説を引き出そうとしていた，という理解に立っていた (J.S.ミル著，大関將一・小林篤郎訳『論理学体系——論証と帰納——』Ⅵ，春秋社，1959年，144頁)．

ポパーは，現代におけるこの立場の典型例としてマルクス主義を指摘し，そこに見られる歴史の必然を実現させる社会技術としての〔ユートピア社会工学〕を厳しく批判し漸進的社会改良の方法としての〔ピースミール社会工学〕を対置した (広松渉ほか編『岩波哲学・思想事典』岩波書店，1998年，1728頁) (単なる「予言」ではなく，論理的に予想される状況については，知り得るのでは，と思われる (確

定記述（論理的），反証可能性，真の平等と肉体的精神的平穏の実現を踏まえている）．マルクス主義は，誤った「論理」史的唯物論により，あたかも真理であると錯覚した共産主義を提言してしまったのである．人間の合意の決定は，多数による合意であり，それが望ましいか，ではない．また，つねに，楽になることを，志向している．そのことが共産主義という考えを生み出したのではと考えられる）．

終　章　新しい経済社会制度への展望

　ここでは，自身に関する研究分野が主体的になってしまい，それ以外には余り触れることができなかったことを，お詫びする．ともかく，過去の考えに囚われることなく，人間の自己保存と種の存続を，公平・真の平等と肉体的精神的に平穏のうちに実現，存続することに導く手段の提言を行うべきであろう．その時，既得権益者との対抗が常に問題となるだろう．論理実証主義では，帰納によって仮説を導出し，次いで演繹により仮説の予測化をなし，最後に予測を実証することで，新しい理論が創出できるとする．あらゆる文化科学は，この手続きを踏襲し，かつ，自己保存と種の存続を平穏のうちに実現することに寄与できるか否かを採用の判断に加えていく必要があるだろう．また，そこで得た「法則」なるものは，人間の主観の特性が反映されているから，その適応範囲性，効果性，堅固性・持続性についても吟味せねばならない．

　ところで，以上みた浪費と環境破壊による人間の危機状況以外に，さらに重大な危機状況を人間は迎えつつある．共産主義思想の蔓延と特定の国家による露骨な覇権主義である．その野望をゆるせば，世界は民主主義を否定され，過酷な社会が構築されてしまうだろう．つまり，人間社会の終焉である．共産主義も，全く同じ結果をもたらすであろう．したがって，我々は何としてでもこうした2つの大きな危機を克服せねばならないのである．今一度，経済行為の中で本来の勤勉さが強制されるシステムをつくらねばならない．総ての制度を公平で真の平等的で平穏的に存続できるよう，改定せねばならない．

　さらに，現状の所有意識を変えねばならない．現在は余りにも所有権が保護されすぎており，自己主張のため過大な生産に歯止めをかけることなどできはしない．せめて，土地については所有権ではなく使用権の所有に留めるべきであろう．こうした制限は，当然生産性向上の足かせとなるから，生産量は減少するであろう．しかし，狙いはまさに量の縮小にあるのである．

　以上は，空想として一笑に付すべきことなのであろうか．否，資本主義は今や先祖帰りをし，本来的な危機を示しはじめた．こうした状況下では，従来的

な価値判断による行為ではもはや時を失することとなる．我々は，あらゆる可能性を従来の基準にとらわれずまず提唱し，そこから取捨選択して有効な手段を実現させてゆかねばならない．ここで示したのは，1つの基本的な考えである．この基本的な姿を具体化するための手段は区々であろうから，あらゆる機会をとらえて講じてゆかねばならないと考えられる．よって，一応の結論に到達した時点から，今一度その結論の正しさを正すべく，原点からの努力が求められることとなろう．基本的政策論の構築が今や早急に求められているのである．そして貨幣が真の意味で貨幣的役割を必要としなくなった人間社会が到来して，はじめて貨幣は人間社会から放逐され得るのである．そこでは，人々は他の人々からの生産への貢献に対する称賛を得ることをモチベーションに生産を行い，互いが助け合うことを前提に財，サービスの生産に携わる状態にある．つまり，必要な物は貨幣という交換手段がなくとも，必要に応じて入手が可能なのである．自身のみならず全ての人々も同様なのである．そのような社会であると考えられるのである．その社会に到る前段階，即ち，現在の資本主義社会に代わる次の段階の社会こそ，新貨幣制度社会に他ならないと考えられる．現在提示されている「社会主義」や「共産主義」は，人間社会にとって何ら必然的な社会，経済制度ではないのである．ただ，今見たように覇権主義の国は，なりふり構わず侵食を行うから，従来の生産の目いっぱいの拡大は，継続するであろう．ところが，ここで提案した貨幣に制約を加える方法は生産を抑制してしまうから，民主主義国が直ぐに導入すれば物量において覇権国に後れを取ってしまうであろう．よって，覇権国の問題が解決するまでは，残念ながら導入は断念せざるを得ないであろう．また，以上の提言は人口が適正規模に制御できることが前提となっている．したがって，この意味でもハードルが高いこととなる．

補論 1　大学入試新テストについて

　大学入試新テストの出題例が発表された数年前，コメントをされた塾関係者は，出題例は，中高一貫校の適正検査レベルの問題であり，数学での出題では，問題のヴァリエーションにも限界がありそうだ，とされていた．（「日本経済新聞」平成 27 年（2015 年）12 月 23 日，朝刊 29 頁「特集」）．そして，レベルアップとして，回答字数は 200〜300 字程度とすべきであろうと，されていた．結局氏は，「出題例では，高度の読解力や発想力を問うレベルではない」（同）とされ，そのレベルを問うためには小論文が良い，と考えておられたようである．とすれば，文章記述形式の回答を共通一次テストで求めることは，もはや不可能となるだろう．全体としてまさに，個別テストに屋上屋を重ねる共通テストは，存続の意義そのものが問われる段階に至ったのではないかと，考えられる．以上から，筆記式の出題は，むしろ個別大学で課し，同時に全体的に問うべき必要科目を見直し，良問によって正しく受験生の能力を見極めることが求められるのではないかと考えられる．

　このように，当初は国語での文章による回答が想定されていた．ただ，今日では国語に限らず数学でも思考力・判断力・表現力を測るという方針に転換され，東進ハイスクールの「共通テストの基礎知識」というホームページでは，思考力とは「本文を構造的（全体を構成する諸要素の対立や矛盾また依存などの相互関係を勘案する）に理解する能力」，判断力とは「複数の資料を相互に関連付け，様々な視点から比較・考慮する力」，表現力とは，「論理的に記述できる力」とされている．ともかく，小論文においてそれらを見るという方が，詳細に分析されることとなるのではないだろうか．また，小論文なら思考力・判断力・表現力以外に，洞察力（その事象が事象として成立せしめられている根本は何かを，まず考える．ある原因によって，それが成立せしめられていることに思いつく．その原因が何故成立したのか，成立せしめられたのか，原因の原因を考えていく．つまり，幾つかの段階を遡って，原因を知る．その原因が成り立ち得る要素としての，質的部分を考える．その要素がある事象の本質に近いものであることを見抜く）・創造力（新たに創り出す力）・総合

力（総合：よく見通すこと．よって，考えついた内容をまとめあげ，確実に実現させうるものに整理，構築する力であろうと考えられる．机上の空論に終わらせない能力であろう）といった能力を見ることができると考えられる．

　そしてこれら全ての能力は，結局「帰納」と「演繹」を遂行する能力に帰すると考えられる．さらに，「反証する力（対象とする事物の問題点を見出す力）」は，総合力に直結するであろう．このような出題こそが，日本人全体の能力アップに貢献すると思われる．現在，偏差値の高い大学の卒業者が，社会的に見た能力に優れているとは必ずしも言えないのは，単に知識を蓄えただけに終わっており，その知識を応用する力に欠けている可能性が高いと思われる．

　新しい能力を問う入試改革では，マスコミは，あまり深い議論をしないか，あるいは，文章題では採点に時間がかかり過ぎて実現不可能だとか，ともかく「改革は無理だ」と言った論が教育関係者によって，あるいは，新聞などの論説者によって，展開されている．反対は，ある意味当然かもしれない．教育関係者は，一番楽な暗記力を問う入試制度を作り上げてきたから（勿論，近代化を進める過程では，まず，西洋の知識を暗記することが必要とされていたから，当初は，理にかなった方法ではあったのだが），しかし，現在は自らが新しい技術を次々と生み出してゆかねばならない段階に至った．よって，今や，いわゆる創造力を有する人々を育ててゆくことが，必要とされる段階に至つたのである．よって，入試制度もそれに見合ったものへ変貌させねばならないはずである．よって，このように「反対」の大合唱を唱えるのは，新しい入試制度を，実現できる力が無いのではと考えられてしまうのである．だから反対するのでは，とつい考えてしまうのである．

　「記述式は個別選抜で．記述式は，短文でさえ，公平に採点することは難しい」という主旨が語られることがある．しかし，そこでは形式論理学で指示される様々な方法論，思考手段の用語（帰納，演繹のこと）さえ，語られることはない．ましてや，記号論理学のそれなど皆無である．ダメだ，無理だ，むずかしい，不可能だ，困難だ，とのたまう前に，一度，科学の方法論につき，目を通されてはどうだろうか．それらの組合せを設問で展開するのか，あるいは，解答において求めるのか，様々やり方があるであろう．

　まずは，どのような設問が可能か，をこそ考えられてはと思われる．例えば，「教育学」に携っておられる方々の何人が「論理実証主義」につき，検討され

たことがあるのであろう．この科学研究の方法論は，いうところの，創造力，洞察力に直結している思考力を導き出すと考えられるからである．つまり，

　　創造力：帰納，共通項＝本質をみつけ出す．新しい事実の発見
　　洞察力：演繹，三段論法．より厳密な事象を導出

につながると考えられるからである．

　そこで，思考力，判断力，表現力を判定する出題として，どのような形式が考えられるかを示してみよう．しかし，ある専門家は，共通テストでは，「新テストと資質，能力論との対応づけは，基礎学力テストが知識，技能，ついで，学力評価テストは知識，技能を基盤としながら「思考力，判断力，表現力」を中心に，そして大学の個別選抜は「主体性，多様性，協働性」を多面的，総合的に評価するとされる．しかし，創造力，洞察力まで，示されることはない．思考力，判断力はマークシート方式の設問でも十分問えるからであろう．数学，理科，国語は，まさにこの2つを問う設問である．

　他方，主体性，多様性，協調性は，多様性を除き，本来誰もが有しているであろう，人間としての基礎能力であろう．よって本格的に問う必要があるのは，就職時であろう．勿論大学入試で，問いたければ問えばよいことではあるが，以上を，多面的，総合的に評価する，とされるのだが，では，具体的にそれらをどのように評価することが多面的，総合的となるのか，是非具体的に陳述していただきたいのである．特に，多様性とはどのような能力を指すのであろう．まさか，多方面の能力，つまり，「あれもこれもできる」ということではないと思うが（広辞苑では，多様，とは，いろいろ異なるさま，異なるものの多いさま，という説明がなされている）．しかし，個人の能力において，その個性を尊重するのなら，多様性は別に求める必要はないのではないだろうか．

　現状のテストでは，もともとは知識や技能を問うことで，同時に思考力，判断力を問うていたことになっていたのである．知識そのものが，思考力，判断力によってその解答を引き出していたからである．だから，現在でも一定度の本来の基礎能力は問うていたのであり，よって一定度の能力は確保していたのである．ただ，決定的に欠けていた能力が，創造力や洞察力である．いくら思考力や判断力があっても，判断する対象の本質が見抜けなくては，事象に対してより適格に対応することはできない．ましてや，新しい事を考え出すことなど，さらに困難となるであろう．

次に，具体的な実施過程についてであるが，試験問題初出のものについては，例題と模範解答を示せば良いのである．2回目以降は示されないのなら，受験生が，憶えて帰ればよいのである．自己採点できない，と泣きごとを言う前に，大学側，つまり，教育学の先生方が，回答を示されれば良いのである．予備校は，すぐにそれらを示すであろう．でなければ，受験生から見離なされるだけだからである．

大問形式，公開性，公平性，が保たれない，と批判するのなら，自身でそういう設問を提示されれば良いであろう．できないのなら，できないと，おっしゃればよいことである．別の教育関連機関に依頼すればよいことである．おそらく，予備校となるであろうが．例えば，ポパーの「反証主義」にかかわる設問をだせば，思考力，判断力，創造力，洞察力は十分問えるであろう．主体性も勿論問えるであろう．ただ協調性は無理であろう．

そこで，思考力を問う具体的な事例を示してみよう．

思考力を問う設問——より根本的な問題に気付く．
問題例，「何故ゴミを捨ててはいけないのか」
　配点
　採点の人数
ポイント・なるだけ人間に関連させる．生存，心理

この回答の主要点：以下の側面について，正しい判断がなされているか．
「ゴミ捨て，という行為が，いかなる結果を生じ，それが人間にとってどのような意味を持つのか，を考えさせる」．
「回答が，いかに論理整合的（演繹的）に，かつ明瞭に，順序だてられて説明されているか」をみる．
A．人間，生活面
　a．環境汚染——人間の生存条件の破壊
　　イ．美感，ロ．悪臭，ハ．衛生
　b．心因への影響
　　イ．自分自身，ロ．他の人々へ，ハ．人間全体＝人間社会へ
B．人間以外の生物
　a．害虫の増加

ｂ．多くの生物の，汚染による死亡
Ｃ．最重要点，本質的影響＝自身の崩壊——人間存在を否定
　犯罪の増加——人間存在を否定
　もし，Ｃの回答があれば，内容が高ければ，評価点を付加する．
　以上の，コア中のコアが，心因面に存在する．それは何か，皆さんが考えて
ください．
　因果，果がまた因となる，第二の果が成立（より深い）
　原因がいかなる結果を導出するのか
　よって
　ゴミ捨てが，「いかなる影響を人間に与えるか」につき，できるだけ多くに
気付く．

以上から，

　　創造力：飛躍的な影響を，思い至れるか．
　　洞察力：より多くの，かつ深い影響内容と，結果を考えつけるか．
　　総合力：最終的に，いかなる影響があるかをまとめあげて示せるか．

を判断する（結局，ここでは，各々の能力が，帰納と演繹の能力を，見ていることとな
る）．
　洞察力と創造力を問う，設問と解答のポイント示してみよう．設問は，「何
故道端などにごみを捨ててはならないのか」というものである．その理由につ
き記述するというもので，字数は200〜400字とする．当然，表現力も計るこ
とができるであろう．論旨の展開の仕方を見れば，よいからである．一方，洞
察力は，行為の結果をどれだけ数多く，つまり，どれほど幅広く影響を関連付
けることができるか，創造力では，結果につきどれだけより深い意味を考え就
くことができるかが，ポイントとなるであろう．総合力として，最終的にそれ
らのもたらす重大な影響に，どれだけ迫れるか，つまり，見通すことができる
か，ということであろう．解決策が提示できれば，さらに良い．

解答例

1）なぜ辺りにゴミを捨ててはいけないのか

ゴミを辺りに捨てることは、「環境が悪くなる」「汚くなる」「他人に迷惑がかかる」「道路であれば、通行の妨げになる」だから「事故につながる」、「道路は公共の場所だから、よって、勝手な行為は許されない」といった考えが示される。結局、お互いが困ることとなるだろう。ただ、これらは総て人間の生存環境の変化という外的な面についての指摘である。逆に、内的というのは人心が荒廃してしまうということである。例えば、ニューヨークのハーレム地区で、落書きやゴミの散乱状態にあった時には、犯罪が絶えることがなかった。しかし、ゴミを片付け、落書きを消し、割れたガラスを修理するといった美化活動を根気よく繰り返すことで、犯罪が激減していったのである。このことは、ゴミの散乱状況は人間の資質を貶めるということであろう。むしろ、ゴミのポイ捨ての放置は、人間社会そのものを崩壊に導く重大な問題を秘めていることになる。罰則強化が必要だろう（400字）。

　　　語句の意味

　　思考力：広義には人間の知的作用の総称＝思惟

　　　　　　狭義には感性や意欲の作用と区別して、概念、判断、推理の作用をいう。知的直観をこれに加える説もある（新村出編『広辞苑』第6版、岩波書店、2008年）。

　つまり、思考とは、対象を「概念（事物の本質）」として、よって、1．対象の本質を認識すること、2．いくつかの概念または表象の間の関係を肯定したり否定したりする作用＝判断、を行うこと、3．1つまたは若干の判断から、新しい判定を導きだす＝推理、という思惟（心に深く考え思うこと）を実行することであることがわかる。よって、思考力とは、そのような能力がどの程度か、ということであり、思考力テストとは、その能力を問うものであろう。

　　　語句の意味

　　判断力：物事を正しく認識、評価、決断する精神的能力。概念、表象の間の関係を、肯定したり否定したりする作用

　　　　　　真偽、善悪、美醜などを考え定めること。ある物事について自分の考えをこうだときめること。また、その内容。判定。断定。

「―を下す」「善悪を―する」

うらない

カントの用語，特殊を普遍に包摂されるものとして考える能力．
普遍的な法則（因果律）がありそれに特殊（咲いた花）が包摂され
る場合（規定的判断力）と，特殊（花）がありそれを包摂する普遍
（美）が求められる場合（反省的判断力）とがあり，カントは後者を
美的判断力と目的論的判断力とに分け，これらの能力を吟味する
ことによって美の問題と有機体の問題を論じた（新村出編『広辞
苑』第6版，岩波書店，2008年，東京）．

　この他にも以下のような言葉がある（山田忠雄他編『新明解国語辞典』第7版，三
省堂，2017年，東京都）．

　　探求心：事物の真の姿，あり方は何かということを探り，見極めること．

　　追及力：どこまでもつきつめて明らかにしようとすること．

　　決断力：なすべき行動とるべき態度などを，迷わず決めること．

　　推理力：既知の事実を基にして未知の事柄をおしはかること．前提となる
　　　　　　基地の命題から，新たな命題結論を論理的に導き出す思考形式
　　　　（新村出編『広辞苑』第六版，岩波書店，2008年）

　　発想力：その問題をどう取り扱い，どうまとめるかについての思いつき，
　　　　　　アイデア．

　　創造力：新しいものを造り出すこと．

　　認識力：物事の本質を十分に理解し，その物と他の物とをはっきり見分け
　　　　　　ること．

　とすれば，では，小論文で以上の能力の有無を知る為には，どの様な力を計
ればよいのであろうか．新テストでは，読解力，発想力や，洞察力，創造力，
他に，思考力，判断力，表現力，などが挙げられている．が，何故か総合力に
ついては，触れられていない．

　総合力とは，考えついた内容をまとめあげ，確実に実現させうるものに整理，
構築する力であろうと考えられる．机上の空論に終わらせない能力であろう．
もっとも，この能力は，本来は大学においてこそ，培うものではあろう．

　そして，これら総ての能力は，結局「帰納：共通項＝本質をみつけ出す．新
しい事実の発見＝創造力」と「演繹，三段論法：より厳密な事象を導出＝洞察
力」を遂行する能力に帰するであろう．また，さらに「反証する力（対象とす

る事物の，問題点を見出す力）」の有無は，総合力に直結すると考えられる．した
がって，小論文で問う問題は，以上の6つの力，特に少なくともこの2つの力
を問うものでなければならないと考えられる．この様な出題こそ，日本人全体
の能力アップに貢献すると考えられる．現在，偏差値の高い大学の卒業者が，
社会的にみた能力に優れているとは，必ずしも言えないのは，単に知識を蓄え
ただけに終わっており，その知識を応用する力に欠けている可能性が高いと思
われるのであり，よって，大学側の責任は重いと考えられる．

掴み方の基本
俯瞰的：全体的，綜合的かつ長期的に見る問題．また，自身という単独のみな
　　　　らず，他者の存在を考慮すべき問題．
　　　　例：単独で真の自由は成立するか．答え，真の平等と相まって成立す
　　　　　る

この他の，諸力を問う問題例には以下のようなものがある．
・自由とは
・自由に認識するとは
・本当の平等とは
・宗教の概念について　等

補論2　共産主義は必然なのか

　ここでは，既存の提示された考えを批判するケースの事例を示してみよう．

要約

　マルクスは，共産主義社会は資本主義社会の次に来る社会であり，しかもそれ
は必然であるとした．さらに，その到来は人間の力によって早めることができる
とも考えた．こうした考えを引き出した論理的根拠が，ヘーゲルによる「弁証
法」である．彼はこの弁証法に独自の解釈を加え，そして共産主義必然論を主張
したと考えられる．また，共産主義という思想は「労働価値説」を前提とした経
済学を土台として，経済や社会の諸制度を提唱したものである．そこでの基本的
視点は，万人の平等の実現であった．いわば，すべての人の平等を実現すること
を目的としたのが，共産主義という社会経済体制であったと思われる．

　しかしながら，この主張の内実を検討すれば，そもそも共産主義はなんら必然
的な制度ではないし，かつ，提言された社会経済制度はなんら真の平等社会をも
たらす体制ではないことが明らかになる．なぜなら，まず弁証法は単なるドグマ
に過ぎないから，よって，原始共産制の質的に高められた共産主義社会の出現の
必然性という論理は，成立しないこととなろう．次に，労働価値説もドグマであ
るから，剰余価値は存在せず，よって言うところの「搾取論」も成り立たず，と
すれば生産手段の国有化という制度は無用の長物ということとなってしまうこと
となる．さらに，彼の認識する「平等」という概念は「結果の平等」のようであ

るから，真の平等とはおよそかけ離れたものである．よって，分配はやがて見事
に不平等を実現させてしまうこととなる．現実に，我々は事実として共産主義体
制において体験してき，かつ，しつつあるのである．よって，以下では共産主義
思想を成立せしめている論理的根拠につき，それらが成り立たないことを明確に
して行きたいと思う．

1　はじめに

　現在，知識人の多くが，マルクスの考えに惹かれるのは，マルクスの考えた
共産主義社会が，一見人間社会に真の平等をもたらすものであり，しかも，単
なる思いつきではなく「科学的」な高尚なものであると思い込んでいることに
よるものだと思われる．すなわち階級対立において，虐げられた革新側が虐げ
ている保守層を打ち負かすことで成立する社会が共産主義なのであり，よって
それは平等社会に違いないと考えているのではと推測される．そして，ソ連が
崩壊したにもかかわらず，ロシア・マルクス主義には不備があったからだとし
たり，少なくともマルクスの理念だけは忘れるな，といった考えが，今日まで
生き続けてきているのではと思われる（注：佐藤優氏は『共産主義を読みとく──い
まこそ廣松渉を読み直す『エンゲルス論』ノート──』（世界書院，2011 年）において，廣
松渉氏は「マルクス主義の理念そのものが歴史の屑籠に投げ捨てられてしまうことを懸念
（同書，9 頁）」されており，さらに「ロシア・マルクス主義の科学主義的態度，西欧マルク
ス主義の人間主義的態度の双方を排除し，第三の道を切り開こうとする知的野心があきらか
にされている．（同書，34 頁）」とされているとする．ところで，こうした考えは，共産主義
制度に修正を加えれば理想の新共産主義社会が実現するはずだ，という希望を述べたものと
推測できる．そして，恐らく同様の考えを持つ人々が，現在数多く存するものと予想される
のである．
　なお，共産主義思想はある意味必然であった．ヨーロッパではまだまだ封建遺制が残存し，
かつ教会の権威も社会を睥睨していた．よって，人々はそうした状況からの脱却することを
願っていたと思われる．この望みにかなうものが，共産主義思想であろう．ただマルクスは，
人間の性質の基本は怠惰であることや，平等の真の状況を理解していなかったため，人々に
桎梏を強制する制度を考え出してしまったのである）．おそらくこれは，マルクスの考
えの全体像を十分に吟味することなく「信じ」てしまったことによるものであ

ろう．とすれば，我々は原点に帰って，マルクスの考えをもう一度再検討する
必要があると考えられる．以下では，共産主義が必然的に成立するとする考え
を引き出したと思われる「弁証法」とはそもそもどのようなものなのか，そも
そも成立するものなのかを，まず検討したい．次に，搾取論の前提になる「労
働価値説」は成立するのかにつき，検討していきたい．この，労働者が「搾
取」されている状態を解消する手段として，生産手段の国有化が提示され，そ
れを実現させる政治経済体制として考え出されたのが共産主義である．とする
なら，搾取論が成立しなければ共産主義という考えは，そもそも不必要なもの
となるのである．最後に，マルクスの考える平等は本当に真の平等をもたらす
のかや，共産主義という，いわば「ハルマゲドン」思想を生みだした要因につ
いても見ておくこととしたい．

　ところで，マルクスは，共産主義思想を導出するにあたって，幾つかの誤り
を犯したのではと，考えられる．以下，誤りと思われる点を示しておこう．

　1，弁証法という考えは，そもそも誤りなのではないのか．とするなら，誤
った説に基づいて提示された考えも，誤りであって成り立たなくなると考えら
れる．

　2，搾取を解消するために提言された「企業の国有化理論」は誤りではない
のか．何故なら，搾取理論の根拠は，労働価値説によって導き出された考えで
あるが，労働価値説が導出される根拠は，一物一価論，つまり交換される財に
はある大きさの値打ちがあり，それに見合う一つの価格が成立する．しかも，
等価交換，つまり，交換が成立するのは「交換される財やサービスが各々等し
い値打ちを有しているからだ」という考えを前提しているのである．しかし，
交換が成立するためには人々の合意さえ存せば成立してしまうのであり，勿論，
何かある等しいものが存在すれば交換されることを説明することがし易い．し
かし実際には存在する必要はないからである．現実に，総ての商品の価格（価
値を反映したものと主張されている）は，その時々で大きさが異なるのが普通であ
るから，現実が一価や等価を否定していることとなるのである．よって，搾取
論は成り立たなくなるから，したがって，共産主義という考えそのものも誤り
であることは明白である．

　3，マルクスの考える平等は本当に真の平等をもたらすのか，特にマルキス
トが平等と考える「結果が同じである」という主張も問題である．

　なお，共産主義思想の実現のための手段は革命であり，いわば，新約聖書で

触れられている「ハルマゲドン」思想，つまり最終的に神と，神を否定する集団とが闘い決着を付ける，という思想と軌を一とする考えである（注：新訳聖書翻訳委員会訳『新約聖書』Ⅴ，パウロの名による書簡，公同書簡，ヨハネの黙示録，岩波書店，1996年，241-244頁（ヨハネの黙示録，16（内容は，「近い未来に生じるであろうはずの世界の終末」を意味している）．そのためには，「暴力は，古い社会が新たな社会をはらんだときにはいつでもその助産婦になる．暴力はそれ自体が一つの経済的な潜勢力なのである．」として（マルクス著，岡崎次郎訳『資本論―Ⅰ―b』，大内兵衛監訳『マルクス・エンゲルス全集』23b，大月書店，1965年，980頁），明確に暴力革命を肯定している．なお，岩波文庫では，同じ箇所の訳文では，「暴力」を「強力」と訳されている（マルクス著，向坂逸郎訳『資本論』（三）全9冊，岩波文庫，1994年（但し，初版は1969年），398頁）．またエンゲルスも「暴力は，歴史上でもう一つ別の役割，革命的な役割を演じる（エンゲルス『反デューリング論』大内兵衛監訳『マルクス・エンゲルス全集』第20巻，大月書店，1968年，107頁）と，マルクスと同じ考えを持っていた）．しかし，そうした過去を全て否定する行為は，新しく構築せしめた制度を期待通りには機能せしめ得ない．何故なら，制度を改めても人間の思想は旧来のママであるから，すぐに制度には修正が加えられ，結果，望んだようには機能しなくなる．また，M.ポランニーが指摘するように，我々は知識を前進させるにあたり，伝えられてきた書物や伝承されてきた口述による知のみならず，我々人間が自覚していない「知」が存し（いわゆる暗黙知），その「知」も知識の発展の原動力であるから，総てが新しくなった制度にはこの暗黙知は引き継がれ難いから，基本的に新しい制度は旨く機能するはずがないのである（注：M.ポランニー著，高橋勇夫訳『暗黙知の次元』ちくま学芸文庫，ホ，10.1，筑摩書房，2003年，2018年6月，第15刷，96頁）．以上から，共産主義社会は資本主義社会の次に必然的に成立する社会経済制度であるという考えには，賛成できない．むしろ，誤った考えであると思われる．

　ここで，共産主義思想が形成される過程を概観しておこう．共産主義が必然であるとしたのは，マルクス・エンゲルスであり，マルクスの『経済学批判』・『資本論』やエンゲルスの『空想より科学へ――社会主義の発展――』等の表現から，そのように理解しうると考えられる．まず『経済学批判』においてマルクスは次のように指摘していた．「ブルジョア社会の胎内で発展しつつある生産諸力は，同時にこの敵対関係の解決のための物質的諸条件をもつくりだす．だからこの社会構成をもって，人間社会の前史はおわりをつげるのであ

る」としている（注：マルクス著，武田隆夫ほか訳『経済学批判』岩波文庫，昭和31年（1956年），13-15頁）．さらに，「ブルジョア経済は，古代やそのほかの経済への鍵を提供する（注：同書，320頁）」，あるいは，「未熟な社会的条件が，ふたたびかえることは絶対ありえない（注：同書，329頁）」，としている．

つまり，マルクスは，未来に実現される共産主義社会は，いわゆる原始共産制のような未熟な社会ではない，としているのである．しかし，では，かれは，人類社会の初期の姿をどのようにして考えるに至ったのであろう．おそらく，モーガンの『古代社会』からヒントを得たものと思われる．ただ，ここではまだブルジョア社会は敵対的関係を有する社会の最後の形態だとの指摘にとどまっているが，さらにマルクスは『資本論』において「この社会は，自然の発達段階を飛び越えることもできなければ，これを法令で取り除くこともできない．しかしながら，社会はその生みの苦しみを短くし，緩和することはできる．」としているのである（注：マルクス著，村田陽一訳『カール・マルクス著『モーガン『古代社会』摘要』，大内兵衛監訳『マルクス・エンゲルス全集』，補巻4，大月書店，1977年，304頁．そこでは，「野蛮人の財産はとるにたらないものであった．粗末な武器，織物，什器，衣服，燧石器，石器および骨器，さらに装身具が，彼らの主要な財産品目である．所有すべき対象がほとんどなかったから，所有欲もなかった．今日人心を支配する力となっているstudium lucre（利潤追求）がなかったのである．土地は部族の共同所有であり，他方，長屋はその居住者の共同の所有であった．所有欲は，発明の緩慢な進歩にともなってふえていった純然たる身廻品にもとづいて，その生まれかけていた力を養っていた．最も貴重と評価された物品は，死亡した所有者が霊界でひきつづきそれを使用するように，死者の墓に埋められた」とされている．

しかし，この見解には多くの憶測が入っており，果たして事実であったのか疑わしいのである．現にモーガンは，直前の文章で当時は「まだ食人がおこなわれていた」としており，これは全くのドグマであると考えられるから，論全体にそうした傾向があることは否めないであろう．とするなら，そのような見解から原始共産制の概念を引き出したとすれば，問題が，つまり原始共産制＝無階級社会という推測が成り立たなくなることとなり，マルクスの基本的な考え方そのものに疑問が生じてしまわざるをえないのである．この点，林健太郎氏が既に『史学概論（新版）』で「（マルクスの）発展段階説の事実の適合性が問題となる．（中略）歴史事実の研究が進めば進むほどかつて真実と信ぜられたものが疑われ，（中略）特にローウィの研究はモルガン説を完全に克服したとさえ言われている．」と，懸念を表明されているのである（林健太郎『史学概論（新版）』有斐閣，教養全書1970年，105頁）．マル

クス著，向坂逸郎訳『資本論』（一）全9冊，岩波文庫，1969年，第1版の序文，16頁）．
つまり，歴史の発展は法則に従うが，新しい社会は人間の力で到来を早めることは出来るのだとも述べている．よって，マルクスは『共産党宣言』において，資本主義社会の支配者たるブルジョア階級はプロレタリア階級が「強力的に（つまり，強制的に，よって暴力的に）崩壊させよ」としているのである（注：マルクス・エンゲルス著，大内兵衛・向坂逸郎訳『共産党宣言』岩波文庫，1951年，55頁）．よって，マルキストが暴力を肯定する根拠がここにある．もっとも，では何故早めることが可能なのか，についての論理的説明はなされていない．つまり，まさに空想的な主張となっているのである．

　同様に，ブルジョア社会の次には共産主義社会が来ると予想しているのが，エンゲルスである．彼は，「唯物史観と，剰余価値による資本主義的生産の秘密の暴露はマルクスに負っている（注：エンゲルス著，大内兵衛訳『空想より科学へ──社会主義の発展──』岩波文庫，1946年，44頁，但し，「空想」という訳語に対するもとの語は，「Utopite」である（同書，3頁）．また筆者は，資本主義社会を「市場経済と議会制民主主義を導入した政治経済社会」と認識している）」とし，さらに本書の最後で「プロレタリア革命．矛盾の解決だ，すなわちプロレタリアートは公共的権力を把握し，この権力を以てブルジョアジーの手から離れつつある社会的生産手段を公共的所有に転化する（注：同書，71頁）」「プロレタリア運動の理論的表現たる科学的社会主義の任務である（注：同書，71-72頁）」としており，ここにその考えが読みとれるのである．なお，様々な社会主義に対する考えがあるが，サン・シモン，フーリエ，オーウェンは，「三人の偉大な空想（的社会主義）家」としている（注：同書，17頁）．また，「唯物史観」は「社会主義はもはや某々の天才的頭脳の偶然的発見ではなくなって，歴史的に発生した二つの階級──プロレタリアートとブルジョアジーとの闘争の必然的結果と考えられる（注：同書，43頁）」として，結果，革命による社会主義の樹立は必然の一部を構成しているとみなしているのである．また，マルクス自身も，エンゲルスの『空想より科学へ──社会主義の発展──』の「フランス語版（1880年）へのまえがき」において，「これは，科学的社会主義の入門書とよぶべきものとなっている」としている（注：大内兵衛他監訳『マルクス，エンゲルス全集』第19巻，大月書店，1969年，183頁．従って，マルクスもエンゲルスも，彼らの提示する社会主義思想は科学的なものであると自負していたことが読み取れる）．

　また，エンゲルスは（弁証法による）唯物史観につき「生産，それについで生

産物の交換が，一切の社会制度の基礎であ」り，「一切の社会的変化や政治的変革の窮極原因は」「生産及び交換方法の変化のうちに求めなくてはならぬ」としており（注：エンゲルス著，大内兵衛訳『空想より科学へ——社会主義の発展——』岩波文庫，昭和 39 年（1946 年），44-45 頁），物的変化の作用が社会変化の根本原因であるとしている．しかし，その物的変化を如何に理解するかは人間の思惟作用であるから，そこには人間精神に負っている部分も存在すると考えるべきであろう．もちろん，精神の反作用の存在を認めてはいるが，その程度の作用ではなく，物的側面の変化が先行するとしても，その変化の影響に止まらず人間はより望ましいと思われる状況を考え，それを実現すべく行動するものである．つまり，変化をエッセンスとして見れば，その主体は人間の思惟そのものではないだろうか．物的作用は存するものの，まさに精神こそが変化の形成主体なのではないだろうか．このように，科学的社会主義と主張するマルクスの考えには，様々なドグマが見えてくるのである．なお，簡単なマルクス主義の辞典によれば，科学的社会主義を「マルクス・レーニン主義のこと」としている（注：社会科学辞典編集委員会編『社会科学辞典』新日本出版社，1967 年，25 頁）．また，毛沢東も「社会主義農業の共有制」は「全世界でも将来そうなるであろう．」と，共産主義は必然であろうことを予想していた（注：毛沢東著，松村一人・竹内実訳『実践論・矛盾論』岩波文庫，1957 年）．

　そして，想定されていた共産主義社会とは，1．土地所有を収奪し，地代を国家支出に振り向ける．2．強度の累進課税，3．相続権の廃止，4．すべての亡命者および反逆者の財産の没収，5．国家資本および排他的独占をもつ国立銀行によって，国家の手に信用を集中する．6．すべての運輸機関を国家の手に集中する，7．国有工場，生産用具を増加し，共同計画による土地の耕地化と改良を行う，8．すべての人々に対する平等な労働強制，産業軍の編成，特に農業のために，9．農業と工業の経営を結合し，都市と農村との対立を次第に除くことに努力する，10．すべての児童の公共的無償教育，今日の形態における児童の工場労働の撤廃．教育と物質的生産との結合，等々，等々．としている（注：マルクス・エンゲルス著，大内兵衛・向坂逸郎訳『共産党宣言』岩波文庫，1951 年，68-69 頁）．

　このうち，8 の「すべての人々に対する平等な労働強制」については，『ゴーター綱領批判』において，マルクス自身がやや詳しく述べている．即ち，資本主義社会から生まれたばかりの共産主義社会（＝社会主義（注：マルクス著，望

月清司訳『ゴーター綱領批判』岩波文庫，1975年，34頁.））」では，個々の生産者は，働いた労働時間（生産した財の量ではない）に応じて収入を受け取るとしており（よって，労働能力の差が，正しく勘案されなくなる（注：同書，35-36頁）），また，「ある労働者は結婚しているのに，他の労働者は結婚していないとか，ある者は他の者より子供が多い等々のこともある（注：同書，37-38頁．ここで，平等とはどのようなことか，についてのマルクスの理解がうかがい知れる．彼は「能力に応じて働き，能力に応じて受け取る」べきだとしつつ，他方で，収入の大きさが同一であることが平等であるとしているのである）」場合には，受取に差が生じる．これは不公平だ，が，仕方がないとする．

　このように，共産主義の初期では，分配の不平等は仕方ないとしており，いわば人々に不平等を我慢するように，としていることとなる．よって，ここでマルクスは「結果が等しいこと」が平等としていたのではないか，ということが推測される．しかし，ではいかにして人々に我慢させるかについての具体策は示していない．まさに，欠陥を内胞した「科学的」な社会主義であったのである．ついで，「共産主義社会のより高度の段階において（中略）各人はその能力に応じて，名人はその必要に応じて（注：同書，38-39頁）」必要物を手に出来ることとなろうとしている．しかし，よく考えると財が余る程存在するとしても，各人が欲しいだけ取得すれば，少なく取得した人々は多く取得した人々を恐らく非難するにちがいないであろう．そもそも，必要に応じただけの量のみを取得するという前提は，性善説に基づいた空想的発想そのものであろう（こうした事態を制御する手段が価格メカニズムなのである）．よって，ここまでだけでも，マルクスやエンゲルスのいう「科学的社会主義」は名ばかりで，実体は空想的社会主義そのものに他ならないことが窺えるであろう．

　では，そもそも「科学」とは二人において，どのように捉えられていたのであろう．なによりも，そもそも科学とは一体どのような内実につき，用いられる言葉なのであろう．筆者は以前，科学を定義して「永遠に真理に接近する手段」としたが（注：拙著『入門日本商業史』晃洋書房，2003年，82頁．ただ，今では「自然科学的な手法が適用し得る論理的，合理的提言や仮説」つまり，反証可能でかつ実験で適否を確認できるか否かが，及び，文化科学（人文・社会科学）では，さらに人間心理にも言及した研究であり，「人間の自己保存と種の存続を，真の公平・平等と肉体的精神的に平穏のうちに実現，存続する．」ことに抵触しないことが，科学の本質であると考えている．また，石川幹人氏は「科学的であるか否かを判断する基準は，簡単に言えば，実験や調査研

究などで導き出された根拠，すなわちエビデンスを積み上げて再現性を示しているかどうか
です」とされている（同氏『日経ビジネス』「有訓無訓」――「文系」「理系」の選択は疑問，
医療・技術情報を読み解く，科学リテラシーの向上を――」2020.08.24. No 2054, 5 頁）.
とするなら，人文科学のうち多くが科学足り得ず，単なる論理的整合性に基づく提言という
意味しか有しない「学問」であることがわかる．とすれば，今までに積み重ねられた「業
績」なるものは，再検討して単なるドグマを取り除く必要があると考えられる．よって，人
文系の学問では，その提言が実証できない場合単なるドグマではないかと疑ってみておく必
要があると考えられる．

　それでは，自然科学と社会科学はどこに違いがあるのだろうか．自然現象がストレートに
自然を体現したそれであるのにたいして，社会現象は，自然の一部をなす人間という存在を
通して，いわば間接的に出現する現象であるということである．その現象は，人々の合意に
よって出現し従って，人間という生物に共通的に存するであろう性質が，一つの方向性をも
って出現してくるのであり，従って，突拍子もない現象が突然現出せしめられることはない.
あくまで合意が成立しうる範囲での方向性，規則性である．しかも，合意は万人が，つまり
100 人が 100 人とも成すのではない．従って，現象は徘徊せざるを得ないのである．よって，
社会法則とは「人間が何かを欲望し」，その欲望を満たすために「いかなる行動を起すか」
という，その行動の方向性そのものを意味することとなる．この時，大多数の人々も同様に
行動することが必要であり，これが「合意」と呼ばれるものである．方向性（＝実際行動），
つまりその，人々の行動の束が社会現象であり，それが一定の性質を内包しているなら
（例えば，一つの周期性を持つ），それが社会法則と呼ばれるものである．よって，社会法則
をみる場合，単にある事象に対する人間の大きな方向性をみるだけでは不充分であり，その
方向性を導いた原因，つまり欲望とは何か（何故生じたのか），その原因＝要素は，いかな
る作用を人間に与え，従って，人間行動の方向性に影響を与え，よって，法則をいかに成立
させるか，を見る，と同時に，その方向性ははたして正しいのか否かをも考察する必要があ
るということである．しかも，ここで問題となるのは「正しい」とはいかなる意味を指すの
か，ということである．その「何をもって正しいとするのか」，あるいは，「それが正しいも
のとして合意を与えあう要素は何か」につき，人々の合意が存しないなら，判断そのものが
不定となり，かつ誤りとなる．だからと言って，合意が存するからそれが本当に正しい，と
は言い切れない．何しろ，人間社会では多数が認めあったことが「正しい」ということにな
ってしまうからである．とするなら，実は社会科学はその根底に「人間とは何か」という
ことに対する一定度の解答を有していないと，考察を進めることができないことが判明する．
即ち，根底に，「人間の存在意味」に対する一定の回答が必要となるのである．否，進めた

かに見えても，実はまことに欠陥だらけの，誤った考察と結論しか導出し得ないであろう．まさに，現在はそうした誤った社会科学が満ち溢れているのである．この時，万人に共通的に合意されうる内容とみなされる（正しいとみなされる）もの，それが「人間の自己保存と種の保存の平等的平穏的存続」という到達への理念なのではないだろうか．これこそが「正しい」とみなされる内実なのではないだろうか．

　社会法則とは，かかる意味での客観法則なのである．とするなら，合意さえ得られるのならその内容は如何様にも変形させうる性質を有していると考えられる．よって，社会法則は常に変化することこそがその本質なのではないだろうか．否，実は社会法則は我々人間が導出可能な法則なのではないだろうか．自然科学における法則は，自然自身が指し示した法則として不変である．しかし，社会科学で導出された法則は，人間が変化させ得るのである．従って，没価値的な社会科学の考察は，そもそも不可能であり，かつ誤りなのである．そして，法則が変化すれば，前の法則はもはや法則ではないのである．この区分をしなかったがために，社会科学において多くの誤りが導出されたものと考えられる（拙著『貨幣帝国主義論』晃洋書房，2004年，7-8頁）．なお広辞苑には「観察や実験など経験的手続きによって実証された法則的，体系的知識．また，個別の専門分野に分かれた学問の総称．物理学，化学，生物学などの自然科学が科学の典型であるとされるが，経済学，法学などの社会科学，心理学，言語学などの人間科学もある．あるいは，狭義では自然科学と同義とされている（新村出編『広辞苑』岩波書店，第6版，2008年，483頁）．他の辞書では，「一定の対象を独自の目的・方法で体系的に研究する学問．雑然たる知識の集成ではなく，同じ条件を満足する幾つかの例から帰納した普遍妥当な知識の積み重ねからから成る．広義では社会科学，人文科学を含み，狭義では自然科学を指す」（山田忠雄ほか編『新明解国語辞典』第7版，三省堂，259頁）．としており，また，経済学の事典では，「自然および人間社会の事物・過程の構造・機能，性質・連関などを究明しようとする人間の精神的活動の最高の形態およびこの活動の所在である体系的な理論的知識」とされている（経済学辞典編集委員会編『大月経済学辞典』大月書店，1979年，69頁）．他に「事物の構造や性質や法則を探求する人間の理論的認識活動，およびその所産としての体系的理論的知識」とされているケースもある（森宏一企画編集『哲学辞典』青木書店，1971年，53頁）．次に教科書においては，広辞苑で掲載された内容をもって定義とされているようである（濱田嘉昭ほか『科学的探究の方法』放送大学教育振興会，（NHK），2011年，9-10頁)），この点，マルクスやエンゲルスは，「単なるドグマではなく合理的に説明し得る思想や理論，および数学的な洞察（本人達は気付いていなかったと思われるが）」としていると考えられる．何故なら，（弁証法による）唯物論や搾取論によって導出された共産主義思想を

「科学的社会主義」と表明しているからである．従って，弁証法や搾取論が成立しなければ，実は科学的な思考ではなかったこととなる．また，エンゲルスは，サン・シモンのいう「科学」とは「学者」のことだと言っているし（注：エンゲルス，同書，23頁），マルクスの共産主義思想が，「科学的社会主義」であると見なす根拠が，「唯物史観」と「資本主義社会での剰余価値の存在を明らかにした点」からであるとしていると考えられるのは，先に見た通りである．一方，マルクスも「本来の社会主義的および共産主義的諸体系，すなわち，サン・シモン，フーリエ・オーウェン等々の体系」としてこの三人が空想的社会主義思想であるとし，「解放の歴史的諸条件の代りに空想的諸条件が，次第に行われる階級へのプロレタリア階級の組織の代りに，自分で案出した社会の組織があらわれざるをえない．」としており（注：マルクス・エンゲルス著，大内兵衛ほか訳『共産党宣言』岩波文庫，1951年，81頁），史的唯物論が科学的に正当なものであるとしているのである．にも拘わらず，マルクスやエンゲルスは，以下で見るように，ここかしこでドグマに基づく論を展開するのである．

　さらに，その必然性を強調したのがスターリンであった．スターリンは，「プロレタリア社会主義は弁証法的唯物論から直接みちびきだされる結論である．」とし（注：スターリン著，マルクス＝レーニン主義研究所訳『弁証法的唯物論と史的唯物論』国民文庫，205大月書店，1953年，94頁），弁証的唯物とは「その方法が弁証法的（つまり，常なる変化・発展）であり，理論が唯物論的（つまり，物的変化が先行し，その影響により次いで意識の変化が生じる）であるからだ（注：同書，55，62，74-75頁）」としている．したがって，彼は社会主義が資本主義に次ぐ必然的な制度であるとしている．なお，社会主義の到来が必然ならわざわざ無理矢理創造しなくとも，待っておれば成立するはずである．従って，この批判にはマルクス主義者は，「少しでも早く桎梏から解放するのだ」という理由を提言し，論の破綻を糊塗しようとするのである（注：マルクス自身も，そのように考えていたと思われる（181-182頁参照））．ともかく，スターリンはマルクスの論を引用し，マルクスを絶対視した上で，自論を展開するのである．

　このように，マルクス・エンゲルスやスターリンの主張が，人々をして，あたかも共産主義体制が資本主義体制の次に来る，必然的な経済社会体制であると信じ込ませるようになったと思われる．しかも，現在においても，そのように信じる人々が次々と生じているのが現実である．ただ，事実として社会主義を取り入れたソ連は崩壊し，再び資本主義体制へと転換したのである．何故な

ら，マルクスは初期共産主義（つまり社会主義）において，そこでの分配を労働者の状況を勘案して，当初は分配が不平等になることは仕方がない，としていた．しかし，こうした考えは中途半端なものであり（後述），有能な労働者の不平等観を引き出し，かつ，能力の低い労働者の怠惰を助長し，結果，連鎖的に生産性を低下させることとなったのである．こうしたことは，ソ連をはじめ，あらゆる社会主義国で実証され，結果として，社会主義は放棄されたのである．なお，中華人民共和国は市場経済を一時導入することで，生産性の低下を防いだのである．

　では人々は何故共産主義に執着するのであろうか．それは，一つは資本主義社会が様々な欠陥を有し，しかも資本主義にかわる新しい体制の姿は末だ示されていないからなのではないだろうか．よって，あれほどの欠陥を示した共産主義体制につき，なんとなくあこがれを持ってしまっているのではないだろうか．もう一つは，人々が怠惰になったため，少しでも楽をしたいと思いはじめたからではないだろうか．共産主義は，怠惰であってもそれを許容してくれるのである．「平等とは結果を等しくすることである」，という誤った平等思想が，共産主義思想への憧れに拍車をかけることとなる．そして，多くの人々が怠惰になった原因は，生産力が上昇したため，あくせく働く必要がなくなったためであろうと考えられる（注：今日，「自助，共助，公助」という考えを否定し，まず公助を実現せよ，と主張する人々が増えてきた．しかし，これらの人々は，自身が怠惰の思想に染まっていることに気づいていないのではと，危惧されるのである）．しかし，このような安易な考えは危険でさえあるだろう．世界が全て共産主義体制となれば，人々は人格を否定され，しかもすさまじい生産性の低下により貧困にもあえぐという状況に，長く苦しむこととなるであろう．よって，以下ではそもそも共産主義という体制は何ら必然的な体制ではないし，かつ，そもそも搾取論そのものが誤りであることを示したい．よって，企業の公営化は何ら平等をもたらすものではないことを示していきたい（注：ここで共産主義と社会主義という言葉の意味につきみておこう．まず，社会主義とは，1．生産手段の社会的所有を土台とする社会体制およびその実現を目指す思想，運動，2．狭義には，資本主義に続いて現れるとされる共産主義社会の第一段階を指す．3．非マルクス主義的社会主義の運動および思想．マルクス主義の社会主義運動が共産主義運動と呼ばれるのはその区別するため，社会民主主義を特にこの名称で呼ぶことがある．生産手段の社会的所有を土台とする社会体制（新村出編『広辞苑』第6版，岩波書店，2008年）．従って，共産主義は，マルクスの主張した，高度な社

会主義の段階を差すことが判明する．ソ連邦が解体し，結果，現在ロシアは資本主義に転換
している．もともと，共産主義は人間社会で平等が実現され，失業もない理想の社会という
考えで，暴力的に無理矢理実現されたものであった．しかし，現実には全体主義による極度
の支配被支配の存続と，失業はしないものの，極度の生産性低下により質量ともに劣化した
貧しさに喘ぐ状況が出現した．従って，その破綻は必然であったと思われる．

　ところが，他方の資本主義社会も株々な問題をかかえている．景気の変動により失業が発
生したり，近年では貧富の較差が大きくなり，また，過剰生産による製品の廃棄問題や売れ
残り品の廃棄という無駄の常態化や，環境の悪化問題が存在する．現在では，このような資
本主義に対する危機感により，共産主義や社会主義に対する憧憬を持つ若い人々が増加して
きた．しかし，共産主義に対しては既にハイエクやポパー，あるいは M. ポランニーといっ
た人々が批判を加え，警鐘を鳴らしてきたところである）．

　そこで，以下では共産主義思想とはそもそもどのような考えなのか，本当に
素晴らしい内容を持つ体制論なのか，なにより，共産主義経済体制は本当に資
本主義の次に必然的に成立する経済体制とみなし得るのか等，多くの疑問点に
つき，できうる限り考えていきたい．結論を先に述べれば，共産主義体制は資
本主義体制の次に必然的に成立するような体制でもなければ，求める理想を実
現できるような優れた経済体制ではない，ということである．従って，共産主
義体制に幻想を抱くのは危険であるということである．以下，順次共産主義思
想をもたらした主たる考えが誤りであったことをみてゆくこととする．

2　弁証法は成立するのか

1 はじめに
2 今日のヘーゲル評価
3 ヘーゲル弁証法の成り立ち
4 ヘーゲル弁証法の内容
5 エンゲルス・マルクスの弁証法の理解
6 まとめ

1）はじめに

　弁証法はあたかも万能の優れた分析手段であるかのように思われている．が，
子細に見ると実に大雑把な意見にすぎないと考えられる．例えば，弁証法は矛

盾律さえ克服する方法論だと提言されることがあるが（注：例えば，岩波書店の
『哲学思想事典』において，「弁証法」の項では，「弁証法をめぐるさまざまな議論は究極的
にはアリストテレスによって定式化された矛盾律の評価に帰着する．弁証法を矛盾律と両立
するものとみなし，そうした立場から弁証法あるいはその解釈を展開する論者もいるが，弁
証法が事物の運動・変化の原理と捉えられる場合，その固有性は矛盾律の普遍妥当性の否認
に存する．K. ポパーの，弁証法論者は矛盾律の放棄を求めるが故に科学と合理的思考の崩壊
を帰結するという批判もあるが，物理学における不確定性関係を挙げるまでもなく，現代の
意味論の観点からしても矛盾律は事実的法則ではなく，第一次的には対話の成立条件として
人々が随順する規範的法則である．だがこのことは，矛盾律に準拠して現実的に存在する運
動・変化の記述が如何にして可能になるかという問いを提出するだけにとどまることなく，
弁証法そのものの，新たな視角からする論理的再構成が課題であることも告知している」.
さらに現代的意義として，「ヘーゲルとマルクス・エンゲルスに共通する哲学的意義に限定
するなら，それは連関・関係に基づく変化・運動を事物の汎通的在り方とする存在了解，お
よび認識を事態の措定とその相互主観的な承認ないし拒斥（退ける）と捉える認識了解を定
立した点に存する．その射程は現代哲学の大半が未だ旧来の実体主義的存在了解および主観
―客観図式に定位する認識了解の坏内に留まっていることから明らかである」（同書，岩波
書店，1998 年，1462-1463 頁，竹村喜一郎氏担当」）とされ，矛盾律放棄の可能性が存する
ような解説となっている．この点，誤解があるのではないだろうか．なお，この様な誤解を
生んだのは，後に見るようにヘーゲル自身にある．また，岩崎武雄氏も，マルクス主義哲学
は，「発展というものを把握するのは矛盾律を否定する新しい論理である弁証法による外は
ない，という考え方が存していることは明かであろう．」とされている．（同氏『弁証法――
その批判と展開――』東京大学出版会，1954 年，37 頁）．よって，「存在の弁証法の論理が
その中に大きな欠陥を有する」とされている（同書，44 頁）．また，弁証法（ディアレクテ
ィケ）という言葉ほど，曖昧なものはないとして，弁証法という言葉について危惧されるの
は，藤沢令夫氏である．氏は「この日本語は正体不明のまま乱用されて，哲学的思考のいち
じるしい粗雑化と貧困化に寄与することになったのである」と指摘されている．（プラトン
著，藤沢令夫訳『パイドロス』岩波文庫，1967 年，257 頁)），しかし，はたしてこのよ
うな弁証法の理解は正しいのであろうか．又，矛盾律を克服したかに見える説
明も，内容はそうではなく，たとえば，意味論的な解釈での「同一」と説明し
ているに過ぎない（注：意味論で示されるのは，例えば，正と誤の間係は，正を否定す
る誤という対立概念の存在によって，はじめて正の意味が理解できる，という意味であって，
その意味で，正と誤は同一＝同時的に存する必要がある，というだけである．よって，正と

誤が両立し得るということではない）．また，不確定性原理はあくまで量子について
の論であり，実生活社会についてのものではない．よって，論理的な説明はな
されていないと考えられる．この他，見田石介氏は「ヘーゲルは弁証法を論理
学の方法としているが，科学の方法である．」とされ（注：参考資料，Ⅳ弁証法的
方法，マルクス，（ヘーゲル論理学研究会編『見田石介──ヘーゲル大論理学研究』第1巻，
大月書店，1979年，参考資料，5頁）），また，廣松渉氏は弁証法を「単なる論理学
ではなく，存在論および認識論と三位一体的な統一態をなすもの」とされてい
る（注：廣松渉『廣松渉著作集』第2巻，弁証法の論理，岩波書店，1996年，11頁）．こ
れ以外の弁証法の見方は，様々な蓋然的な説明に終始していると考えられる
（注：多くの弁証法についての書籍は，弁証法が成り立つことを前提とした解説書となって
いる．たとえば，岩崎武雄『弁証法──その批判と展開──』東京大学出版会，1954年，
（ここでは，存在の弁証法，つまり，事象については弁証法は成立しないが，認識の弁証法
は成立する，とされている）．武谷三男『弁証法の諸問題』武谷三男著作集，1　勁草書房，
1968年．三浦つとむ『弁証法はどういう科学か』講談社現代新書，1968年．E. V. イリエン
コフ著，花崎皋平訳『資本論の弁証法』合同出版，1972年．中埜肇『弁証法──自由な思考
のために──』中央公論社，1973年．マーティン・ジェイ著，荒川幾男訳『弁証法的想像力
──フランクフルト学派と社会研究所の歴史1923-1950──』みすず書房，1975年，東京．
岩崎允胤『人間と社会の弁証法──社会科学の認識論──』梓出版社，1984年．山口祐『ヘ
ーゲル哲学の思惟方法──弁証法の根源と課題──』学術出版会，2007年）．

　そこでまず弁証法という言葉につき見ておこう．まず，弁証とは「弁論によ
って論証すること．また，弁別して証明すること．経験によらず，概念の分析
によって研究すること（注：新村出編『広辞苑』，第6版，岩波書店，2008年，2544
頁．）」とされている．また，弁証法（dialectic. Dialektik とは「問答あるいは対話の技
術を意味するギリシャ語，dialektikē-technē）に由来する（注：廣松渉ほか編『岩波哲
学・思想事典』岩波書店，1998年，東京，1462頁）．」．一方，ディアレクティケー
（dialektikē）とは，「プラトン哲学においては（中略）対話を通して哲学的探求を
行う，という方法を意味する（注：同書，1101頁．なお，プラトンは，「ひとが哲学的
な対話・問答によって，いかなる感覚にも頼ることなく，ただ言論（理）を用いて，まさに
それぞれであるところのものへと前進しようとつとめ，最後にまさに〈善〉であるところの
もの自体を，知性的思惟のはたらきだけによって直接把握するまで退転することがないなら
ば，そのときひとは，思惟される世界（可知界）の究極に至ることになる．それは，先の場
合にわれわれの比喩で語られた人が，目に見える世界（可視界）の究極に至るのと対応する

わけだ」（プラトン著，藤沢令夫訳『国家』（下），岩波文庫，2008 年改版，158 頁）と述べ
ている）」とされている．なお，アリストテレスは，「真なる原理に基づく〈論
証（apodeixis）〉と対比し，蓋然的ないし常識的な前提に基づく推論と規定して
いる（注：廣松編同書，1101 頁．なお，アリストテレスは「分析論前書」で「弁証」を
「前提は，矛盾対立の二命題を問うこと」と定義づけている（アリストテレス著，今井知正・
河谷淳・高橋久一郎訳「分析論前書，分析論後書」『アリストテレス全集』2，2014 年，18
頁）．またアリストテレスは『弁論術』において（アリストテレス著，戸塚七郎訳『弁論術』
岩波文庫，1992 年），「弁証術においては，証明方法の一つは帰納であり，もう一つは推論」
であるとし（同書，34 頁），「多数の同じような事例に基づいて或ることを事実そのようであ
ると証明すること」が帰納であるとする（同書，35 頁）．「他方，或るいくつかの命題があり，
それらが普遍的に，もしくはほとんどの場合に真であることから，他の命題をそれらから，
それらとは別に，結論として導き出すことは，弁証術においては推論と呼ばれ」る（同書，
35 頁）．一方，弁論術における例証は，弁証術の帰納に当たり，説得推論は推論に，そして
見せかけの説得推論は見せかけの推論に当たる（同書，34 頁）」としている．このように，
正当な議論を弁証術，議論に勝つためには詭弁を弄する議論を弁論術と呼んでいるのである．

　なお，ヘーゲルはカントを乗り越えた，としていたというが，ではカントの弁証論とはど
のようなものであったのであろう．カントは『純粋理性批判』において，様々な用語を使用
しているが，弁証論（カントの場合，ヘーゲルと区別するため弁証法ではなく弁証論と訳さ
れる）についても触れている．ただ，新しい用語についてさえ肝腎の定義についてはアリス
トテレスとは違いほとんど示されない．結果，文意を正確に把握することが困難となってし
まっている．それはともかく，弁証論についてカントは「弁証論は彼ら（ギリシャのソフィ
スト達）にあっては仮象（偽り・誤り）の論理学にほかならなかった（中略）詭弁術であっ
た（カント著，篠田英雄訳『純粋理性批判　上』岩波文庫，1961 年，133 頁）．」としており，
これはアリストテレスの「弁論術」と似た意味合いに解釈され得る．また，純粋理性の思惟
では，経験に裏打ちされないとアンチノミー（二律背反）を必然的に生ぜざるを得ず，こう
した仮象は先験的弁証論によって捜し出し，論理的弁証論で是正する，としているのである
（カント著，篠田英雄訳『純粋理性批判　中』岩波文庫，1961 年，16，90 頁）．よって，論
理的弁証論はアリストテレスの「弁証術」に似通っているように見えるのである．このよう
に，カントの弁証論はアリストテレスの考えに近いと思われる．

　ところで，弁証法につき次のような解説があるが，はたして充分な検討を加えた上での解
説なのか，つい疑問に思ってしまうのである．

　「自然，社会，そして思考をふくむ，もっとも一般的な法則にかんする科学であり，実践

にとっての方法である．（中略）弁証法は精神の発展法則として，これが全世界を支配する
のではなく，物質世界における発展法則であり，これを基礎にして思考の発展法則もなりた
つとする．それは，自然，社会そして思考にわたるもっとも一般的法則なのである．したが
って，このことから一方には客観的弁証法，他方には主観的弁証法という二つが区分される．
前者は客観的実在そのもののもつ一般的な運動，その構造，および発展にかんする法則であ
り，後者はこの客観的弁証法が人間の意欲，思考へ反映したものであり，これは人間の弁証
法的思考方法および実践方法となって客観世界にたいして正しく対処するためのみちびきと
なるものである．唯物論的弁証法は，まず，すべての客観的事物の相互の関連，相互規定が
あること，およびそれらの事物が不断に変化し，かつ発展していることをみとめるところか
ら出発する．そこに運動の原因をしめす法則（対立物の統一と闘争），それの構造をしめす
法則（量的変化から質的変化への移行変化），および，発展にかんする法則（否定の否定）
という三つの原則がなりたち，そのもとには，本質と現象，内容と形式，現実性と可能性，
必然性と偶然性，普遍と特殊などというカテゴリーによって補充される．主観的弁証法の理
論は認識論としてあつかわれ，そこには実践と認識（理論）抽象的と具体的・絶対的真理と
相対的真理などの関連，その間の発展関係が明らかにされる．弁証法のこれらの理論はまた，
方法の役を果たすものであり，主観的弁証法が，その認識論で明らかにされる認織の発展に
もとづいて，客観的弁証法の論法則ならびに諸力テゴリーをとらえそれを運用することで，
科学研究においても社会活動においても，実践をみちびくのである（古在由重企画『哲学辞
典』青木書店，1971年，433頁））」としている．

　このように，弁証法とは何か，の源流をみれば，古代ギリシャでは「対話・
問答法」として，プラトンやアリストテレスの考えに示されるように問題とす
る目的のテーマを，対話・問答を通して共同的に内容を深める手段，という意
味内容であったと考えられる．

2）今日のヘーゲル評価

　ところで，今日ヘーゲルについてはどのような評価がなされているのであろ
う．この点，加藤尚武氏の論評をみておこう．以下は総て加藤尚武責任編集
『哲学の歴史─7　理性の劇場，18～19世紀，カントとドイツ観念論』中央公
論社，2007年によっている（注：加藤尚武責任編集『哲学の歴史─7　理性の劇場，
18～19世紀，カントとドイツ観念論』中央公論新社，2007年）．

　加藤氏はまず次のように論の前提を示される．「ヘーゲルの自筆原稿と学生
のノートが公刊されるようになってわかったのは，ヘーゲルの自筆原稿の完成

度が非常に低いと言うことである．1821 年の『宗教哲学講義』はほとんど走り書きという程度であるが，どうしてこれほどひどい文章を書かねばならなかったのか，想像に苦しむ」とされ（注：同書，445 頁），よって，そもそもがヘーゲル（1770〜1831）が死んで以後，弟子たちが「ヘーゲル哲学こそ西洋哲学史の頂点である」と説明してきた枠組みがあったからではないかとされるのである．そして，「日本でもそういう枠組が受け入れられてきた」とされ，「ドイツのカントがイギリスのヒュームを乗り越えたのだから，カント以降の哲学の発展の跡，すなわち「ドイツ観念論」の跡を追うべきだという戦略的軌道に日本の哲学研究は乗っていった．クノー・フィッシャーやユーバーヴェークの哲学史がすでにでき上っていたということが，日本の西洋哲学研究を定めてしまった（注：同書，356 頁．)」とされる．さらに「ヘーゲルを克服しようとしたマルクスも「哲学はヘーゲルで完成した．しかし俺はそのヘーゲルより上手をいっているんだ」という考えだったので，マルクス主義者もヘーゲルを「西洋哲学史の頂点」と見る見方に加担した．さらに実存主義の立場の人々は「理性主義の哲学はヘーゲルで完成した」という考え方を出したので，結局，ヘーゲルで何かが完成したという見方が幅広く支持されてきた．いまの私たちの知識で見ると，ヘーゲルで完成している哲学思想はない（注：同書，356-357 頁)」．とするなら，マルクスやエンゲルスは，共産主義が必然であるというロジックに，弁証法を利用したのではないか，つまり，弁証法を都合よく解釈して利用したのではないかと疑われるのである．ともかく，加藤氏はさらに，「もう一つのヘーゲル像は，ヘーゲルの著作によって作られている．弟子たちは大哲学者というヘーゲルのイメージを作り上げるために，20 巻（岩波書店の翻訳本では 31 巻：筆者）の巨大な全集を作った（『ヘーゲル全集』全 31 巻，岩波書店）．そのなかでヘーゲルが自分で書き上げた部分は非常に少ない．弟子たちが，ヘーゲルの講義録を編集して，巨大な体系が完成しているかのようなイメージを作り上げた（注：同書，357 頁)」．「ズーアカンプ版著作集だと，12 巻までがヘーゲルの自筆の著作で，後の 8 巻が弟子たちの編集本である．しかし，ヘーゲル自筆本の中にも，弟子たちの編纂した講義録が補遺として挿入されている．今日では，ヘーゲルが自分で書いたものだけをもとにしてヘーゲルの思想を組み立て直す作業が続けられている（注：同書，357 頁)」，とされている．

　そして，「『精神現象学』にあたってみたとする．その文章はここに引用したものほどひどくはないが，ヘーゲルが丹念に一字一句を吟味して書いた文章で

はない．（中略）ひどい殴り書きなのである（注：同書，447-448頁.）」．「『大論理学』全三冊はヘーゲルが綿密に書き込んだ著作ではないだろうかと思うかもしれないが，この文章もひどい．書店との契約が頁数が多いとヘーゲルの収入が増えるという内容だったので新婚生活を送っていたヘーゲルは無理な増量をした（注：同書，448頁）」．そして，ヘーゲルの原典と翻訳において『大論理学』につき，「寺沢恒信氏は，『大論理学』の中に完成度の高い思索が潜んでいるという期待をもって翻訳に取りかかったのだが，翻訳が完成すると同時に思想的な絶望に陥られたのではないかと筆者は推測している（注：同書，671頁）」，とさえ述べられているのである．「『法の哲学』（1820年）とエンチクロペディ」（初版1817年，2版1827年）はどうかというと，これらはこちらも講義要綱として書かれたもので，ヘーゲルは初めから口頭で説明を補足するというふれこみで書いているので，これらの書物がそのままでは論述がつながらないという点では定評がある．」「ヘーゲルの生前に出版された本は，『精神現象学』『大論理学』『エンチクロペディ』『法の哲学』など，他いくつかであって「ヘーゲルは非常に寡作な哲学者である．しかも，そのなかには完成度の高い作品は一つもない（注：同書，448頁）」，とされている．またヘーゲルは「どんな議論の場面でも，内的に整合的な建築物のような観念体系を作ってみせるということは一度もしていない」とされる．そして，「ヘーゲルの文章は，込み入った不思議な建築のように，細かな道路が張り巡らされている精密な構造になっているとか，エッシャーが描いたようなまっすぐに進んでいくともとのところに戻ってしまう回廊のようだとか，びっしりと概念の塑像で覆われたゴシック建築のようだとかと言うのは，すべてまったくの誤解である．ヘーゲルの文章を解読できない人が作り上げた想像の産物である（注：同書，449頁）」，とさえ述べられている．従って「せっかくのアイディアを何も完成しなかった哲学者というのが本当のヘーゲルの像ではないかと思う（注：同書，359-360頁）」とされるのである．

　では，ヘーゲルが思いついた未完成の「弁証法」なる変化の仕方について，後の人々はそれを完成させた上で使用しているのであろうか．そうとは思えない．演繹によって秩序立て，論証された書籍に出会ったことはない．あったとしても，広くは知られていないのではないかと考えられるのである（注：ところで，こうしたヘーゲル批判は，既にK.ポパーによって詳細になされているところである．ここで，ポパーの主な批判の内容について，若干見ておこう．

　まず，『推測と反駁』（ポパー著，藤本隆志・石垣壽郎・森博訳『推測と反駁』法政大学出版局，2009 年）において，「ヘーゲルの弁証法は，あるもの―とりわけ人間の思考―がテーゼ，アンチテーゼ，ジンテーゼという弁証法的三幅対と呼ばれるものによって特徴づけられる仕方で発展すると主張する理論である」（同書，580 頁）と規定した上で，これが「観念や理論の発展および観念や理論にもとづく社会的運動の発展をかなりうまく叙述している」（同書，581 頁）としたうえで，「テーゼがアンチテーゼを「生み出す」という弁証法的いい方」（同書，583 頁）は誤りであって，「実際には，われわれの批判的態度だけがアンチテーゼを生み出す」（同書，583 頁）と批判している．この批判は，観念が独りでに自己展開はしないという，ごく当たり前の指摘がなされているのである．また，「弁証法論者たちは（中略）矛盾律を放棄することにより（中略）弁証法が新しい論理学――弁証法的論理学――になる」との主張は，「いささかの根拠もない」（同書，585 頁）とし，矛盾が進歩に貢献するとしても，あくまでも「矛盾を決して容認しない」（同書，586 頁）ことが前提であるとする．このように，的確な批判を加えているのである．

　また，『自由社会の哲学とその論敵』（K. ポパー著，武田弘道訳『自由社会の哲学とその論敵』泉屋書店，1963 年．なお，「自由社会」は一般的には「開かれた社会」と訳されている）においてポパーは，「問題はヘーゲルが自分の霊感的な隠語の催眠にかかって「自分で目がくらんでいるのか，それともかれが大胆にも他人を欺き化（ば）かしにかかっているのか，である．わたくしはその後者だと納得がいく」（同書，31-32 頁）「ヘーゲルには仲の良い友人シェリング（中略）の方法，それはとりもなおさず，あのこけ威しの厚顔しい方法（中略）の真似をした，というよりはそれに輪をかけたことをした」（同書，32 頁）とし，ヘーゲルの『自然哲学』の一文を示して「音は物質部分間の特定的と乖離とその否定との交換交替であり，単に，こういう種的存在の「抽象的」，いわば観念的な「同一性」にすぎない．（中略）発音体の発熱は，打撃されたまに擦り合わされた物体の発熱の如く，概念上は，音響と共に発生する熱現象である」（同書，31 頁）という「音と熱との関係につき発見した，目を丸くするような内容」だとし，全くの誤りだ，と指摘している．よって「ヘーゲルが大袈裟で韜晦的（とうかいてき＝くらます）な有難いお題目をあまり真面目にとることは思い止まるよう」にと警告すらしているのである（同書，31 頁））．

3）ヘーゲル弁証法の成り立ち

　ところで，ヘーゲルはどのような思考過程をへて「弁証法」を提言したのであろう．その経過については，加藤尚武氏が詳細に分析されている．以下は，加藤尚武氏の論旨の要約である（但し，（　）は筆者の補足部分である（注：加藤尚武

「ヘーゲル」，加藤尚武責任編集『哲学の歴史―7　理性の劇場，18〜19世紀，カントとドイツ観念論』中央公論新社，2007 年，394-412 頁)).

　「ヘーゲルは自然と人倫＝人間を比較すると，人倫が優れているとする．何故なら，自然を代表する太陽と惑星の存在は不統一，つまり，両者は個別に存在するが，人間は，国家と個人が一体として存在しているから（なぜなら，個人は単独では生きていけない)，より統一された存在となっているからである．また，人間は自己自身を直視出来る存在であり，直視するのは精神がなすのであるから，よって精神が自然よりも優れていると言える．この時，精神は常に自己展開を行っているのである．しかも，自己展開できるのは精神を構成する各要素が，より有機性＝関係性が深いからである．そして，精神でも自然でもない理念（絶対的実在）が，論理（つまり，思考の形式（内容でなく，外から認められるもの，姿＝みかけの姿)，法則（一定の条件下で成立する関係)）という形式の自己展開を遂げると，そこから自然と精神が現れてくる」．この「論理が自己展開する仕方」を『弁証法』と名付ける．

　ここで，真なるものはただ弁証法的運動，すなわち，この自己自身を算出し前進する自己内還帰（本質中の本質を確認すること）の歩みだけである．なお，「命題自身の弁証法的運動」というのは，命題という形式（前出）が否定されることで，命題の中に含まれていた真実＝本質が明らかとなるような運動，という意味である．よって，「弁証法的運動こそが，自然，精神の本質を掘り起こしてゆく手段である」という一連の思考過程で導き出されたのである，とされている．ただ，加藤尚武氏は弁証法の基本運動である「自己内還帰＝自己展開」については触れられているが，「対立物への移行」については詳しくは触れておられないようである．

　さらに，加藤尚武氏はヘーゲルの初期の「「自然法論文」(1802 年）という論文は，いろいろ調べていくと，ヘーゲルのさまざまな発想法はだいたいこの論文に遡っていくことができるので，実際にヘーゲル哲学の成立の場面はここであると言ってもよい（注：同書，377-378 頁，なお，「自然法論文」とは，G. W. F. ヘーゲル著，松富弘志ほか訳『近代自然法批判』世界書院，1995 年，のことである)」とされている．そこで，弁証法に関連すると思われる箇所を，示しておこう．

　「絶対的な全体存在は自分の各勢位のなかに必然性として留まり，各勢位を踏まえて自分を全体存在として生み出し，この全体存在において先行の諸勢位を反復すると共に後続する諸勢位を先取りもする」．「自然は，なるほどある一

定の形態の内部では一様な運動によって，とはいっても機械的に単調な運動に
よってではなく，一様な速さの運動によって進展する．けれども，だがしかし
それは，獲得したある新しい形態をも享受する．すなわち自然は新しい形態の
なかにとび込むと共に，そこに留まりもする．爆弾は〔爆発して〕衝激の頂点
に達し，次いでこの頂点に一瞬休らうし，あるいは熱せられた金属は蝋のよう
に柔らかになるのではなく，突然融解し，そしてその状態に留まる．というの
も現象は絶対的に対立するものへの移行であり，したがって無限的であって，
無限性からあるいは対立するものが無い状態から対立するものがこのように出
現することは飛躍だからであり，それにまた新しく生まれた力を持った形態と
いう現実存在は，この形態がほかのものに対する自分の関係を意識する前は，
まず第一にそれ自身単独で存在するからである．それと同様にまた成長する個
体存在も，それが次第に否定的なものに対し自分を開き，そして突然破滅的に
自分が没落するまでは，そうした飛躍の喜びを味わいもし，またみずからの新
しい形式を享受し続けもするのである（注：G. W. F. ヘーゲル著，松富弘志ほか訳
『近代自然法批判』世界書院，1995 年，106-107 頁）」．このように，現象は内部の運動
により絶対的に対立するものへと移行する，と主張するのである．

　それでは，この考え，つまり「現象は内部の運動による」および「絶対的に
対立するものへの移行」は，ヘーゲル自身が独自の思惟により，思い至ったも
のなのだろうか．実は，この考えは，プラトンの「対話を通して哲学的探究を
おこなう」という考えの（191-192 頁参照），具体的展開としての「線分の比喩」
で語られた内容を土台として，そこに，ライプニッツとヘラクレイトスの考え
方を付け加えることで成り立っているのではないか，つまり，この三者の考え
から，多くを引き継ぐことで生まれたのではないかと考えられるのである．ま
ず，プラトンの線分の比喩では「すなわちそれは，理（ことわり，ロゴス）がそ
れ自身で，問答（対話）の力によって把握するところのものであって，この場
合，理はさまざまの仮設〔ヒュポテシス〕を絶対的始原とすることなく，文字ど
おり〈下に〔ヒュポ〕置かれたもの〔テシス〕〉となし，いわば踏み台として，
また躍動のための拠り所として取り扱いつつ，それによってついに，もはや仮
設ではないものにまで至り，万有の始原に到達することになる．そしていった
んその始原を把握したうえで，こんどは逆に，始原に連絡し続くものをつぎつ
ぎと触れたどりながら，最後の結末に至るまで下降して行くのであるが，その
際，およそ感覚されるものを補助的に用いることはいっさいなく，ただ〈実

相〉そのものだけを用いて，〈実相〉を通って〈実相〉へと動き，そして最後に〈実相〉において終わるのだ（注：プラトン著，藤沢令夫訳『国家』（下），岩波文庫，2008 年改版，100-101 頁）.」とされており，問答によって，いま問題として取り上げられて対象になっている理，つまり概念が，より高次の理解に至るまでの状況が示されている．従って，ここではあくまで対話により，つまり人間がその理解を高めているのである．しかし，ヘーゲルは「概念自身が自身の力で高次のものへと変化する」とする．この「内部の運動」については，ライプニッツの主張に依拠しているのではと，考えられる．ライプニッツの『モナドロジー』によれば，森羅万象の要素として「モナド」という単一な実体を想定し，「モナドは，発生も終焉も，かならず一挙におこなわれる（注：ライプニッツ著，清水富雄・竹田篤司・飯塚勝久訳『モナドロジー・形而上学叙説』中央公論新社，2005 年，4 頁.）」.「モナドの自然的変化は内的な原理からきている（注：同書，6 頁）」，としており，自己展開の考えが既に示されているのである．さらに，「一つの表象から他の表象へ，変化や移行をひき起こす内的原理のはたらきを，名づけて欲求という（注：同書，7 頁）」ともしており，「欲求」が「止揚」のヒントとなったのではと，推測されるのである．なお，ライプニッツは「思考の働きは，二つの大きな原理がもとになっている．一つは矛盾の原理」「もう一つの原理は，充分な理由の原理である（充足理由律（注：同書，13 頁））」としており，ライプニッツの考え方では，矛盾は否定されていたのである．ただ，モナドのような単一体の考えは既にギリシャ時代から存し，レウキッポスは「分割できない物体［アトム］群が思慮の働きを欠いた偶然的な運動を受け取り，絶え間なくしかもきわめて高速に運動しつづける」と述べていたと，アエティオスが語っている（注：内山勝利編『ソクラテス以前哲学者断片集』第Ⅱ分冊，岩波書店，1997 年，2008 年，第 3 刷，53 頁）.

　一方，ヘーゲルでは現象の変化は，「絶対的に対立するものへの移行」であるとされている．実は，この考えもギリシャ哲学，特にヘラクレイトスの考えを引き継いだに過ぎないと思われる．ヘーゲルは，『哲学史』において，パルメニデス，ゼノン，ヘラクレイトスが弁証法につき語っていたとして解説しているが（注：ヘーゲル著，武市健人訳『改訳・哲学史』上巻，（『ヘーゲル全集』―11，岩波書店），1934 年，322-334，338-385 頁）），パルメニデスの主要な主張は，「あるものは多ではなく一だ」というもので（注：内山勝利編『ソクラテス以前哲学者断片集』第Ⅱ分冊，岩波書店，1997 年，2008 年，第 3 刷，52-53 頁），ゼノアは，アキレス

と亀や，静止する矢など，計四つのパラドックスを提示している（注：内山勝利編『ソクラテス以前哲学者断片集』第Ⅱ分冊，岩波書店，1997年，2008年，116-119頁）．一方，ヘーゲル自身が「ヘラクレイトスの命題で，私の論理学の中にとりいれられなかったものはないのである（注：ヘーゲル著，武市健人訳『改訳・哲学史』上巻，（『ヘーゲル全集』―11，岩波書店），1934年，362頁）」としていることから，ヘラクレイトスの考えを取り入れたことは明らかである．

　それでは，ヘラクレイトスはどのような主張をしていたのであろう．内山勝利編『ソクラテス以前哲学者断片集』第Ⅰ分冊，岩波書店，1996年，2008年，第5刷，第22章，ヘラクレイトス，によって，それを知ることができる．彼は次のようなことを述べる．

　「存在するものは，相反する方向への変化を通じて調和している（注：同書，286頁）」．

　「あるものは多であるとともに一であ」る（注：同書，297頁）．

　「われわれは存在しているし，また存在していない（注：同書，322頁）」．

　「上り道と下り道は同じ一つのものである（注：同書，326頁）．

　「海水はとてもきれいで，とても汚い（注：同書，327頁）」．

　「同じ川に二度入ることはできない（注：同書，335頁）」．

　「すべては同じであり，同じでない（注：同書，351頁）」．

などである．ただし，坂道と同じ川の例は納得できるが，それ以外各々につき納得できる根拠の説明はなく，単にそのように述べているだけに過ぎない．

　ところで，ヘーゲルは『哲学史』でさらに次のようにのべる．「単純なもの，或いは或る音の繰り返しはなんらの調和でもない．調和はまさに絶対的な生成であって，単なる変化ではないから，調和にはまさに区別，規定的な対立が必要である．本質的なことは，各々特殊な音が互いに異なること，しかし抽象的に或る他者から異なるというのではなく，自己の他者から異なるということ，従ってその意味では両者は一つのものであり得るということである．各々の特殊的なもの（＝個別的なもの）は，自己の反対者が即自に自己の概念の中に含まれているかぎりでのみあるものである．主観性はそれ故に客観性の他者である（注：ヘーゲル著，武市健人訳『改訳・哲学史』上巻，（『ヘーゲル全集』―11，岩波書店），1934年，369頁）」．「各々のものは「自己の他者としての他者の他者」であるが故に，まさに両者の同一性があり得るのである．これこそヘラクレイトスの偉大な原理である．それは不可解に見えるかも知れないが，それこそ思弁的なも

のである．だから，これは有と非有，主観的なものと客観的なもの，実在的な
ものと観念的なもの，あくまでも独立なものと考える悟性に対しては常に難題
であり，不可解である（注：同書，369-370 頁）」．

　従って，ヘーゲルは即自としての自己がその反対のものを含むとしているの
は，単にヘラクレイトスがそう語っているからだ，としているだけで，ヘーゲ
ル自身がそれにつき論理的に明らかにした上でそう考えたのではないことがこ
の一文からわかる．勿論，ヘラクレイトス自身も説明はしていない．ここに，
ヘーゲルの論の誤りの根本が存すると考えられる．つまり，単なるドグマとし
ての見解を，あたかも真理そのものであると誤解したのでは，ということであ
る．このドグマを「真理」として証明しない限り，弁証法は成り立たないであ
ろう．

4）ヘーゲル弁証法の内容

　ここでヘーゲル自身の弁証法についての考え方をみておこう．なぜなら，ヘ
ーゲル以外の後の人々が独自の解釈を，ヘーゲルの弁証法に付加していると思
われるから，彼の考えはどのような内容なのかを，まず明確にしておく必要が
あるからである．弁証法の内容の主たるものについては，『大論理学』の最初
の部分と最後の部分，および，『エンチクロペディ』の『小論理学』で示され
ていると考えられる．そこで，まず，『大論理学』の頭の部分から見ていこう．
　ヘーゲルは，弁証法の基本を「高次の理性的運動をわれわれは弁証法と名づ
ける」としている（注：ヘーゲル著，武市健人訳『改訳・大論理学』上巻の一，（『ヘー
ゲル全集』─6a，岩波書店），1956 年，111 頁．なお，ヘーゲルは理性を「精神である」と
し（同書，5 頁），また，「理性的なものは推論である（ヘーゲル著，武市健人訳『改訳・大
論理学』下巻，（『ヘーゲル全集』─8，岩波書店），1961 年，128 頁）」とする．よって，こ
こでは弁証法とは「人間の思惟での弁証法的な思考過程」と言う意味となるであろう．ところ
が，他方でヘーゲルは加藤氏が指摘されるように「論理の自己展開」を主張するのである．
『大論理学』中巻において，矛盾は解消されるとして，「積極者と消極者という矛盾する存在
は，各々自己否定によって，自己同一的である本質の統一がなされる」（ヘーゲル著，武市
健人訳『改訳・大論理学』中巻，（『ヘーゲル全集』─7，岩波書店），1960 年，66，68-70
頁）として，矛盾として存在するものが，各々が自己自身で止揚して本質が統一された存在
となる，つまり，矛盾は解消されるとしているのである．つまり，一方で弁証法的な思考過
程を行うのは人間の思惟だ，としながら，他方で矛盾する概念がひとりでに自己展開して矛

盾を解消するとしているのである．とするなら，これは，二律背反ではないだろうか．ヘー
ゲルはこれ以外にも「本質の統一の説明」において，同様な相反する説明を行うのである
（後述）．また，見田石介氏も，ヘーゲルの量と質の論は前後撞着だと指摘されている．だが
氏は，「弁証法的展開では，こうした前後撞着がどうしても必然なのです．」と，弁証法的な
観点からは，矛盾も許される，とされているようによみとれるのである（ヘーゲル論理学研
究会編『見田石介──ヘーゲル大論理学研究』第1巻，大月書店，1979年，269頁））．そ
して，『大論理学』の頭の部分では「有，定有，向自有（同じ内容をヘーゲルは，
即自，対自，即且対自という語でも示し，分析の多くで用いている．）」という概念の運
動が語られている（向自有が最高の形態）．ただ見田氏は，弁証法とは存在物の認
識の仕方が示されているのである，と指摘される（注：ヘーゲル論理学研究会編
『見田石介──ヘーゲル大論理学研究』第1巻，大月書店，1979年）．ヘーゲルは定有に
つき「規定された有である」とし（注：ヘーゲル著，武市健人訳『改訳・大論理学』
上巻の一，（『ヘーゲル全集』─6a，岩波書店），1956年，117頁），ここで，有の「或る
物はその質の点で他の物に対立するのであり，（中略）この有限的な或る物に対
立するものとして最初に現れるこの或る物の否定は無限者（中略）である．そ
こで次に，この有限者と無限者という二つの規定が最初にとる抽象的な対立は，
対立のない無限性に，即ち向自有の中に解消する．」とする（注：同書，117頁）．
また，「有と無はその統一である定有の中では，もはや有と無としてはない
（注：同書，134頁）」ともする．

　次いで，「質的な有は向自有の中で完成する．向自有は無限的な有である．
始元の有は没規定的であった．これに対して定有は止揚（ヘーゲルは，止揚の概
念を「止揚という言葉の中には二重の意味があり，「保存する」「維持する」という意味が含
まれているとともに，同時にまた「止めさせる」「終らせる」という意味がある（注：同書，
115頁）．」としている．）された有であったので，「定有はまずただ最初の，それ
自身直接的な否定を含むにとどまる（注：同書，189頁）」，「向自有においては，
（中略）有限性の中で否定は無限性に，即ち措定された否定の否定に推移したの
であったから，この否定はいまや単純な自己関係となり，それ故にその否定自
身の中で有との和解となる．即ちそれは絶対的な規定有となる（注：同書，189
頁）．」，とする．

　つまり，弁証法的には存在物は有と無を統一的に内包し，今，有が否定（＝
止揚）されると無が現れる．さらに，無が否定されると有無が融和された，つ
まり，矛盾が解消された＝より理解が深められた，有となる．つまり一般的に

は，このように概念の理解が変化＝進化するのである，とするのである．

　なお，『大論理学』の冒頭では「有，無，成」という弁証法の成り立ちの説明がなされる．ここでは，有と無の統一が述べられ，それを成と称する，とする．弁証法的分析の前提たる「事物がその反対極の性質を内包する」ことの証明が説明される（注：同書，78-79 頁）．

　このあと，一者と多者の論や（注：同書，211-213 頁），質から量への推移についての論（注：同書，220 頁）が展開されるが，全てヘーゲルの独自の主張を延々と述べたに過ぎず，何らの論理的な真理が展開されているとは見なし得ない．

　このうち，一者多者の論や質から量への転換について，見田氏は「ヘーゲルのごまかし」として批判されている．見田氏は「ヘーゲルは「一者は自分自身のうちに区別を含まないもの」」とするが，「自分自身のうちに区別をふくまないような，そんな抽象はありえないことは，ヘーゲルが一番強調する」として，批判される（注：ヘーゲル論理学研究会編『見田石介──ヘーゲル大論理学研究──』第 1 巻，大月書店，1979 年，268-272 頁）．

　ところで，見田氏のヘーゲルの論のこの箇所の理解は次のようなものである．「一というのは他者を自分から排除する，その他者もじつは一だ，」「それで一は二に，多になります．そして反発ということをいいます．」「他者を反発することこそ，他者と関係をもっていることだ」「だから，これはまた一つであると，一に牽引することだ（注：同書，269 頁）」．「反発が牽引になり一が多に，多が一になる．こうして量へ，純粋の量へ行くわけです．一が多を反発し，多が一へ牽引されると，そこに一つの，まったく質のない，質的限界のない量の世界，こういうものが出現するのですが，こうして一が多になるわけです（注：同書，269-270 頁）」．「量の一番典型的なものは数ですが，数というものは，単位と集合数，（中略）その単位というのが一です．その一が反発し，牽引したものが，集合数になるわけです．こういうぐあいにして，量へうつってゆきます．これが量へのうつりかたです（注：同書，270 頁）．」というのが，見田氏の理解である．まさに，一つの解釈ではある．ただ，ここでの論で，ヘーゲルが一を存在の基礎としていたのは，「パルメニデス」の主張を引き継いだだけと思われる（注：プラトンの『パルメニデス』では，「それは多ではなくて，一でなくてはならない」としている（山本光雄編『プラトン全集』2「パルメニデス」角川書店，1974 年，459 頁））．一方，プラトンの『パルメニデス』の最後には「一があるにせよ，あら

ぬにせよ，一自身も，他のものどもも自分自身の関係においても，互いの関係においても，どうも，あらゆるふうに凡てのものであるし，凡てのものであらぬし，また凡てのものであるようにみえもし，見えもしないようだ（注：同書，556頁）」と締めくくっている．つまり，「一は多との関係で一を認識できるが，これは，あらゆる他の事象にも当てはまる．よって，あらゆることの認識が，曖昧模糊な状態にあると言えることとなる．これが現実世界である．」としていると考えられるのである．ただ，パルメニデスの論は既にエウデモスによって批判されており，「パルメニデスのいう「あるもの」の対象が，その時々で異なるから，「あるものは一である」ことを証明しているとは言えない」と論破している（注：内山勝利編『ソクラテス以前哲学者断片集』第Ⅱ分冊，岩波書店，1997年，2008年，第3刷，61頁）．

　ここに，ヘーゲルの誤りが存したと，考えられる．ここでもまさにパルメニデスの誤りを正すことなく，自身の論に取りいれてしまったことにこそ，問題が存したのである．見田氏は「ヘーゲルは，まず概念上の本性をつかむ」，と彼を評価し，「或るものは他のものである，他のものも或るものである，だから或るものは他のものとはひとしいと，こういうことを最初にいいました（注：見田氏，前掲書，270頁）．」とされるのである．しかし，まず概念上の本性をつかむことは重要だとしても，肝心のつかんだ本性が的外れであったなら，それ以下の論は到底正しいとはいえないだろう．

　ともかく，見田氏はここからさらに「有論全体をみますと，」「質と量とは非常に関連していて，量的なものをある程度，変化させますと，はじめは質にかかわりないけれども，やがて質的な変化をきたす．（中略）マルクスが，ヘーゲルの発見した法則であると，そういっています．」とされ，他方でヘーゲルは「それが変化してもそのものの規定性に影響しないもの，その変化がそのものの質に影響しないもの，そういうものが量なのだ，というのです．」ともされ，この論は前後撞着だが，「弁証法的展開では，こうした前後撞着がどうしても必然なのです（注：同書，270-271頁）」と，弁証法的な観点からは，矛盾も許される，とされているように読み取れる．しかし，量から質への転化の事例として示されたものは，到底認められるものではない．たとえば，水が氷になったり水蒸気になったりする事例では，水の内部の要因が変化をひき起こすのではなく，熱量という外部から与えられた要因によって固体や気体に変化せしめられている事例に過ぎない．これは，明らかに「存在の自己展開」という弁証法

的理解の基本とは異なる現象である（注：ヘーゲル著，松村一人訳『改訳・小論理学』上巻，岩波文庫，昭和 51 年 1951 年，326 頁）．また，これが法則であるとするなら，あらゆるものに適用されねばならないが，井尻正二氏も指摘されるように，量的変化が存さなくとも質的に異なる化学物質が存することを明らかにされている（注：井尻正二『弁証法をどう学ぶか』大月書店，1991 年，16-17 頁．ブタンとイソブタンは分子量は C4H10 で同じだが，分子式は異なり性質も異なる．）．よって，この弁証法的な法則なるものも，今一度吟味する必要があるだろう．

　次に，『大論理学』の最後では，「絶対的理念」という項目で，弁証法が語られる．「始元となる具体的全体性は，（中略）それ自身の中に進行と発展との始元を持っている（注：ヘーゲル著，武市健人訳『改訳・大論理学』下巻，（『ヘーゲル全集』－ 8．岩波書店），1961 年，365 頁）．」とする．そのことによって，自己展開をするのである，ということであろう．しかし，単なる概念が独りでに意味合いを高めていくことなど，在るわけがない．あくまでそれを行うのは人間である．とするなら，自己展開が否定されたこととなるから，ここでも弁証法の成立は否定されてしまわざるを得ないこととなってしまう．また，「弁証法とその結果とは，その問題としている対象または主観的認識だけに係わるものであ」る（注：同書，368 頁），としているから，弁証法の基本が認識にあることが判明する．なお，『大論理学』の最後では，「純粋な概念としての論理学の中で，自分自身の最高の概念を見出すことになろうとするものなのである（注：同書，385 頁）」としているから，ここに弁証法の実践の帰結が読み取れると考えられるのである．

　なお有無の統一や，有，無，成の関係については，『小論理学』でも触れられている．まず，「純粋な有【あるということ】がはじめをなす．なぜなら，それは純粋な思想であるとともに，無規定で単純な直接態であるからであり，第一のはじめというものは媒介されたものでも，それ以上規定されたものでもありえないからである（注：ヘーゲル著，松村一人訳『小論理学』上巻，岩波文庫，昭和 26 年 1951 年，261-300 頁）」．しかし，この純粋有の定義は，ヘーゲルが独自に主張したもので，それが事実として成立するか否かの証明は，果たして可能なのか甚だ疑問である．「純粋な有は純粋な抽象，したがって絶対に否定的なものであり，これは同様に直接的にとれば無である（注：同書，266 頁）」と，有無は等しいと述べられるが，抽象が何故否定的なのか，それが何故無と同じなのか，については，納得のいく説明はない．

　次に，「誰でも成の表象を持っており，また成が単一の表象であることを認めるであろう．更に，その表象を分析してみれば，それが有という規定のみならず，その正反対の無という規定をも含んでいることを認めるであろう．そして更に，この二つの規定が成という単一の表象のうちにあって不可分であること，したがって成は有と無との統一であることを認めるであろう（注：同書，272-273頁）」，とするが，ここでの論もただ「そう考える」と言っているだけで，その論理的な説明はなにもなされていない．

　さらに「成は有および無の成果の真の表現であり，両者の統一である．」「定有はこれに反して自己のうちに動揺を持たぬ統一，あるいはそうした統一形式のうちにある成である．定有はそれゆえに一面的であり有限である．対立は消滅したように見え，それは統一のうちに即自的にのみ含まれていて，統一のうちに定立されていない（注：同書，274頁）」「有は無への移行であり，無は有への移行であるという命題，すなわち成の命題には，無からは何も生ぜず，或るものは或るものからのみ生ずるという命題，すなわち質量の永続性の命題，汎神論の命題が対立している．古代人は簡単に或るものは或るものから生じ，無から生じるものは無であるという命題は，事実成を不可能にしている，と考えた．というのはこの命題によれば，或るものがそこから生じてくるものと，生じてくる或るものとは全く同じものだからである．ここに見出されるものは抽象的な悟性的（対象を固定的にとらえ，他との区別に固執する思考能力（注：新村出編『広辞苑』第6版，岩波書店，2008年，1019頁）．）同一の命題にすぎない．しかし不思議なのは，人々が今日なお無からは何も生じないとか，或るものは或るものからのみ生じるというような命題を，それが汎神論（あらゆるものに神が宿り，一切万有は神であり，神と世界はとは本質的に同一であるとする宗教観，哲学観（注：同書，2319頁）．）の基礎をなしているということには少しも気づかず，また古代人がすでにこうした命題を考察しつくしているということも知らずに，平気で説いているということである（注：ヘーゲル『小論理学』274-275頁）．」同書，としている．しかし，古代人とはヘラクレイトスのことと思われるが，既に見たように，単に意見を述べただけに過ぎず，ヘラクレイトスは論の根拠は何も説明していない．よって，先述したようにヘーゲルは，ヘラクレイトスの主張を何の批判もなしに取り入れるという過ちを犯しているのである．

　さらに「定有」として，「成のうちにある，無と同一のものとしての有，および有と同一のものとしての無は，消滅するものに過ぎない．成は自己内の矛

盾によってくずれ，有と無が揚棄されている統一となる．かくしてその成果は定有である（注：同書，277頁）」．「否定的にみれば，変化させられるものは他のものであり，それは他のものの他のものになる．このようにして有が否定の否定として復活させられる．この有が向自有である（注：同書，289頁）」．「向自有は，自分自身への関係としては直接性であり，否定的なものの自分自身への関係としては向自有するもの，すなわち一者である．一者は自分自身のうちに区別を含まないもの，したがって他者を自己から排除するものである（注：同書，292頁）」．「量は，規定性がもはや有そのものと同一なものとしてでなく，揚棄されたものあるいは無関心なものとして定立されている純有である（注：同書，301頁）」としているが，ここでの論は，『大論理学』の論と，同様である．

　以上，ヘーゲルの弁証法に関わる説明部分を見てきたが，論の当初の箇所で誤りが存すると思われ，とするなら，ヘーゲルの提唱する弁証法なるものは根本的に成立し得ないこととなってしまうこととなる．ヘーゲルの立論を見ていこう．

　まず，「有，純粋有，それ以上の一切の規定をもたないもの．（中略）有は純粋の無規定性であり，空虚である（注：ヘーゲル著，武市健人訳『改訳・大論理学』上巻の一，（『ヘーゲル全集』―6a，岩波書店），1956年，78頁．なお，原文は「Sein, reines Sein, -ohne alle weitere Bestimmung. （中略）Es ist die reine Unbestimmtheit und Leere. （中略）Das Sein, das unbestimmte Unmittelbare ist in der Tat Nichts」（G. W. F. Hegel 『Wissenschaft der Logik』― I, Druck:Druckhaus Nomos, Sinzheim, Printed in Germany, Erste Auflage 1986 s82）である．）」．一方，「無，純粋無（中略）完全な空虚性であり，全くの没規定性と没内容性である（注：同書，78頁．なお原文は「Nichts, das reine Nichts （中略）vollkommene Leerheit, Bestimmun- und Inhaltslosigkeit;」（G. W. F. Hegel 『Wissenschaft der Logik』― I, Druck: Druckhaus Nomos, Sinzheim, Printed in Germany, Erste Auflage 1986 s83）である）」とする．よって「この意味で，無は純粋有と同一の規定であり，（中略）従って一般に純粋有と同一のものである」として，純粋有と純粋無は同じものだと主張するのである．つまり，有ではそこから無規定の純粋有を取り出し，無からは同じく無規定の純粋無を抽出し，よって純粋有も純粋無も無規定として同一であると論ずるのである．しかしながら，果たしてヘーゲルのこのような論の立て方は許されるのであろうか．

　そもそも，無既定と無既定という性質を両者が有するから，有と無が同一で

あるとみなせるのであろうか．あくまで，無規定という性質を両者が有するという点で同一であるというに過ぎない．有の本質と無の本質が等しいとは，言っていないのである．にもかかわらず，「本質が等しい」としているのである．もし言えるのなら，それを証明しなければならないだろう．またここで，有に何故純粋有が存在するのかにつき，説明は存しない（注：なお，姜尚暉（カン・サンフィ）氏は，「一方の有はただ単純に純粋直接有としてあるのに対して，他方の無はその純粋有の自己止揚によって媒介されて成立する純粋無であるからである．」（姜尚暉著『ヘーゲル大論理学精解』上巻，ミネルヴァ書房，1984 年，34-35 頁），「有は形式的には有であり，内容的には無であった．そして無は形式的には無であり，内容的には有であった．すなわち有は無との即自的な同一性であり，無は有との媒介された同一性であった．そこで「純粋有と純粋無とは全く同一のものである」（同書，35 頁）」と，有と無は同じであるとみなされる．しかし，この説明では，弁証法を前提にされているから，成り立たないと考えられる．なぜなら，証明すべき内容を使って証明したなら，その論は成立しないであろう）．無も，同様である．

　またヘーゲルは他の箇所で，「始元（純粋有）は方法の上から見るときは，単純なものであり，普遍的なものだという規定性以外の如何なる規定性をももたない．ところが，このことはそれ自身規定性なのであって」ともしており（注：ヘーゲル著，武市健人訳『改訳・大論理学』下巻，（『ヘーゲル全集』－8，岩波書店），1961 年，363 頁．なお，原文は「Der Anfang hat somit für die Methode keine andere Bestimmtheit als die, das Einfache und Allgemeine zu sein; dies ist selbst die Bestimmtheit.」（G. W. F. Hegel『Wissenschaft der Logik』－Ⅱ，Druck: Druckhaus Nomos, Sinzheim, Printed in Germany, Erste Auflage 1986 s554-555）である．），とするなら，先では「有は無規定な存在」としていたにもかかわらず，ここでは「有は規定された存在」としているのである．とすれば，規定された有と，完全なる空虚性という無のどこに共通点を見出すのか，そもそも有と無は異なってしまうから，弁証法的認識の前提たる反対極が統一された概念は存在しないこととなってしまう（注：現実的な論とは，対話の形式のことである．対話では，Aなる人がXなる主張を行い，次に，Bなる人がYなる反論を行い，この議論の経過を経て，XでもYでもないZというより優れた主張が成立することとなる．我々は，弁証法に寄らずともこのようにして思想内容を高めてきたのである．この点，シュライエルマッハーが言う弁証法は「対話によって諸学問を媒介する知の遂行術・生成術という性質をもっている．」と指摘されている（加藤尚武責任編集『哲学の歴史－7　理性の劇場，18〜19 世紀，カントとドイツ観念論』）中央公論

新社，2007 年，601 頁）．なお，弁証法的変化を示す言葉として，ヘーゲルは「有，無，成」「有，定有，向自有」「即自，対自（向自），即且対自」「普遍，特殊，個別」を使用している．一方，巷には，「正，反，合」という言葉が，あたかもヘーゲルが述べたかのように使用されている）．

5）エンゲルス・マルクスの弁証法理解

（1）エンゲルスの弁証法理解

　当初，エンゲルスはヘーゲルの弁証法を「この強力な，休むことのない思想の推進力は純粋思惟における人間の意識，普遍的なものの意識，ヘーゲルの神意識にほかならない.」と，高く評価しているのである．ただ，エンゲルスはこの時点では弁証法を「思想の推進力」という理解であったことがわかる（注：エンゲルス著，真下信一・宮本十蔵訳「シェリングと啓示――自由な哲学にたいする最近の反動的企画への批判――」大内兵衛監訳『エンゲルス初期著作集』（大内兵衛監訳『マルクス・エンゲルス全集』41 巻，大月書店，1973 年）235 頁）．

　のち，『自然の弁証法』では，彼は弁証法を「弁証法的法則が自然の現実の発展法則でありしたがって理論的な自然研究にとっても有効である（注：エンゲルス著，菅原仰訳『自然の弁証法』Ⅰ，大月書店，1970 年，66 頁.）」として弁証法の法則を「量から質への転化，またその逆の転化の法則」，「対立物の相互浸透の法則」，「否定の否定の法則」，という三法則であるとしている（注：同書，65 頁．なお，マルクス主義者は，弁証法の適用された例として，人間社会はもともと「原始共産制社会」であったが，弁証法的に見れば，よって，やがてより高度ないわゆる「共産主義社会」が到来するのは必然だ，と主張するのである．その根拠が，エンゲルスの弁証法の理解と彼の『家族，私有財産および国家の起源』での，「九　未開と文明」で記された，未開社会の低い段階での世帯が「いくつかの家族，しばしば多数の家族の共産主義的世帯である．共同でつくりまた利用する物は，共有財産である.」という一文によっているものと推察される（エンゲルス著，村田陽一訳『家族，私有財産および国家の起源』大内兵衛監訳『マルクス・エンゲルス全集』21 巻，大月書店，1971 年，159 頁）．勿論，エンゲルスもそのように考えたであろう．しかし，弁証法の実体をみれば，疑問を呈せざるを得ないし，また，原始共産制の実体も，全くの憶測に過ぎないことが読み取れ，こうした主張は，単なるドグマに過ぎないことが見えてくるのである）．

　さらに，「弁証法，いわゆる客観的弁証法は，自然全体を支配するものであり，またいわゆる主観的弁証法，弁証法的な思考は，自然のいたるところでそ

の真価を現しているところの，もろもろの対立における運動の反映にすぎない（注：エンゲルス著，菅原仰訳『自然の弁証法』II，大月書店，国民文庫，1970 年，286 頁）」とし，さらに「進歩は現存するものの否定として登場してくる（注：同書，287 頁）」，との解釈をも示している．よって，客観的弁証法では，自然全てが従う法則，という一歩進んだ弁証法の理解となっていることが解る．よってここに，現実社会の考えである共産主義が必然であるとする見方が生じたものと考えられる．また，「弁証法は，外部の世界および人間の思考の運動の一般的諸法則にかんする科学に還元されたのである（注：エンゲルス著，マルクス＝エンゲルス 8 巻選集翻訳委員会訳「ルートヴィヒ・フォイエルバッハとドイツ古典哲学」，マルクス・エンゲルス 8 巻選集『マルクス・エンゲルス 8 巻選集』第 8 巻，大月書店，1974 年）」としており，エンゲルスは弁証法を勝手に拡大解釈していることがわかる．

（2）マルクスの弁証法理解

　一方，マルクスのヘーゲル弁証法の理解は，当初はフォイエルバッハのヘーゲル弁証法の理解を是とし，「1，宗教と神学から出発し，2，現実的，感性的，リアールな，有限な特殊なものを定立する．3，肯定的なものを揚棄し，抽象物であるところの無限なものを復興する」という理解に同調していた（注：マルクス著，真下信一訳「ヘーゲル弁証法と哲学一般との批判」大内兵衛監訳『マルクス初期著作集』，『マルクス・エンゲルス全集』第 40 巻，大月書店，1975 年，492 頁）．

　のち，マルクスは資本論の中で，「弁証法は彼（ヘーゲル）においては頭で立っている．神秘的な殻につつまれている合理的な中核を見出すためには，これをひっくり返さなければならない（注：マルクス著，向坂逸郎訳『資本論』（一）全 9 冊，岩沼文庫，1969 年，32 頁）」とし，さらにマルクスは弁証法につき，「変化，その発展の法則，すなわち，一つの形態から他のそれへの移行，関連の一定の秩序から他のそれへの移行ということ」「社会の運動を自然史的な過程として考察する．この過程を左右しているのは，人間の意識や意図から独立しているだけでなく，むしろ逆に人間の意志や意識や意図を規定する諸法則なのである（注：同書，29 頁）」「生産力発展の程度がちがうとともに，諸関係は変化し，これを規制する諸法則も変化する（注：同書，30 頁）」が，「弁証法的方法にほかならないものではないか（注：同書，31 頁）」としている．よって，マルクスは，唯物論的な捉え方も「弁証法的」という見方をしていることがわかる．よって，

マルクスやエンゲルスにおいては，一層弁証法の概念が幅広いものとなってしまっていることがわかる．それはまた，エンゲルスも「近代唯物論は本質的に弁証法である（注：エンゲルス著，大内兵衛訳『空想より科学へ――社会主義の発展――』岩波文庫，1946年，41頁）」としていることで判明するのである．

　なお，見田氏はマルクスの弁証法理解を，「直観，表象をたえず提起し，それを分析して概念に変えながら展開する」科学の方法であると理解される（注：参考資料，IV弁証法的方法，マルクス，（ヘーゲル論理学研究会編『見田石介――ヘーゲル大論理学研究』第1巻，大月書店，1979年，参考資料，5頁））．また，ヘーゲルは弁証法を科学の方法であるにもかかわらず，論理学の方法と誤って理解したと批判されている（注：参考資料，IV弁証法的方法，ヘーゲル，（ヘーゲル論理学研究会編『見田石介――ヘーゲル大論理学研究』第1巻，大月書店，1979年，東京，参考資料，5頁））．

6）まとめ

　そもそもヘーゲル弁証法の考えのエッセンスは何処に存するのであろう．正と反の対立による自己展開，という説明ならば，それは事物の常なる変化（反は内存するなら，常に対立が生じるから）ということであろう．ただ，一般的には変化はある原因が引き起こすと考えられるが，この点，あらゆる変化については実証できてはいない．そこで提示されたものが弁証法的変化であったのではないだろうか．自己展開が変化の原因なら，あらゆる変化はこれによって説明可能となる．もしそうなら，自己展開が引き起こされる過程につき，詳細かつ論理的に説明すべきであろう．

　以上，ヘーゲル弁証法を仔細にみれば，その骨格構造としての「有無の統一」そのものの証明が不十分であることは否めず，よってこの「有無の統一」が成立しなければ，有の否定＝止揚による無への移行，無の否定＝止揚による有への回帰による概念のより高次の内容提示（本質中の本質）は，そもそも成立し得ないこととなってしまうであろう．とするなら，ヘーゲルの弁証法に後々付加されてゆくあらゆる解釈が，架空のものであることとならざるを得なくなるであろう．よって，ヘーゲル弁証法を基に考えられた共産主義思想やその必然論は，そもそも成り立たないのである．我々は今一度「そもそも弁証法とは何ぞや」という視点から，再検討する必要があると考えられるのである．

　なお，最後にヘーゲルの言う弁証法の意味内容についてまとめておこう．

「弁証法とは，弁証法的変化，つまり理念（絶対的存在）が自己展開によってまず自身を正反対のものに変化させ，再び元の理念に戻る，（ただし，以前の理念よりも高められた理念に戻る）という変化の仕方，によって，あらゆる概念を認識してゆくという，理性の運動のあり方，つまり，認識方法，のことである」.

3 　搾取論の本来の意味

1）はじめに

　次に，マルクスは理想社会としての共産主義につき，その中心に国有企業による生産体系を主張した．なぜなら，資本主義社会での私的生産では，労働者は労働者が生み出した剰余価値が「搾取」されており，したがって搾取を解消するための手段として生産手段の国有化が主張され，これは重要な意味を持つものであった．

　ここで，では搾取とは何を意味するのであろうか．搾取とは労働価値説によって導出された概念としての「剰余価値」というものが，働きもしていない資本家の手にわたることを指している．ただ，ここで注意すべきは，剰余価値は資本家が労働者から無理矢理取り上げる，例えば鞭で叩いて，無理矢理取り上げる，といったことではなく，気づかないうちに，当たり前のように取り上げられてしまう，といった状況を言うのである．それでは，こうした考えは現実社会に実在する現象なのであろうか．そもそも価値の実在を前提とした「理論」は，成立するのであろうか．以下，こうした点を中心に考察してゆきたい．

　ところで，「価値」という概念が生じたのは，恐らく価格に大小が存するという事実につき，では何故そのような事態が生ずるのか，という疑問への回答として生じたのではないかと思われる．価格の大小はまず，その財の入手の困難度の大小ではないか，と考え，困難度が大きければ投下される人間労働も大きい．ただ人間労働の大小（量と質）の比較は難しいから，人間労働が生み出す「何か」を共通のものとして考え，結果，「価値」という概念に行き付いた

ものと思われる．よって，価格が高い財には大きな価値が存するということと
なったと考えられるのである．こうした価値概念を前提にすれば，財には定ま
った価値量が存するのだから，その大きさに応じて価格の大きさも定まるだろ
うとされる．よって，一物には一価が定まる，という考えが成立する．また，
交換は等価交換が当然のこととなる．でなければ，不公平となるから人々は交
換に応じることはないだろうと，予想することとなるからである．ともかく，
こうした労働価値説，一物一価，等価交換を前提にして考え出されたのが，マ
ルクスの経済学である．彼の主張にはさらに人間の行為の自然科学的な理解，
つまり，数式での等号（＝）は，左辺と右辺で示される量が同じであることを
意味している，ということも，前提とされているのである．

２）マルクスの主張

　搾取論の考えの基本は，「労働者は労働力の価値に等しい大きさの賃金を受
け取っているにも拘らず，労働が生み出すのはそれ以上の価値なのであり，そ
れを剰余価値という．ところが，この剰余価値部分は資本家が取得してしま
う」という状況を指している．すなわち，『資本論』では，「労働者は，労働過
程のある期間中は，彼の労働力の価値を，すなわち彼の必要な生活手段の価値
を，生産するにすぎない（注：マルクス著，エンゲルス編，向坂逸郎訳『資本論』（二）
〔全 9 冊〕，岩波文庫，1969 年，第一巻，資本の生産過程，第 3 篇，絶対的剰余価値の生産，
第 7 章，剰余価値率，第一節，労働力の搾取度，69 頁.）」．また，「この時間中（必要労
働時間中）に支出される労働を必要労働と名づける（注：同書，70 頁）」．「労働者
が必要労働の限界をこえて労苦する労働過程の第二の期間は，かれの労働を，
すなわち労働力の支出を要するには違いないが，しかし，彼のためには，何ら
の価値をも形成しない．それは，（中略）資本家に笑みかける剰余価値を形成す
る．労働日のこの部分を，私は剰余労働時間と名づけ，そしてこの時間内に支
出された労働を，剰余労働（surplu labour）と名づける（注：同書，70-71 頁）.」
「この剰余労働が，直接的な生産者から，労働者から搾り上げられる形態こそ，
種々の経済的社会形式を，たとえば奴隷制の社会を，賃金労働の社会から，区
別するのである（注：同書，71 頁）.」．この考えにより，資本家が取得している
剰余価値部分を労働者の手に取り戻し，労働者に公平に分配しようというのが，
マルクスの考えた共産主義（マルクスの考えでは，共産主義の初期の状況を社会主義とい
う）思想なのである．ここに，生産手段の公有化，つまり，国有企業という

発想が生じることとなる.

　それでは，この搾取という事象は実在するのであろうか. そもそも，労働価値説にもとづくマルクス経済学は成り立ちうるのであろうか. そこで，マルクスの労働価値説の主張をみてゆくこととするが，すでに『貨幣帝国主義論』で指摘した内容で示しておきたい (注：拙著『貨幣帝国主義論』晃洋書房, 2004年, 38-51頁). マルクスも，労働価値説にのっとり価値論を展開する. 彼は，スミスとリカードの価値説を受け継ぎ発展させたとされるが，むしろ内容的には主要点をリカードの考えにほとんど依拠していると考えられる. ベーム・バーヴェルクが指摘するように，マルクスは稀少性のある財を商品から除外して論を進めるが (注：ベーム・バーヴェルク著，木本幸造訳『マルクス体系の終結』未来社, 1992年復刊, 31-32, 119-120頁)，この手法はまさにリカードが執った方法と同じ手法なのである (注：リカードは，「商品，その交換価値，およびその相対価格を規定する法則を論ずる際には，われわれはつねに，人間の勤労の発揮によってその量を増加することができ，またその生産には競争が無制限に作用しているような商品だけを念頭におくことにする.」としており，価値論においては，追加生産が可能な財を対象としていることが判明する. (D.リカード著，羽鳥卓也・吉澤芳樹訳『経済学および課税の原理』上巻，岩波文庫, 1987年 (下巻もおなじ), 19頁). 一方，マルクスは考察の対象の商品を「資本主義的生産様式の支配的である社会の富は，「巨大なる商品集積」として現われ，個々の商品はこの富の成素形態として現われる. したがって，われわれの研究は商品の分析をもって始まる.」としており，大量生産が可能な財が対象とされていることは明らかである (マルクス著，向坂逸郎訳『資本論』(一), 岩波文庫, 1969年, 67頁)).

　ところで，マルクスも財の価値につき，財には使用価値と交換価値が存するが，交換価値は時々でその大きさを変える. 従って，財にはさらに不変の価値が存在するはずだ，としているのである. 即ち，「一つの物の有用性は，この物を使用価値に (注：マルクス著，向坂逸郎訳『資本論』(一), 岩波文庫, 1969年, 68頁.)」し，「交換価値は，まず第一に量的な関係として，すなわち，ある種類の使用価値が他の種類の使用価値と交換される比率として，すなわち，時とところにしたがって，絶えず変化する関係として，現われる (注：同書, 70頁)」とする. そして，「商品の交換価値も，共通なあるものに整約されねばならない (注：同書, 71頁)」とする. この共通のあるものとしてマルクスは人間の労働をあげる.「ことごとく同じ人間労働，抽象的な労働に整約される (注：同書, 73頁)」と. そして，「これらの物は，おたがいに共通な，この社会的実体の結

晶として，価値—商品価値である（注：同書，73頁．ここで，ドグマの罠にはまった
のが，マルクスである．彼は，「商品には，価値が存在する」というドグマに陥ってしまい，
もはや修正することができなくなってしまっていた．なぜなら，その考えが，アダム，スミ
スやデイビッド，リカードによって「交換価値という，財の値打ちの大きさを判断せしめる
尺度」として提示された概念を，「価値＝値打ちそのものの大きさ」と内容を飛躍させて理
解してしまったのである．このドグマに依拠しつつ，「経済学」をうちたて，とくに，「剰余
価値」という概念を引き出してしまい，結果，搾取論という架空の概念を創造してしまった
と考えられる）」とする．そして，この人間労働には差が存するから，従って価
値をもたらすのは「これら個人的労働力のおのおのは，それが社会的平均労働
力の性格をもち，またこのような社会的平均労働力として作用し，したがって，
一商品の生産においてもただ平均的に必要な，または社会的に必要な労働時間
をのみ用いるというかぎりにおいて，他のものと同一の人間労働力なのである
（注：同書，74頁.)」とし，「社会的に必要な労働時間とは，現に存する社会的に
正常な生産諸条件と労働の熟練と強度の社会的平均度とをもって，なんらかの
使用価値を造り出すために必要とされる労働時間である（注：同書，74頁.)」と
されている．そして，「ある使用価値の価値の大きさを規定するのは，ひとえ
に，社会的に必要な労働の定量，またはこの使用価値の製造に社会的に必要な
労働時間にほかならないのである（注：同書，75頁．なお原文では「Es ist also nur
clas Quantum gesellschaftlich　notwendiger Arbeit oder die zur Herstellung eine
Gebrauchswerts gesellschaftlich notwendige Arbeitszeit,welche seine Wertgr6Be bestimmt」
となっている（Karl Marx "Das Kapital" Bd. I 1986, S. 54).ここで，マルクスは何故 Es と
表記し，Gebrauchswertto としなかったのであろう．結果，Es は単に Wert を指す可能性が
存するのである（49頁).従って，この文意が非常に曖昧になっているのではと考えられる
のである．即ち，彼自身の自信のなさを示しているのではないだろうか.)」としている．
よって，マルクスは社会的平均的労動量が，その財の価値量どころか，さらに
は使用価値の大きさまで規程しているかのように述べているのである．とす
るなら，マルクスの考えはスミスとリカードの考えのポイントをそのまま受け
継いではいるが，随所で一歩踏み込んだ内容となっていることがわかる．また，
この考えに従えば，労働の質ではなく労働の時間でのみ労働者の評価がなされ
ることとなり，実際に生み出される生産物の量に違いがあっても，その点は考
慮されないこととなる．よって，ここに不平等感を生み出す原因が存すると考
えられる．

　ところで，マルクスは「1クォーター小麦＝aツェントネル鉄（注：同書，71頁）」という等式が成立するのは，そこに両者が「同一大いさのある共通なものがある（注：同書，71頁．なお，マルクスが，彼の労働価値説によって，それまで不当に低くみられていた労働者を，正当に評価する考えを提示したことについては，高く評価されねばならない）」からであるとしているが，ここにマルクスの（否ほとんどの経済学者の）誤りがあると考えられる．即ち，マルクスはこの等式をあたかも自然科学における「6÷3＝2」という等式と同様のものと解釈してしまったことに存する．しかし，人間行為における交換の「＝（等号）」が意味するのは，単に「交換が成立した」ことを示しているだけであり，そこに共通のある同量のものが内包されているから交換が成立したという意味内容を示すものではない，ということである．それは，自然科学で意味される2＝2という絶対同一を意味するのではなく，単に人間が合意し合ったから交換が成立したに過ぎない，その現実，事実を示す等号でしかないのである．勿論，交換が成立したということは，そこに何か共通の等しいものが存在するから成立したのである，と説明した方が何の根拠もないよりは説明し易いであろう．しかし，現実には共通の等量のあるものが存在すると思いたければ思えば良いし，存在しないと思えば，それでも良い．それらが存在しようと存在しまいと，人間の合意さえあれば交換は実現してしまうのである．現実に，人々はそう思ったり思わなかったりして，交換を行っているのである．これが現実の姿である．ここに，従来の価値論の根本的な誤りが存在する（現実には，それらが等量，つまり，その財にはその価格の大きさがふさわしい，という社会的合意が形成されることによって，交換が実現されているとは考えられる）．スミス以来，今日に至るまで多くの人々がこの根本的な誤りに気付くことなく，価値論を展開してきたのではないだろうか．よって，経済学も，この誤った考えの上に成り立たしめられていたのではないだろうか．まさに，このことが今日の経済学の低迷につながっているものと考えられる．

　また，この価値創造についての考え方は，投下労働量が価値の大きさを規程するとしつつ，同時に使用価値の量を創造するのも労働である，という主張とが（勿論，人間労働が財の使用価値を創り出すのだが）混同され，あたかも，財の人間にとっての必要性の度合までが，人間労働の量に規程されているような錯覚を人々に与え出したのである．このことは，人間労働の投下量が小さい財は，人間にとっての有益性も小さいもの，との考えを人々に植え付けていったものと考えられる．また，もしマルクスが使用価値の大きさも人間の投下労働量に

よってその大小が決められると認識していたなら，この考え方こそが今日の重大な社会や自然に引き起こされている問題の元凶となっていると考えられ，その罪は誠に重いと考えられる．勿論，ベーム・バーヴェルクの指摘したように，あくまでマルクスは考察の対象として「商品」を選んでいたのであるが（注：ベーム・バーヴェルク，前掲書，31 頁．なお，労働価値説が正しいと主張するなら，価値の実在を何らかの方法で示すべきであろう），今やそうした限定は忘れさられ，あらゆる財がその使用価値の大きさまで人間労働の投下量の大きさで示されるかのように錯覚が拡大してしまっているのであり，以上のような人間の認識が，人間自身を危機に陥れていると考えられる．そして，マルクスは残念ながらそのことにまでは見通すことはできなかったようである．

3）価格は何を示すか

　この時点で，まずマルクスの主張は成立し得ないことが判明する．何故なら，彼の価値論では商品以外の財は考察の対象から外されているからである．自然科学において，提示した仮説が対象とする現象に一部でも当てはまらないなら，そもそもその仮説は採用されず，捨て去られるのが当たり前であるからである．にも拘らず，商品についてしか当てはまらない「価値論」による仮説は，考察する以前から破綻していたと考えられる．

　ところで，価格の決定は共通のあるもの，例えば「価値」が存在しなければ決まらないものなのであろうか．このような共通のあるものを想定せざるをえなくなったのは，一物一価と等価交換を前提にしたからであろう．しかしこれらは人間行為をあたかも自然現象と同質に考えたからであり，人間の主観による行為であることを前提すれば，交換は一物多価でも不等価交換でも，成立かつ実現することとなる．なぜなら，人間の合意さえあれば，実現してしまうからである．そして，一物一価や等価交換を前提にしなければ，何か共通のあるものを想定する必要は無くなってしまうこととなる．当初の物々交換では，目的は異なった使用価値の獲得であるから，等価交換である必要はなく，互いの納得によって交換されていたと考えられる．従って，一物一価も必要ではないこととなる．

　それでは，財やサービスの価格はどのようにして決まるのであろう．現在では，財は貨幣によって購入される．つまり，財と貨幣が交換されているのである．このとき，財を提供する側は，少なくともかかった費用は回収したいと思

うであろう．一方，需要側を突き動かす要因は，財つまり使用価値に対する欲求度となろう．とするなら，そこで成立する価格は，財の費用を下値としつつ，上値は欲求度が大きければ天井知らずに上昇することとなろう．そして，折り合いが付いた価格の大きさで交換，つまり売買が成立することとなる．費用が下がれば，その分価格は下落可能となる．こうした需給のせめぎ合いが価格を決定する，という価格決定論は，現在広く受け入れられている考えである．また，商品のみならず，骨董品や美術品の価格決定についても，違和感なく説明されているのである．他方，労働価値説に立てば，骨董品や美術品については，説明は不可能となるのは，明らかであろう．よって，何故，誤った考えに基づくマルクスの主張を受け入れる人々が存するのか，その理由がよくわからないのである．

なお，近代経済学では需給が一致した均衡価格に向かって価格は変動し，成立後は需給条件の変化によって，再び異なった均衡価格に向かって変化してゆくとしているのである．よって，需給が一致して成立した価格で売買されたことをもって，等価交換としているのである．労働価値説のように，ある財には必ずその価値に見合った一つの価格が成立する，というような意味での等価交換ではないのである．価格は，需給条件で異なることが当たり前なのである．一物は一価ではなく多価なのである．ということは交換において，財には定まった大きさの値打ちが存在する必要は全くなく，よって，そうした「価値」の」存在を前提し，「価値」の実在によって打ち立てられた「理論」は，当然誤りであると見なさざるを得ないこととなる．「価値」が実在すると考えるのは自由である．しかし，誤った概念である「価値」に基づいた論は，誤りなのである．なお，森嶋通夫氏は，マルクスのいう「価値」を「労働乗数」である，とされる（森嶋通夫『マルクスの経済学』（『森嶋通夫著作集７』）岩波書店，2004年，4-5，22頁）．ただ，ここで「乗数」は「関数」の誤植ではないかと推測される．出なければ，意味合いに整合性が保てないからである．ところで，労働の投下量により生産の量の大小は，確かに決定される．しかし，かと言ってこのことによって「価値」の存在の有無について説明したことになっているかについては，肯ぜられない，何故なら，「不変の大きさとして定まる価値の性質」については，説明がないからである．

4）まとめ

　以上，労働価値説の根本的な誤りは人間の労働が，使用価値のみならず価値をも創り出す，と考えてしまったところに存すると考えられる．その原因は一物一価と等価交換という考えから，価値の実在という論に至ったからであろう．財の値打ちの大小は，そこに含まれる財の価値ではなく，あくまでその財にかかった費用の大きさと，その財への要求の大きさ，いうところの需要の大きさによって定まるだけであるということであろう．よって，需要と供給のせめぎ合いで，その値打ちの大きさが定まるのである．また，この搾取論は，労働価値説，つまり人間労働が商品の価値を生み出すのだ，という考えを前提にしている．従って，労働価値説が成り立たなければ，そもそも搾取論は成立し得ないこととなる．また，この搾取論にもとづいて考え出された生産手段の公有化は，不必要なもの，つまり，公有化が搾取を是正する手段であるという考えは成立し得ないということとなろう．資本家の手に帰す利潤は，かかった費用に儲けの部分を上乗せした価格を設定することで，発生するに過ぎない．従って，こうした仕組みが前提ならば，共産主義社会も不必要なものとなってしまうであろう．そもそも，この労働価値説は単なる「ドグマ」にすぎないのでは，と考えられる．根本的な誤りは，人間社会で成立する事象につき，数学的な概念をそのまま当て嵌めて考察してしまったことに存すると考えられる．結果，等価交換，一物一価という態様が当然であると思い込んでしまったものと思われる．しかしよく考えると，例えば物々交換で取引が成立した時，成立し得たのは互にもち寄った財が等価である，つまりある等しい値打ちが各々に存在するから成立するのだ，という考え方は，誤っている．何故なら，交換で求めているのは異なる財，つまり各々が持つ異なる使用価値であり，等しい価値量ではないのである．また，人間社会では，このような数学的な「等しい」という状況は全く必要ではないケースが多々存在する．そのような等価は必要ない，というのが基本的姿であるということである．つまり，物々交換が成立した時，互の人間が納得さえすればそれで良い，ということであり，そこに等価概念は必然ではないのである（注：ここに，マルクスが自分の共産主義思想を科学的としてみた原因が存するのでは，と考えられる．つまり，自身の考えがあたかも数学に依拠した自然科学と等質な「科学」であると考えてしまったことから，科学的社会主義と呼称してしまったのではないかと考えられる．また，こうした考えによって引き出された剰余価値，この剰余価値に気付いたことをもって，科学的社会主義という考えを信念を持って確信したものと

思われる.）．よって，現実には取引が成立するためには，二つの財が等価である必要はないのである．取引に携わった人々が合意さえすれば，成立し得るのである．貨幣による交換においても，現実に全く同質同量の商品が，ある財は例えば 100 という価格で別の時には 110 という価格で取引されるのは，日常的に行われているのである．つまり，商品の価格なるものは，その商品が有する価値の大きさを示すのではなく，単に売手と買いての相対によって，その合意によって決定されているにすぎないのである．商品に有するのは使用価値＝有用性にすぎない．

このように考えると，その商品の価格は先述したように，需要側の要求度の大きさと，供給側の生産コストを最底限度としつつ，さらなる利益の上積みをねらった売値との間で成立した大きさに他ならず，常に変動するものでしかないことがわかる．マルクスの誤りの根本は（実は，人間行為（例えば，社会についての行為）についての全ての学問に共通しているのだが），人間の社会的行為と自然現象とを同質のものと捉えるところに存したと考えられる．結果，社会現象が人間の主観によってなりたっていることに気付けなくなってしまったと思われる．労働価値説，一物一価，等価交換という見方は，全てこうした混同から引き出された概念とおもわれる．よって，これらは論の前提にする必要性は存しないことに気付くべきである．

以上から，マルクスのいう搾取論は根底から成り立ちえず，よって生産の公有化のための共産主義という考えは，誤っていたことが，否，不必要であったことがわかる．現実に公営企業が非効率な経営を露呈し，次々と民営化に改められているのが，現実である．また，賃金の大きさは，もっと別の規範によって定まるものと見るべきであろう．

4　平等思想の誤り

1 はじめに
2 マルクスの平等・自由の理解
3 本来の平等・自由の内容
4 まとめ

1）はじめに

では何故このような共産主義思想が，この時期に登場したのであろう．

共産主義思想の基本は，偏見や差別のない平等社会の実現を目指したことであった．自国内では，階級による格差が存し，諸国間ではエスノセントリズム（自民族中心主義）による対立が生じていた．従って，こうした偏見や対立を解消しようと言う考えが，当然提示されるようになってきたのである．そこでは，平等や公平・公正といった状況の実現が目指されたであろう．社会的不平等の打破ないし是正は正義である，という信念が存したのではと，推察できる（注：廣松渉ほか編『岩波哲学・思想事典』岩波書店，1998 年，685，893 頁）．

周知のように，マルクス・エンゲルスの考え以前に，サン・シモンやロバート・オーエン，フーリエ等の平等を求めたいわゆる社会主義思想が存した．が，すべて情緒的な考えであった．そこに，マルクス・エンゲルスのいわゆる科学的社会主義なる考えが提示されたこととなるのである．いわば，まことに時宜を得た提言であったといえるのである．

問題は，この科学的社会主義，つまり共産主義思想は，決して「科学的社会主義」ではなかったことであろう．その理由については，既にみたところである．何よりも問題なのは，マルクス自身が真の平等の概念につき，理解が不明確であったことであろう．ために，「結果としての平等」が真の平等であると人々を錯覚せしめてしまったことであろう．よって，ここで目指されている平等の中身が，結果としての平等であると捉えられてしまったことであろう．

それでは，そもそも平等とはどのような状況を意味するのであろう．そこで，その内容を，辞書でみてみよう．新村出編『広辞苑』第 6 版，岩波書店，2008年，によれば，平等とは「かたよりや差別がなく，すべてのものが一様で等しいこと．へいとう（同書，2397 頁）」，公正とは「公平で邪曲（不正）のないこと．明白で正しいこと（同書，947 頁）」，公平とは「かたよらず，えこひいきのないこと（同書，963 頁）」となっている．次に，山田忠雄他編『新明解国語辞典』第七版，三省堂，2017 年，東京都，によれば，「平等：（「平」も「等」も同じく，ひとしいという意味）その社会を構成するすべての人を差別無く待遇すること（様子）（同書，1292 頁）」「公正：特定の人だけの利益を守るのではなく，だれに対しても公平に扱う様子（同書，492 頁）」「公平：（問題になっているものを）自分の好みや情実などで特別扱いをすることが無く，すべて同じように扱うこと（様子）（同書，501 頁）」とされている．以上から，平等という言葉には「一様で

等しいこと」と「かたよらず，えこひいきのない，つまり，公平・公正という意味合い」という二つの内容が含まれていることがわかる．つまり，対象事例に応じて，両者が成立する場合，どちらか一方が成立する場合をもって，「平等」としていることとなるであろう．

　例えば，二つともが成立するのは，同じ能力を持つ同年齢の男女が同時間内に成し遂げた同質同量の仕事に対する給与として，両者に時給1000円が支給された場合，男女に関わらず同量の成果に対し同量の対価が与えられたことを意味するから，「かたよらず，えこひいきなく」かつ，「同じ量」のつまり，等しい量の給与が支給された，という「平等」が実現したことになっていることとなる．次に，同じ能力を持つ男女が，男は1時間，女は2時間働いて，時間の長さに応じた成果を上げたとき，給与が女性の方に2倍支給されたなら，支給額に差があることが「公平・公正」であることとなるだろう．かかる意味の「平等」が実現していることとなるであろう．逆に，もしこの時同じ金高の給与が支給されたなら，「等しい量の給与額」ではあるが，不公平，不公正な処置がなされており，不平等が生じていることとなるであろう．つまり「量が等しい（平等）」であっても，内実は不平等そのものであるということである．では，マルクスはこのような内実をどのように理解していたのであろう．

　結果としての平等は，実態は不平等そのものでしかない．また，実現したとしても内容は，貧弱なものにならざるを得ない．何故なら結果としての平等は，全てを最低ラインに揃えることでしか実現不可能であるからである．

　もし給与を一番優れたものに合わせた金額を支給しようとしても，生産された財の量は支給金額に見合う量は存在しないから，等しく分配できなくなるであろう．なによりも，優秀な労働者は，不公平感をつのらせ，働く意欲を無くしていくであろう．結果，給与は最低ラインに納まっていくだろう．よって，人々は貧困の下での平等（実態は不平等）に苦しむこととならざるを得ないのである．

　何よりも，この思想の根底には人間の根本的願望である「楽をしたい」という考えが前提されている．要は，怠惰に過ごせる方法を「平等」という一見，「善＝正しい考え」に絡めて提唱して来たのが，これらの定言であろう．よって，根本的に誤った考えなのである．何故なら，自分が楽をしたければ結局は他から得るしかなく，よって，政治体制は強権的なものとならざるを得ないのである．

　特に，人間とは何か，という基本的な問題点につき，ほとんど，否，全くと言っていいほど考察していなかったと考えられる．勿論，人間疎外論や物象化論といった全体としての人間の置かれた立場については，触れているが，あまりにも抽象的，一面的な視点であると思われる．

　人間は一括りにはできない．阻害されている，と思う人もいればそう思わない人もいる．人間には，様々な考えを有した人々が存在する．例えば，収入につきそれが低い時，ある人はそれでいい，満足だ，いや，もっと多くが欲しい，満足はしていないが，諦めている，または，努力は嫌だ，など，様々な人がいる．それらを十把ひとからげで「こうしよう」，という考えは，人間社会では成立しない．実現には，強い強制力が必要になる．つまり，独裁体制がどうしても必要になるのである．

　ところで，マルクスが考えた社会の前提には，「差別のない平等な社会」という理想が存したと思われる．その根底には，おそらくユダヤ人差別の払拭が存したであろう．そのためには，現在のあらゆる制度を否定する必要があると述べている．いわゆるハルマゲドン思想である（注：エンゲルスは自身の一文『黙示録』において次のようにのべる．「不可思議なこの書は，いまやまったく明瞭である．「ヨハネ」は（中略）ネロの復帰と，（中略）彼のもとにおける恐怖政治を予言する．この期間のあとで神が立ち上がり，ネロつまり反キリストを打ち倒し，大いなる都を火で滅ぼし，1000年間悪魔を縛りつける．千年王国が始まる，等々．これらすべてのことはいまはもういっさいの関心を失ってしまった．最後の審判の日をいまもなお数えているかも知れない無知の人たちを除けば．しかし，この書は，彼らの仲間のひとりによって描かれた，ほとんど原始に近いキリスト教についての，信頼するに足る絵姿として，新約聖書中の残りのすべての書をひっくるめてくらべてみても，なおかつより多くの価値をもつものである」（エンゲルス著，川口浩訳「黙示録」大内兵衛監訳『マルクス・エンゲルス全集』第21巻，大月書店，1971年，15頁）としている．またこの戦いは「時が近づいている．これらすべてはすぐにおこるであろう（同書，13頁）」と，ヨハネは述べているとも記している．エンゲルスがわざわざこうした一文を認めていることは，共産主義を神に見立てて，まさに弁証法的に科学的社会主義たる共産主義が，諸悪の根源たる資本主義を暴力的に打ち倒すべきだ，否そうならざるを得ないと信じていたことの，一つの証ではないかと考えられる（但し，マルクスは，彼がユダヤ人であったことを慮れば，共産主義が倒すべき対象は，神＝宗教とネロ＝資本主義の両者であったであろうと思われる）．よって，「共産主義者は，これまでの一切の社会秩序を強力的に転覆することによってのみ自己の目的が達成されることを公然と宣言する」

（マルクス・エンゲルス著，大内兵衛・向坂逸郎訳『共産党宣言』岩波文庫，昭和 26 年（1951 年），昭和 39 年（1964 年）（第 22 版），87 頁）とし，よって，「家族の廃止＝ブルジョア的家族，これのどこが悪いのか」（63 頁），「共産主義革命は，伝統的所有諸関係とのもっとも根本的な決裂である」（67 頁）と，転覆させる秩序につき宣言する．そのためには，「労働者革命の第一歩はプロレタリア階級を支配階級にまで高めること，民主主義を闘いとることである」（68 頁）として，さらに「公然たる革命となって爆発する点までたっした．こうしてブルジョア階級を強力的に崩壊させ，それによってプロレタリア階級がその支配を打ちたてるときがきたのである」（55 頁）としている．ここから，暴力革命という方法論が導出される．また，マルクス自身も「アイヒマンの訓令」において「万一反革命的な当局が，この治安委員会の設立や，その職務の執行を暴力で妨害しようとするならば，暴力にたいしてはあらゆる種類の暴力で対抗しなければならない．」と，暴力を肯定しているのである（マルクス「アイヒマンの訓令」大内兵衛監訳『マルクス・エンゲルス全集』第 6 巻，大月書店，1961 年，31 頁）．また，彼は分配の量に多少があれば，それは不平等な分配であると考えていた（1．はじめに，参照），その不平等性は，受け入れるべきだ，としていた．しかし，我慢させる手段については，述べていない．ということは，彼は人間の本質については，深い考察を行っていなかったのではないかと疑われるのである．

2）マルクスの平等・自由の理解

　そこで，そもそもマルクスは，平等，さらに自由という概念をどのように理解していたのであろうかを見ておこう．この概念を正しく認識していなければ，理想とする「平等社会としての共産主義社会」を導き成立させることはできないこととなるであろう．むしろ，不平等な過酷な社会が成立せしめられる可能性が高いと考えられる．事実，現実にみる社会主義国家は，すべて欠陥だらけの姿を呈している．

　平等と自由という概念については，マルクスが『ユダヤ人問題によせて』で触れているが，「自由という人権は，人間と人間との結合にもとづくものではなく，むしろ人間と人間との分離にもとづいている．それは，このような分離の権利であり，局限された個人の権利，自己に局限された個人の権利である．自由という人権の実際上の適用は，私的所有という人権である．」としている（注：マルクス著，城塚登訳『ユダヤ人問題によせて・ヘーゲル法哲学批判序説』岩波文庫，1974 年，1990 年，43-44 頁）．

　このように，具体像は何も示さず，限定した見解しか述べていない．ただ，この考えの前提にはフランス革命での人権宣言で述べられた「人間および公民の権利宣言」での「自由は，他人の権利を害しないことはすべてなしうるという，人間の機能である．」という考えが存していたと思われる（注：同書，42頁．）．しかし，この自由に対する考えは余りにも不明確であると考えられる．自由には，こうした制約と共に，自身の権利が平等に保障されることが，が実現していなくてはならない．同時に，他人への侵害のみならず，自分自身をも害さないという制約もそこに入れなければならない．

　また，環境汚染などの行為は，人類全体への由々しき事態をもたらすから，自己中心的な考えは，やがて他の人々の利益を大きく損なう行為を醸成してしまうことにつながるであろう．よって，自由行為の対象を，人間を中心とすることは，余りにも視野が狭すぎると考えられるのである．

　さらに，平等という概念についても，人権宣言（1795年の憲法での）「平等とは，法律が保護するにせよ処罰するにせよ，すべての者にとって同一であるところに存する（注：同書，45頁）」という考えのもと，「自由の平等」つまり「各人が等しくそのような自立自存のモナド（単子）とみなされること（注：同書，45頁）」としており，この表現では結果としての平等を真の平等としているかのように読み取れるし，ではなく，機会（条件・評価）の平等が真の平等であるかのようにも，どちらにでも読み取れてしまうのである．よって，やはり浅いものとなっているのである．現実には，ケースによって，両者（結果の不動と同一）が存するであろう．

　事実，マルクスの平等に対する認識は，既に少し触れたように，曖昧なものであったと思われる．ここで，平等とはどのようなことか，についてのマルクスの理解をより詳しく見ておこう．『ゴーター綱領批判』によれば，彼は共産主義の初期の段階つまり社会主義の段階では「能力に応じて働き，能力に応じて受け取る（注：マルクスは「個々の生産者は，彼が社会にあたえたのときっかり同じだけのものを——あの諸控除をすませたあと——とりもどすのである」とされている（マルクス著，望月清司訳『ゴーター綱領批判』岩波文庫，1975年，35頁））」ことになるとしており，収入の大きさを同一にすることが平等であるとは言っていない．ただここでは，「能力に応じて働いた」ことを測る尺度を「個人的労働時間」とし（注：同書，35頁），それが「社会的労働日のうち彼が給付した部分，すなわち社会的労働日のうちの彼の持ち分である，とする．個々の生産者は，（共同の基金

のための彼の労働＝税のことか，を控除したのち）これこれの量の労働を給付したという証書を社会から受け取り，それとちょうど等しい量の労働がついやされている消費手段を引き出す」とされており（注：同書，35-36頁），各労働者の能力は，かれが実際に生み出した生産物量によって計られてはいないのである．従って，マルクスもこの分配は「内容においては不平等の権利である．」としている（注：同書，37頁）．よってこの分配では，（労働の）能力に応じたものとはなっていないのである．とするなら，人々にこうした不平等を納得させる方法を提示する必要があるだろう．

　一方，家族構成（既婚か否か，子供がいるか否か等）に応じてその収入を増減すれば，それも不平等になると考えている（注：同書，37-38頁）．よって，ここでマルクスは「結果が等しいこと」が平等としていることがわかる．一方，家族構成（既婚か否か，子供がいるか否か等）に応じてその収入を増減すれば，「これらすべての欠陥を避けるためには，権利は平等であるよりも，むしろ不平等でなければならないだろう（38頁）」としている．この表現は実にあいまいで，家族構成の違いを考慮するのかしないのか，判然としない．が，「ある者は他の者より事実上多く受けとり，ある者は他の者より富んでいる等々ということが生ずる」という一文から推測すれば，事情によっては，自身の労働で受け取る以上のものを受け取る者の存在を認めるべきだとしていると考えられ，それも不平等になると考えているようである（同書，37-38頁）．しかし，はたしてこのような処置は「不平等」となるのであろうか．家族構成を見るということは，その人の立場，条件を十分配慮するということであるから，これは不平等ではなくより公平性を高めただけにすぎない．むしろ，平等性が高められたものと考えられる．従って，マルクスの平等についての理解は，まだ確定したものではなかったのではと，推察できるのである．なお，後の人はマルクスのこの考え，つまり「家族構成を配慮した収入の増減は不平等だ」を曲解し，「だから収入の大きさは同じでなければ不平等だ」と考えてしまったものと推測される．ここから，「結果の平等が真の平等である」と誤って考え始めたものと思われる．

　しかし，はたしてこのような処置は「不平等」となるのであろうか．家族構成を見るということは，その人の立場，条件を十分配慮するということであるから，これは不平等ではなくより平等性を高めただけにすぎない．この点，「公平の成立こそが真の平等である」と考えるなら，受取量に大小があること

こそが実は平等なのだと，主張するはずであろう．だが，その文面はない．従って，マルクスの平等についての理解はまだ不十分なものではなかったのかと推察できるのである．

　また，エンゲルスは平等につき「人間が人間として平等であるというこのことから，すべての人間，あるいはすくなくとも一国家のすべての市民または一社会のすべての成員は，平等な政治的ないし社会的資格にたいする権利をもっている，という主張をみちびきだすことにある」としており（注：エンゲルス『反デューリング論』大内兵衛監訳『マルクス・エンゲルス全集第 20 巻，大月書店，1968 年，107 頁），「あらゆる人間労働は，人間労働一般であるがゆえに，またそうであるかぎりで平等であり，平等な資格をもつ（注：同書，109 頁）」としており，部分的な事象についての言及にとどまっている．一方，自由について「ある特定の問題点についてのある人の判断がより自由であればあるほど，この判断の内容はそれだけ大きな必然性をもって規定されているわけである（注：同書，118 頁）」とされているだけである．

3）本来の平等・自由の内容

　ここで，平等や自由についての真の意味を考えてみよう．まず，平等については，すべて結果としての平等，つまり同一を求めると，あらゆる面で等しいことがその目的となってしまうであろう．さすれば，男女差さえ否定することにつながるであろう．現実に今日そのように主張する人々が存在する．

　ただここでは「法の下での平等」や「自由が平等に付与される」という意味での自由とされているから，平等の対象が限定されている．しかし，現実には真の平等であるべき事項が存在するであろう．

　真の平等とは，結果としての平等ではなく，行為を成す時の条件の平等と，その結果を評価する場合分け隔てなく行うという平等であろう．結果としての平等ほど不平等なものはない．勿論，ケースによっては結果が等しくなることが平等であることが存することは，既にみたところである．

　法の下の平等とは，このような条件と評価の平等がそのまま当てはまっている事例であろう．例えば，今貧しい人が犯罪を犯したとき，何故その人が貧しい状態にあるのかを，正しくみることからはじめる必要があるだろう．

　その人が努力していたのに，たまたま不幸，不運が重なってそのようになったのか，怠惰であるが故に必然的にそうであることとは，区別する必要がある

であろう．そうしなければ，本当の意味での判決は下せないと考えられる．また，貧しい人がいたとして，その人に援助しようとするときも，同じことであろう．

　そうしなければ，本当の意味での援助にはならないであろう．怠惰な人への援助は，資金ではなく，なまけ心を是正するカリキュラムであろう．今一度確認しておくと，平等の本来の意味は，結果を等しくすることではなく，その人が努力する時の条件と，努力の結果を評価する時，正しくなすことであり，条件の違いを見逃したり，そうした状況で評価したり，また，依怙贔屓などして不平等であってはならない，ということであろう．援助は，そうした配慮の上でなすべきであろう．よって，真の平等の内実とは，結果としての平等では勿論なく，行為を成す時の権利と条件が平等であること，つまり，そうした平等をあまねく受ける権利が保障されていること，および，その結果を評価する場合に分け隔てなく行われること，そうした評価を受ける権利が平等に保障されていること，これが真の平等であろう．したがって，「結果の平等」が成立するケースも，前提として条件と評価の平等がまず成立していなければならないだろう．結果としての平等が実現していることは，無理矢理同一になることを強制された人々が，不自由と不平等に喘いでいるケースがあり，逆に，真の平等はこうした評価が自由に行えることによってこそ，成立するものであろう．

　次に，真の自由は，こうした本来の平等が成立してはじめて実現するであろう．真の平等はこうした評価が自由に行えることによってこそ，成立するものであろう．つまり，正しい評価がなされるという自由が，成立しているからである．また，自己保存と種の存続が平等的平穏的に実現可能な自由が，保証されていなければならない．J.S.ミルが主張した「言論・出版の自由」や，行動経済学で重視される「リバタリアン・パターナリズム」考えは，人間にとっての基本的価値観に沿うものと思われる（注：J.S.ミル著，塩尻公明・木村健康訳『自由論』岩波文庫，1971年，35頁．大垣昌夫・田中沙織『行動経済学（新版）——伝統的経済学との統合による新しい経済学を目指して——』有斐閣，2018年，248-249頁）．よってそこでは，個人的利益に関わる自由は，それが種の存続に抵触するなら，制限されることとなろう．利他行為は，制限されることがあってはならない．正しい評価とは，将に「自己保存と種の存続が公平・平等のもと平穏的に実現しているか否か」によって，定まるであろう．従って，共産主義社会が成立すれば，平等な社会とは真逆の社会が人々を苦しめることとなるだろう．

4）まとめ

　ところで，他人への施しは，自身が努力してまず自立していることが前提である．つまり，自身が努力する人間であることが援助の前提であろう．その時，他の人々も努力家なら，自身の不足する点を他の人々が補ってくれる可能性が存する．つまり，助け合いの社会を実現するためには，怠惰な人々の意識をまず変え，努力家に育てておくことが先決であるのであり，よって，マルクスのように単に社会，経済制度を変革するだけでは，決して「平等社会」は成立し得ないのである．

　現在，いわゆる人権派とよばれる人々は，困っている人がおればすぐにでも助けようとし，かつ，多くの人々は現在の資本主義体制を否定的にみることから，対極としての社会主義にぼんやりとではあるが，憧れをもっているのである．しかし，これらの人々は先にみた本当の自由・平等とはどのような状況なのか，本来の援助とはどのようなものでどうすれば本当に実現するのかにつき，深く考えていないのではないだろうか．結果，多くの圧礫を生み出すことに加担していると考えられる．このような，背筋の寒くなるような状況が広がっているのである．我々はこうした傾向に強い警鐘を鳴らしてゆく必要があるだろう．単なる同情的な感情は，百害あって一利なしであろう．つまり，自身をも奈落の底に落しめる可能性が大きいのである．以上から，共産主義という制度では真の自由と平等は実現できないのである．

　なお，こうした真の平等や真の自由を実現させるためには，人間一人ひとりが資質を高めなければならない．人間は自己保存のため，まず利己的利益を実現しようとする．しかしそれでは互いの利害が対立し，いつまでも争いが絶えることはない．よって，人間の共通の目的である種の存続を図るべく行為するようにせねばならない．よって，そのためには自己利を抑制し，人間共通の利益とは何かを自覚し，その利益の実現のための能力を培っておくことが求められる．その手段は，家庭での「躾」と社会による教育であろう．また，多数決の原理は，個人的利益が強く反映される制度であることからも，まず「利他行為」の重要性に気付かせる教育が重要となるであろう．

5　おわりに

　『科学的探究の方法』によれば，問題が，偶然性や選択性が強い場合，「その

230

状況を統計や確率などの手段を使って把握し，あるいは，全体をシステム（体系）として扱い，解を求めるために様々な仮説を立て，意志決定を行いながら進めてゆく（注：濱田嘉昭ほか『科学的探究の方法』放送大学教育振興会，2011年，122頁）」とされている．つまり，マルクスの考えた共産主義社会必然の予想は，全く「ドグマ」として提言されたにすぎず，何ら科学的探求の手続を経たものでなかったことが，伺えるのである．マルクスは，「科学的社会主義」を標榜しながら，非科学的なプロセスによって導出していると考えられる．共産主義を必然とみなす根拠は，物事の発展は弁証法的に行われる，というだけの理由にしか基づいていない．しかし，その弁証法的発展についての分析は，今見たようにまことに粗削りな論であり，自身にとり都合の良い発展結果を単に述べたにすぎない．たとえ，物事が弁証法的に発展するとしても（勿論弁証法が実存的存在である，という仮定を前提としての話であるが），そこで提示されるテーゼやアンチテーゼが何故生産関係と生産力に集約化されるのか，あるいは，関係のなかみを何故支配と被支配の関係のみに集約化できるのか，何故，アンチテーゼを生産力のみに限定できるのか，等についての論理的な説明はほとんど何も示されていない．そこで示されるのは，人間は生物であるから，生活に必要な財の入手が第一の目的となる．よって，財を生み出すか，生産力の拡大が常に求められる，という理由付けである．この考えは，まさに演繹的な接近過程であろう．しかし，ここで問題にされるのは，単に「力」の拡大，つまり量的な拡大のみである．人間は常に財の質も追い求めている，という点が欠落している．とするなら，この推論過程は弁証法としてはその過程に沿ったものとなっていたとしても，演繹的推論過程としては非常に粗雑なものに終止していることが判明する．また，財の私的所有という面での，支配と被支配についても，共同体での協同を考える必要があるという側面が，欠落していることである．つまり，人間の種の存続にかかわる「利他行為」が，他面では必ず必要，存在せねばならないという面をも考慮する必要があるということである．マルクスの支配側への徹底した非難の姿勢が，つまり，共産主義思想が，こうした利他的考えを木っ端微塵に破壊せしめてしまい，全く考慮できなくなってしまっているのが現実である．つまり，たとえ弁証法的に考えるとしても，思考の前提には，十分な仮定の吟味がなされていることがまず要求されるし，そもそも弁証法そのものを，もっと厳密に検討しておく必要があるだろう．

たとえば，弁証法では様々な考えが存し，一つの解釈として，「正反合とい

うトリアーデで事物は変化する」とされることがある．ここでの一般的な説明
では，「正はその内部に包摂する反と対立し，やがて両者が統一された合とな
る」とされる．ここでは，「正と反が対立する」と簡単に言われるが，何故対
立せねばならないのか，対立とは何をもってそのようにみなすのか，対立する
として，いかなる形をとるのか，時間的な経過はどのようなものなのか，対立
の過程の具体像はいかなるものか，挙げれば切りはない．しかし，この様な具
体像には言及はない．しかも，そもそもヘーゲルは，「正と反が対立する」と
は言っていず，「正が反対極のものに変質する」としているのである．正を即
自的存在とし反を正とは反対の対自的存在，合を即且対自とした場合，正と反
が対立するのではなくて正がまず反に変化し，さらにそれを否定することで合
になる，という説明でなければならない．また，この説明では，では，いかな
る理由によって反は正と対立する運動を開始するのであろうか．そのことにつ
いては，語られない．いわば自動的に対立状態に入る（自己展開）とされてい
ると考えられる（この点だけは，ヘーゲルと同じである）．ということは，もし対立
が生じるとしても，反を対立に動かさしめる，第三の要因があるのかもしれな
い．いわば新説を述べているのである．よって，論理的にまず説明する必要が
あるだろう．時間を前提するから，常なる変化は当然としても，何故変化する
のか，つまりなぜ反は正を変化せしめるのか，そもそも何故正は反を内包せざ
るを得ないのか，等につき合理的な説明をすべきであろう．これらの内容を明
確にする手段こそ，アブダクションや，帰納，演繹，類推というツールなので
ある．一部では，これらが使用されているものの，誠に浅い推論の段階で詰論
を出していると懸念されるのである．

　ここで人間社会の変化を体系的な，否構造的なものとして捉え，かつ，そこ
に弁証法的な変化を行うもの，として捉えたとしても，構造的にみれば体系そ
のものが変化してゆくこととみなさなければならない（注：レヴィ＝ストロース講
演集，大橋保夫編『構造，神話，労働』みすず書房，1979 年）．そこで，不変部分を財
の獲得＝自己保存と種の存続が目的，とするなら，財の量的質的拡大を実現す
るのは，その手段は大きく変化し，もともとは単なる生産技術の進化がその手
段であったにすぎなかったが，今や「貨幣」こそがその根本的な実現手段とな
っており（つまり，より多くの貨幣の獲得のため，常に生産の拡大が目指されることとな
る），このような側面を考慮に入れるとするなら，共産主義（社会主義）と言っ
た生産手段の共有，公有は，生産性の向上のためには全く誤った手段であり，

しかも，公有には強権が必要となるから，益々生産拡大への意欲が低下する制
度とならざるを得ず，よって，共産主義が必然であろうはずはなくなってしま
うのである．また，ポパーの言う反証可能という側面から見るなら，共産主義
社会という経済社会制度そのものの考えは反証可能であるが，共産主義が原始
共産制を否定した姿であるとか，価値や剰余価値の存在といった提言は，反証
不可能であることは明らかであろう．とするなら，マルクスの提言は，全体と
して科学としては成り立たなくなるであろう．

　一方，共産主義思想の発生は，人間社会にとり必然的なものであった．何故
なら，人間は怠惰な存在である．従って，できれば楽をして生活したいと願う
ものである．また，何かの時のためのセーフティーネットも求めるであろう．
そうした思いから，現実に実現されることを願って様々な考えを巡らすことと
なるだろう．時あたかも人間の思考力が進展し，自然や社会に対する認識が，
ある程度の深まりを見せてきた時代（17～19世紀），このような共産主義思想が
登場したのである．ここでの考えは，まさしく先の二つの願望を満たすもので
あろう．少々怠けても，あるいは万が一の時でも，漏れなく必要物が分け与え
られるのである．しかも，平等にである．まことに安心なシステムである．し
かも，こうした制度は，現在の理不尽な支配被支配の関係を打破する為の制度
である，という大義名分に裏打ちされているのである．いわば，願ったりかな
ったりの体を装っていたのである．問題は，共産主義が思いつかれたこの時期
では，自然にせよ社会にせよまだまだ認識の内容は浅いものであったというこ
とだろう．結果，内容は思いつきの段階にすぎず，現実社会に導入されると，
当初の意図とはかけ離れた状況をもたらしたのである．よって，この制度は多
くの国では導入が否定され，あるいは導入後捨て去られた．ただ，現在の資本
主義制度は様々な欠陥を有しているため，資本主義に代わる別の制度を常に求
めているような状況にある．そして欠陥を克服した新しい制度ではないかとし
て，再び共産主義思想に憧れだしたのである．そのほうが，手っ取り早くて楽
だからである．よって，このような安易な考えではなく，怠け心を克服しつつ，
かつ，失業や環境破壊を防ぎつつ，貨幣の獲得の極大化のみを目指さない，利
他的な行為の普遍化めざす，さらにセーフティーネットをも備えた新しい経済
制度を思索していく必要があると考えられる．

　最後に，人間社会が弁証法的に変化するとして，共産主義は必然という結論
が導き出せるのかにつき，演繹的，帰納法的手段で見ていこう．様々な点にお

いて，マルクスやマルクス主義者が主張してきた共産主義は必然であるという
考えは，肯定できないと考えられた．それでは，何故現代の一部の人々は未だ
に共産主義にあこがれを持つのであろうか．恐らく，そうした人々の多くは，
物事を情緒的に考え，論理的には考えていないからではないかと思われる．で
は，論理的思考のツールは何であろう．基本は，論理学で提示される帰納や演
繹といった推論にかかわるものであろう．さらに，パースは「アブダクジョ
ン」という推論形式を追加している．ここで一番基本的なツールは「演繹」で
あろう．演繹による推論形式は次のようなものである．それは，1，大前提，
2，小前提により，3，結論を導出するというものである．例をあげると，1，
人間は，いずれ必ず死ぬ．2，筆者は人間である．3，よって筆者は必ず死ぬ．
という推論形式である．

　一方，帰納とは幾つかのグループのうち，共通するものを見出して新しい傾
向や性質を見つけ出す推論である（注：帰納とは演繹での大前提，小前提，結論とい
う順序を，小前提，結論，大前提の順序で，アブダクションは，大前提，結論，小前提の順
序の推論形式であるとされることもある（米盛裕二『アブダクション──仮説と発見の論理
──』勁草書房，2007年，101頁）．以上は，実はパース自身がそのように解説したのであ
るが（パース著，上山春平・山下正男訳『論文集，パース，Ⅱ，記号論の哲学的基礎，第四
章，人間記号論の試み，二，すべての精神作用は推論である』，（中公バックス，責任編集上
山春平『世界の名著，59─パース，ジェイムズ，デューイ』），1980年，132-141頁）．ただ，
彼の論では帰納そのものの推論の過程ではなく，帰納法で導出した結論の確認過程でのそれ
であるにすぎない点を留意すべきである．）．帰納法的な推論では，人間社会での主
要な傾向は人間社会以外の社会において，同じ様な傾向が存在するかをみる必
要がある．しかし，今のところ事例を列挙できない．よって，帰納法的には推
論することはできない．

　つぎに，マルクスの言う共産主義を，演繹形式でその必然性につき推論して
みよう．
1，総ての社会経済体制は，弁証法的な姿で必ず変化する．2，資本主義は社
会経済体制の一つである．3，従って，資本主義社会は弁証法的に必ず変化す
る．

　次いで，1，弁証法的変化とは，イ，量から質への変化，ロ，らせん状の発
展（否定の否定という変化），ハ，対立物の統一としての発展，という形式をとる
（ただし，この理解が正しいことが前提される．）．2，資本主義は弁証法的に変化す

234

る．3．従って，資本主義は，イ，量から質への変化，ロ，らせん状の発展（否定の否定という変化），ハ，対立物の統一としての発展，に従って変化する．

さらに，1，ラセン状的発展とは，似かよった現象が再び出現することである．2，人間社会はラセン状発展をする．3，よって，人間社会には似かよった現象が出現する．

また，1，人間社会はもともと無階級の原始共産制社会であった（ただし，この理解が正しいことが前提される）．2，資本主義社会は，もともと無階級社会の原始共産制社会から発展した．3，よって，資本主義社会は，無陛級社会の原始の姿になり得る．

1，無階級社会の原始共産制社会は，ラセン状発展により再び無階級社会としての新しい共産主義社会へと生まれ変わる．2．資本主義社会はもともとは，無階級の原始共産制社会であった．3，よって，資本主義社会はラセン状発展により再び無階級社会としての新しい共産主義という社会に生まれ変わる．とし，しかも，再び無階級社会としての新しい共産主義という社会に変化するのは，弁証法によれば必然である，と主張するのである．このような，一連の演繹推理によって導出されたものと思われる．

しかし，現実社会を見ると，こうした一連の推理によって，必然を早めるためとして暴力によって成立せしめられた共産主義国家，ソ連邦は，成立後何故か約70年で崩壊してしまった．しかも，実際の社会では，無階級どころか，はなはだしい格差が存在せしめられることとなった．とするなら，演繹推論の簡略形式，つまり，1，総ての社会経済体制は，弁証法的に変化する．2，資本主義体制は社会経済体例である．3，よって，資本主義は弁証法的に変化する．という推論において，肝腎の結論が誤っていたのである．これは事実である．ところが，共産主義にぼんやりとした憧れを持つ人々は，「条件が異なれば，理想の社会が成立するのだ」として，事実を客観的に検討しようとはしない．ともかく，このような事実が，つまり，言うところの共産主義社会が成立しなかったということは，演繹推理での過程で，何かが誤っていたものと思われる．よって，大前提や小前提での「平叙文」に誤りがあった可能性が高い．そして，既に述べたように，弁証法という考え方そのものが，そもそも確立されたものではないことや，「生産手段の公有」という考えを導出した「搾取論」が，単なるドグマに過ぎなかったからであろうと考えられことや，言葉の意味の曖昧さといった，基本的な欠陥をみれば，そこに誤謬が存することは当然の

こととなるだろう．いずれにせよ，マルクス・エンゲルスが考え出した共産主義という経済社会体制は，理想の経済社会体制ではないことは勿論，そもそも必然的に生じるような社会体制ではなかったことが，明らかになったであろうことは，明白である．従って，なによりもまずは弁証法そのものの再検討が不可欠であることが，再確認できるのである．

　共産主義という社会経済制度はソ連においてはじめて導入されたが，ハイエクは，その著『隷属への道』において，共産主義や社会主義のような「「結果の平等」は自由を破壊する」ことや（注：ハイエク著，西山千明訳『隷従への道』ハイエク全集Ⅰ―別巻，春秋社，1992 年，101 頁），私有財産の否定こそが，自由と平等を破壊する（注：同書，134 頁）と，指摘している．また，ヒットラーが率いたナチズムとは，国家社会主義（覇権主義的市場経済）であり（注：同書，224-225 頁），この社会がどのような結果をもたらしたかは，まさに我々がよく知るところであろう．

　また，M. ポランニーは，共産主義（社会主義）が成立した時大きな危機を抱いていた．彼は『暗黙知の次元』で，社会主義国では，「知識のために知識を追求するという科学の正当性を否定していた（注：（M. ポランニー著，高橋勇夫訳『暗黙知の次元』ちくま学芸文庫，2003 年，2018 年，第 15 刷，（註 8）96 頁）」として，そこではもはや通常の創発は望めないと考えていた．つまり，科学というものが，特定の目的にのみに研究されるという状況では，本来の科学の持つ発展性など望めないとしているのである．即ち，人間は自身が認知できる知識と閾下知覚（それを暗黙知という（注：同書，23-26 頁））という無意識下で認識している知識が存する．我々の知識の発達には過去の知識の集約のみでは説明しきれない飛躍的発展が存する．それを創発というが，過去からの集積された暗黙知がまさに創発そのものであろうとしているのである（注：同書，145 頁）．いわば，こうした科学の発達の基礎的条件を，社会主義は否定しているとみなしているからである．よって，このことは，経済体制そのものが旨く機能しない原因にもつながることとなるだろう．何故なら，暴力的に過去の経済制度を否定して単に頭の中で構築した新しい経済制度を摘用しても，そこには断絶が存するから多くの暗黙知は消し去られることとなる．よって，人間が過去から積み上げてきた英知はそこで消滅せしめられてしまうこととなり，望ましい経済体制が築けるはずがないこととなるであろう．

　共産主義思想での決定的な誤りは，そこに反証不能な「ドグマ」が混入して

いることであろう．まず，弁証法の議論では，「概念が自己の力で自己展開する」「さらに，その概念と対立し，矛盾関係にあたる対立概念に自力で変化し，」「かつ，再び自力で，元の概念に，しかも，内容が高められた姿でそれを示す」という，将にドグマが語られているのである．次に，価値論では，将に「財には価値が存在する」というドグマが前提され，価格論や，経済学そのものが語られるのである．しかも，価格論では検討の対象は「商品」のみであり，財どころか「生産物一般や，サービス」にさえ及んでいないのである．自然科学では，このような対象とする現象全体的に及ばない，つまり，説明できない仮説は，そもそも未完成のものとして研究の対象とはなりえない．何故なら，そこには何か誤りが存するから，説明が不可能なのだろうと，考えるからである．また，「自由」や「平等」という概念についても，概念の内容に「ドグマ」が潜んでいると思われる．例えば，「結果としての平等」は，まさに「不平等」そのものを現実化させるから，ドグマどころか誤謬に他ならず，また，自由とは，先に見たように「局限された個人の権利，自己に局限された個人の権利である．自由という人権の実際上の適用は，私的所有という人権である」としており，この説明でも自由の意味の僅かな部分についてしか述べていない．よって，基本はドグマなのである．自由の本質は，「自己保存と種の存続を，平等的平穏的に実現することに抵触するものであってはならない」という内包でなければならないだろう．よって，明らかに共産主義思想は誤りと考えられるのである．

　また，共産主義体制が独裁体制になるのは必然である．何故なら，共産主義は人間が営んできた今までの経済社会体制を，無理やり変えることによって，成立せしめられる制度であるから，何らかの強権の行使が必須となる．さらに制度そのものに，例えば国有企業といった人為的なものが求められる．よってここでも強権を発令しなければ目的は達せられない．このように，多くの場合に強制力が必要になり，よって権力側に立つものはそれを利用して自己利益を求めることにならざるを得ないこととなるだろう．共産主義制度は，万人が賢人であることを前提とした仕組みなのである．

　にもかかわらず，今日のように共産主義や社会主義を是とする風潮が存するのは，戦後展開されたフランクフルト学派による影響が大きいのではと考えられる．フランクフルト学派については，既に田中英道氏が指摘されたところであるが（注：田中英道『戦後日本を狂わせたOSS「日本計画」——二段階革命理論と憲法

──』展転社，平成 23 年（2011 年）初版，平成 28 年（2016 年），第 6 刷．なお，宮本勝浩氏の『移行経済の理論』によれば，計画経済の非能率性が，数学モデルによって，推測されている．移行期とは，計画経済を中止し，自由な市場経済へと転換する期間のことを意味している．ここでは，直接的には計画経済を扱っていないが，移行期での国有企業と誕生した私企業の動向を見ることで，国有企業の生産性の低い状況が示される．例えば，「国有企業はボーナス（を）獲得するために生産を高めるよりも，低いノルマを得るような努力をする傾向がある（同書，100 頁）」，「移行期の企業は古い社会主義計画経済システムの体質を温存し，不確実性が高まれば国家が保証する安定的な生産や収益を確保できる道へ逃避し，リスクや不確実性のある競争的経営方針を避けようとする傾向がある（同書，122 頁）」ことを，明らかにされている（宮本勝浩『移行経済の理論』中央経済社，2004 年））．いずれにせよ，高等教育機関を中心に，フランクフルト学派の考え方が全世界で広がっているのが現実である．結果，高等教育を受けた多くの人々が共産主義思想を受け入れる考えに育っていったものと考えられる．何故なら，純粋な若者は，高等教育を担う人々への疑念を持つことはなかなか難しいからである．しかし，このような傾向は今後の人間社会に危機をもたらす可能性が存すると思われる．多くの人々が怠惰に暮らすようになった社会を想像すれば，予想できるだろう．従って，ともかく共産主義という思想は，望ましい社会経済制度でもなければ必然的に到来する制度でもないことをこそ，強く確認する必要があるのである．

参考文献

石川幹人『日経ビジネス』「「有訓無訓」―「文系」「理系」の選択は疑問，医療・技術情報を読み解く，科学リテラシーの向上を―」，2020.08.24，No. 2054.

井尻正二『弁証法をどう学ぶか』大月書店，1991 年.

E. V. イリエンコフ著，花崎皋平訳『資本論の弁証法』合同出版，1972 年.

岩崎武雄『弁証法──その批判と展開──』東京大学出版会，1954 年.

岩崎允胤『人間と社会の弁証法──社会科学の認識論──』梓出版社，1984 年.

内山勝利編『ソクラテス以前哲学者断片集』第Ⅰ分冊，岩波書店，1996 年，2008 年第 5 刷.

内山勝利編『ソクラテス以前哲学者断片集』第Ⅱ分冊，岩波書店，1997 年，2008 年第 3 刷.

エンゲルス著，大内兵衛訳『空想より科学へ──社会主義の発展──』岩波文庫，1964 年.

エンゲルス著『反デューリング論』大内兵衛監訳『マルクス・エンゲルス全集』第 20 巻，大月書店，1968 年.

238

エンゲルス著，村田陽一訳『家族，私有財産および国家の起源』大内兵衛監訳『マルクス・エンゲルス全集』21 巻，大月書店，1971 年.

エンゲルス著，菅原仰訳『自然の弁証法』Ⅰ，大月書店，国民文庫，1970 年.

エンゲルス著，菅原仰訳『自然の弁証法』Ⅱ，大月書店，国民文庫，1970 年.

エンゲルス著，マルクス＝エンゲルス 8 巻選集翻訳委員会訳「ルートヴィヒ・フォイエルバッハとドイツ古典哲学」，マルクス・エンゲルス 8 巻選集『マルクス・エンゲルス 8 巻選集』第 8 巻，大月書店，1974 年.

エンゲルス著，川口浩訳「黙示録」大内兵衛監訳『マルクス・エンゲルス全集』第 21 巻，大月書店，1971 年.

エンゲルス著，真下信一・宮本十蔵訳「シェリングと啓示——自由な哲学にたいする最近の反動的企画への批判——」大内兵衛監訳『エンゲルス初期著作集』，大内兵衛監訳『マルクス・エンゲルス全集』第 41 巻，大月書店，1973 年.

大垣昌夫・田中沙織『行動経済学，新版——伝統的経済学との統合による新しい経済学を目指して——』有斐閣，2018 年.

加藤尚武責任編集『哲学の歴史— 7　理性の劇場，18〜19 世紀，カントとドイツ観念論』中央公論新社，2007 年.

加藤尚武ほか編『ヘーゲル事典』弘文堂，1992 年.

姜尚暉『ヘーゲル大論理学精解』上巻，ミネルヴァ書房，1984 年.

カント著，篠田英雄訳『純粋理性批判　上』岩波文庫，1961a 年.

カント著，篠田英雄訳『純粋理性批判　中』岩波文庫，1961b 年.

経済学辞典編集委員会編『大月経済学辞典』大月書店，1979 年.

佐藤優『共産主義を読みとく——いまこそ廣松渉を読み直す『エンゲルス論』ノート——』世界書院，2011 年.

篠田英明「橋下徹氏に見る憲法学通説の病理」『Hanada』2022 年 7 月号，飛鳥新社.

マーティン・ジェイ著，荒川幾男訳『弁証法的想像力——フランクフルト学派と社会研究所の歴史 1923-1950——』みすず書房，1975 年.

社会科学辞典編集委員会編『社会科学辞典』新日本出版社，1967 年.

新約聖書翻訳委員会『新約聖書』Ⅴ，岩波書店，1996 年.

スターリン著，マルクス＝レーニン主義研究所訳『弁証法的唯物論と史的唯物論』国民文庫，205 大月書店，1953 年.

レヴィ・ストロース講演集，大橋保夫編『構造・神話・労働』みすず書房，1979 年.

武谷三男『弁証法の諸問題』武谷三男著作集，1　勁草書房，1968 年.

田中英道『戦後日本を狂わせた OSS「日本計画」—二段階革命理論と憲法—』展転社，平成 23 年（2011 年）.

中埜肇『弁証法——自由な思考のために——』中央公論社，1973 年.

新村出編『広辞苑』第 6 版，岩波書店，1990 年.

新村出編『広辞苑』第 7 版，岩波書店，2018 年.

ハイエク著，西山千明訳『隷従への道』ハイエク全集 I 一別巻，春秋社，1992 年.

パース著，上山春平・山下正男訳『論文集，パース，II，記号論の哲学的基礎，第四章，
　　人間記号論の試み，二，すべての精神作用は推論である』中公バックス，責任編集上
　　山春平『世界の名著，59一パース，ジェイムズ，デューイ』1980 年.

濱田嘉昭ほか『科学的探究の方法』放送大学教育振興会，2011 年.

林健太郎『史学概論（新版）』有斐閣，教養全書，1970 年.

廣松渉ほか編『岩波哲学・思想事典』岩波書店，1998 年.

廣松渉『廣松渉著作集』第二巻，弁証法の論理，岩波書店，1996 年.

廣松渉『廣松渉著作集』第三巻，科学哲学，岩波書店，1997 年.

プラトン著，藤沢令夫訳『国家』（下），岩波文庫，2008 年改版.

プラトン著，藤沢令夫訳『パイドロス』岩波文庫，1967 年.

山本光雄編『プラトン全集』2「パルメニデス」角川書店，1974 年.

ヘーゲル著，松富弘志ほか訳『近代自然法批判』世界書院，1995 年.

ヘーゲル著，松村一人訳『小論理学』上巻，岩波文庫，昭和 26 年（1951 年）.

ヘーゲル著，松村一人訳『小論理学』下巻，岩波文庫，昭和 27 年（1952 年）.

ヘーゲル著，真下信一・宮本十蔵訳『改訳・小論理学』（『ヘーゲル全集』一 1，岩波書
　　店）1996 年.

ヘーゲル著，武市健人訳『改訳・大論理学』上巻の一（『ヘーゲル全集』一6a，岩波書店）
　　1956 年.

ヘーゲル著，武市健人訳『改訳・大論理学』上巻の二（『ヘーゲル全集』一6b，岩波書
　　店）1960 年.

ヘーゲル著，武市健人訳『改訳・大論理学』中巻（『ヘーゲル全集』一 7，岩波書店）
　　1960 年.

ヘーゲル著，武市健人訳『改訳・大論理学』下巻（『ヘーゲル全集』一 8，岩波書店）
　　1961 年.

ヘーゲル著，上妻精・佐藤康邦・山田忠彰訳『法の哲学——自然法と国家学の要綱』上巻
　　（『ヘーゲル全集』一9a，岩波書店）2000 年.

ヘーゲル著，武市健人訳『改訳・哲学史』上巻（『ヘーゲル全集』一11，岩波書店）1934
　　年.

ヘーゲル著，武市健人訳『哲学史』中巻の一（『ヘーゲル全集』一12，岩波書店）1934 年.

ヘーゲル論理学研究会編『見田石介——ヘーゲル大論理学研究——』第 1 巻，大月書店，
　　1979 年.

ヘーゲル論理学研究会編『ヘーゲル大論理学，概念論の研究』大月書店，1991 年.

ベーム・バーヴェルク著，木本幸造訳『マルクス体系の終結』未来社，一九九二年復刊.

ポパー著，武田弘道訳『自由社会の哲学とその論敵』泉屋書店，1963 年.

ポパー著，藤本隆志・石垣壽郎・森博訳『推測と反駁』法政大学出版局，2009 年.

M. ポランニー著，高橋勇夫訳『暗黙知の次元』ちくま学芸文庫，ホ，10.1，2003 年版.

2018 年 6 月，第 15 刷，96 頁.

マルクス・エンゲルス著，大内兵衛・向坂逸郎訳『共産党宣言』岩波文庫，昭和 26 年（1951 年）.

マルクス著，武田隆夫ほか訳『経済学批判』岩波文庫，1956 年.

マルクス著，向坂逸郎訳『資本論』（一）全 9 冊，岩波文庫，1969 年.

マルクス著，向坂逸郎訳『資本論』（二）全 9 冊，岩波文庫，1969 年.

マルクス著，向坂逸郎訳『資本論』（三）全 9 冊，岩波文庫，1969 年.

マルクス著，城塚登訳『ユダヤ人問題によせて・ヘーゲル法哲学批判序説』岩波文庫，1974 年，1990 年.

マルクス著，望月清司訳『ゴーター綱領批判』，岩波文庫，1975 年.

マルクス著「アイヒマンの訓令」大内兵衛監訳『マルクス・エンゲルス全集—1848〜1849』第 6 巻，大月書店，1961 年.

大内兵衛ほか監訳『マルクス・エンゲルス全集』第 19 巻，大月書店，1969 年.

マルクス著，岡崎次郎訳『資本論— I —b』，大内兵衛監訳『マルクス・エンゲルス全集』23b，大月書店，1965 年.

マルクス著，真下信一訳「ヘーゲル弁証法と哲学一般との批判」大内兵衛監訳『マルクス初期著作集』，『マルクス・エンゲルス全集』第 40 巻，大月書店，1975 年.

マルクス著，村田陽一訳『カール・マルクス著『モーガン『古代社会』摘要』，大内兵衛監訳『マルクス・エンゲルス全集』，補巻 4，大月書店，1977 年.

三浦つとむ『弁証法はどういう科学か』講談社現代新書，1968 年.

美馬佑造『入門日本商業史』晃洋書房，2003 年.

美馬佑造『貨幣帝国主義論』晃洋書房，2004 年.

美馬佑造「再考，K・ポランニーの貨幣論」『経済研究』第 62 巻　第 1・2 号，2016 年.

宮本勝浩『移行経済の理論』中央経済社，2004 年.

J.S. ミル著，塩尻公明・木村健康訳『自由論』岩波文庫，1971 年.

毛沢東著，松村一人・竹内実訳『実践論・矛盾論』岩波文庫，1957 年.

森宏一企画編集『哲学辞典』青木書店，1971 年.

山口祐弘『ヘーゲル哲学の思惟方法——弁証法の根源と課題——』学術出版会，2007 年.

山田忠雄ほか編『新明解国語辞典』第 7 版，三省堂，2017 年.

山本光雄編『プラトン全集』2「パルメニデス」角川書店，1974 年.

高桑純夫訳者代表『世界の大思想—9—スピノザ』—解説—（桂寿一担当），河出書房新社.

米盛裕二『アブダクション——仮説と発見の論理——』勁草書房，2007 年.

ライプニッツ著，清水富雄・竹田篤司・飯塚勝久訳『モナドロジー・形而上学叙説』中央公論新社，2005 年.

D. リカード著，羽鳥卓也・吉澤芳樹訳『経済学および課税の原理』上巻，岩波文庫，1987 年（下もおなじ）.

D. リカード著，羽鳥卓也・吉澤芳樹訳『経済学および課税の原理』下巻，岩波文庫，
　　1987 年.
レーニン著，松村一人訳『哲学ノート』上巻，岩波文庫，1975 年.
レーニン著，松村一人訳『哲学ノート』下巻，岩波文庫，1975 年.

おわりに

　今日，人間は本当の危機に直面している．今まで人間は生存のため生産力の拡大に邁進せざるを得ず，現にそれを目指してあらゆる努力を払ってきた．その結果が，市場経済という制度であり（市場経済と議会制民主主義を組み合わせた経済社会制度が，資本主義である），貨幣という交換手段を利用しつつ，価格メカニズムにより需給を調整するという経済システムであった．この制度では生産は競争的に行われ，結果，次々と新しい生産物が生み出された．一方，そこでは，ひたすら貨幣の獲得の極大化が目指されることとなった．結果，生産力を高めることは出来たが，環境悪化，資源の浪費，所得格差，人間に有害な製品の生産，無暗な人口増が問題点として持ち上がった．人口増は，いわゆる先進国では歯止めがかかりつつあるが，人間全体としてはさらなる増加が予想される．しかも，先進国では人口減は国力の衰退に繋がるとして，意図的に増加策が講じられるようになってきた．市場経済では，人口数は生産の拡大要因であるから，また，従来はまだ今日のような問題は発生していなかったから，人口増に，なんらの問題意識はなかった．しかし今日のように，適正な規模を遥かに上回る人口数になれば，流石に問題点の一つとなって来たのである．基本は，地球規模での生存可能人口数には限りがある，ということであろう．にもかかわらず，人口に歯止めをかける術はもはや我々は持ち合わせてはいない．いわゆる人権侵害論で，制限に関する議論さえ差別である，として不可能になっているのである．このように，市場経済と人口増こそが，解決すべき問題発生の根本と考えられる．そこで，市場経済の是正策として提案したのが，貨幣の交換機能に対する制限とベーシック，インカムという方策であった．しかし，今日ロシアや中共といった覇権主義国が出現し，不正な手段と人間の数の力で経済力を大きくし，人口数と経済力によって大国として横暴な行為を示しだした．よって，まさしく人口減は国力の減退である，という事実に直面してしまったのである．よって，人口減を目指すことなど，この意味でも出来なくなってしまったのである．また，貨幣の機能の制限は貨幣量の削減効果を持つから，経済力の低下をもたらす可能性がある．よって，この対応策も講じることができなくなっているのである（ただ，例えば国債発行による意図的な貨幣供給の増加によって，

生産額を増やすことは，可能であろう）．いまひとつ，人間は自身の特徴である「深く考える」という資質により，滅びを招きつつあると考えられる．何故なら，人は思考力を「如何にして，生活を楽にさせるか」の実現に注力してきた．このことは，結果として勤勉な性格を怠惰な性格に劣化せしめることとなるのは明らかであろう．さらに，「神は神に似せて人間をつくりたもうた．」という傲慢さが，それを信じる人々をして利己的な歯止めのない行為をなさしめている．その最たるものが，反省しない怠惰な人間を，大量に生み出していることにつながっていると考えられるのでである．反省を放棄してしまった人々は，共産主義という怠惰を実現してくれる社会を，ひたすら憧れるようになってしまった．みかけ上は，「他人を助ける」という制度に見えて，内実は自身こそが救済の対象となっている思想である．彼らは，よって彼らに対する批判などは一切受け付けないのである．彼らの「崇高」な心情を，否定されるからである．また，「自身の民族が最も優れている」という根拠なき思い込みによる覇権主義国による対外侵略が，再び現実化してしまった．また，中国は中華思想である孔子の教えに従い（『論語』子路 18. ここでは，嘘をついても，盗みをしてもよいとは書かれてはいないが，結果として「してもよい」こととなっている），盗みと虚言を繰り返しつつ，ひたすら支配的立場の実現に励みだした．こうした状況は，人々の対立を深刻化させ，最終的には暴力的対立を招くであろう．このような危機的な状況が，現に深まりつつあるのである．よって，結局人間とはせいぜいこのような存在なのだ，ということをまず自覚して（決して生物の頂点に立つような存在ではない），ひるむことなく，対応策をここで検討した方法論によって，考えていく必要があるであろう．その一つが，人間行為を流れのままに放置するのではなく，どのような規範のもと生活してゆくのかを，全人類が常に思考し合っていく制度を構築ことであろう．つまり，人間は常に襟を正しつつ生きてゆく必要がある，ということだろう．具体策としては，教育の場において「人間存続学」を設けて，常に議論を深めていくことである．これは，初等教育から実施されねばならないだろう．また，本来の世界会議を設けて，人類共通の認識とすべきであろう．同時に，既存の文系研究・学問の成果なるものの真偽の検討が必須である．その上で，今後は各分野の研究成果を提示し合い，（注：なお，カルナップは「科学は統一体をなしている（＝すべての科学は同質である）」（ルドルフ・カルナップ著竹尾治一郎訳「科学の普遍言語としての物理的言語」（坂本百大編『現代哲学基本論文集 I ＝フレーゲ，ラッセル，ラムジー，ヘンペル，シュリック，ノイラート，

カルナップ＝』勁草書房、1986 年，185〜239 頁））」と考えたところに，限界があった．よ
って，「論理実証主義」は，クワインの批判（クワイン著持丸悦朗訳『論理学的観点から
——9 つの論理・哲学的小論——』岩波書店，1972 年）を受け入れて修正はしたが，まだ限
界を持っていると考えられる。即ち，社会科学はあくまで多数を占める人間行為の結果とし
ての現象を対象としているから，あくまで，たゆとう人間心理によって生じた現象を対象と
するから，自然科学のように定まった内容を示すものではないからである．）互いに他の
分野の内容を吟味し，検討し合って真偽を確認することが不可欠である．この
確認作業は，定期的に行わなければならないだろう．でなければ，今日の各分
野のガラパゴス化からの脱却は，不可能であろうと考えられる．ともかく，A.
スミスが提唱した「レッセフェール」は，経済行為でもそれ以外の分野，例え
ば学問研究においても，最善の状況をもたらすことはないことが判明した．よ
って，以上のような努力つまり人間行為の真理性の確認作業は，避けて通るこ
とは出来ないのである．

　最後に，本書出版に際してお世話になった丸井清泰氏及び編集作業を頂いた
坂野美鈴氏に対し，厚く御礼申し上げます．また，極力脚注に目を通して頂き
たかったため本文に脚注を埋め込むという形式を採用させて頂いたことを申し
添えます．なお，本書出版時体調が万全でなかったため，不備な点を全て修正
出来なかった事につき，お詫び申し上げます．

用 語 解 説

概念：事物の本質を捉える思考の形式．事物の本質的な特徴とそれらの連関が
概念の内容（内包）．例，人という概念の内包は，理性的なこと，である．
諸対象の若干の本質的特徴を，ひとまとめにして反映したものである．
事物の本質をとらえる思考の形式．（中略）概念は，言語に表現されて
「名辞」と呼ばれ，その意味内容として存在する．（本質を見出す方法は，）
個々の事物にのみ属する偶然的な性質を捨てる（捨象）ことによる（いわ
ゆる帰納推理），とするのが経験論の立場．経験から独立した概念先天的
概念を認める合理論の立場がある（新村出編『広辞苑』第六版，岩波書店，
2008 年）．

上向：抽象的なものから具体的なものへ（マルクス著，武田隆夫ほか訳『経済学批
判』・岩波文庫，昭和 31 年（1956 年）．（抽象＝分析によって単純化された要素一つ
一つ）⇒具体＝要素を組み合せたものへ＝総合）（分析から総合）．

下向：具体的なものから抽象的なものへ（総合から分析）．
一七世紀の経済学者たちは，いつも生きた全体，つまり人口，国民，国
家，いくつかの国家等々からはじめた，（具体からはじめ，抽象にいたる＝下
向）．しかしかれらは，いつも分析によって二・三の規定的な抽象的一
般的諸連関，たとえば分業，貨幣，価殖等々をみつけだすにおわった．
これらの個々の要因が多かれ少なかれ固定され抽象されるとすぐに，労
働，分業，欲望，交換価値のような単純なものから，国家，諸国民間の
交換，世界市場にまでのぼってゆく経済学の諸体系（マルクス著，武田隆
夫ほか訳『経済学批判』岩波文庫，1956 年）．

公理：公の道理
証明不可能，つまり証明を必要としない自明の真理．他の命題の前提と
なる基本命題．ある理論領域で仮定される基本命題．ここでは自明の理
ではなく公理の取り方で定まる（新村出編『広辞苑』第六版，岩波書店，2008

248

年，東京）．

思考：ここで，思考の論理的構造とは，概念，判断，推理であるとする．狭義
には，感性や意欲の作用と区別して，概念，判断，推理の悟性的，理性
的な作用をいう．知的直観をこれに加える説もある（以下，主として新村
出編『広辞苑』第七版，岩波書店，2018 年）．

〈関連語〉

判断：諸対象相互間の，または諸対象とその諸性質との，または諸対象の諸
性質のあいだの連関，関係を反映したものである．論理学の対象を思
考の働きとする立場において，概念，推理とともに思考の根本形式．
形式論理学における命題に該当し，いくつかの概念または表象の間の
関係を肯定したり否定したりする作用．真偽，善悪，美醜などを考え
定めること．ある物事について自分の考えはこうだときめること．
（判定，断定．）（新村出編『広辞苑』第 7 版，岩波書店，2018 年）

推理：前提となる既知の命題から新たな命題を論理的に導きだす思考形式．
推論．前提が一個の場合を直接推理，二個以上の場合を間接推理とい
う．哲学字彙 2 版（新村出編『広辞苑』第 7 版，岩波書店，2018 年）

本質：あるものをそのものとして成り立たせているそれ独自の性質

表象：対象が意識に現れること．また，その対象の像．対象が現前している
場合（知覚表象），記憶によって再生される場合（記憶表象），想像によ
る場合（想像表象）がある．（新村出編『広辞苑』第七版，岩波書店，2018 年）

徴表：ある事物を他の事物から区別するしるしになる特定の性質．（例，金属
は電気や熱の良導体）一定事物の総体はその事物の概念の内包となる．
つまり，思考とは，対象を「概念」として，よって，1．対象の本質
を認識すること，2．いくつかの概念または表象の間の関係を肯定し
たり否定したりする作用＝判断，を行うこと，3．一つまたは若干の
判断から，新しい判定を導きだす＝推理，という思惟（心に深く考え思
うこと）を実行することであることがわかる．よって，思考力とは，
そのような能力がどの程度か，ということである．
なお，思考を実践する場合，同一律，矛盾律，排中律，充足理由律と
いう基本法則を守らなければならない．同一律とは，「AはAである」，
矛盾律とは「Aであり，かつAでない，ということはない」，排中律

とは「Aであるか，または non・A であるか，のどちらかである」，充足理由律とは「あらゆる真なる思考は，充分な根拠をもたねばならない」というもので，充分気を付けねばならない．特に，推理においては，充分な根拠をもたねばならない（寺沢恒信『形式論理学要説』清水弘文堂，昭和 43 年（1968 年），東京）．

必要条件・十分条件

十分条件：「人間は思考する＝p（人間である）⇒q（思考する）」という命題において，「あるものが，q（思考する）という性質をもつ（q（思考するという条件を満たす）ためには，p（人間である）という性質をもつ（p（人間である）という条件を満たす）ならば，それで十分である⇒pはqが成り立つための十分条件であるという．

（思考する生き物，のみでそれは人間だと言える，つまり十分条件である．）

この時，pの真理集合Pはqの真理集合Qの部分集合であるから，Pに含まれるものは自動的にQに含まれる．

必要条件：一方，このとき，Qに含まれないものは決してPには含まれないから，Pに含まれるためには，まず，Qに含まれることがどうしても必要である．すなわちあるものが，p（人間である）という性質をもつ（主辞p（人間である）が成り立つ）ためには，q（思考する）という性質をもつ（賓辞q（思考する）が成り立つ）ことが，どうしても必要である⇒q（思考する）はp（人間である）が成り立つための必要条件であるという．（必要条件の場合，人間であるためには思考する，以外にも，二足歩行，哺乳類などの条件も「必要」となってくる）．（佐藤恒雄『佐藤の数学 I』研数書院．但し，一部変更した）．

定性的データ：データは事実を示すものであるから，基本的にはデータは「定性的」だろう．

定量的データ：定量が「演繹」だとするなら，これは生のデータではなく定性的データから引き出した仮説をさらに演繹によって「予測」を引き出すための状態の資料，と見るべきであろう．あるいは，引き出した「予測」そのものとも考えられる．

文化：人間が自然に手を加えて形成してきた物心両面の成果．衣食住をはじめ
　　　科学・技術・学問・芸術・道徳・宗教・政治など生活形成の様式と内容
　　　とを含む．精神的生活．技術的発展面，文明.
　　　その人間集団の構成員に共通の価値観を反映した物心両面いわたる活動
　　　の様式（の総体）（山田忠雄他編『新明解国語辞典』第七版，三省堂，2017 年）.

分析哲学：哲学的言明の論理分析や日常言語分析をふくむ広義の言語批判を哲
　　　　学の基本営為と考える現代哲学の一派．（中略）「『プリンピキア・マ
　　　　テマティカ』全3巻 1910—1913,」は「「標準論理」と呼ばれる大
　　　　一階述語論理の原型になった．日常言語分析の哲学の略称が分析哲
　　　　学．＝言語表現の曖昧さを許さず，言語使用のレベル（階型）や文
　　　　脈を厳守しようとする理想言語の文法（を追求する哲学）．（中略）当
　　　　初分析哲学者たちは標準論理の間尺に合わない言語表現の批判を自
　　　　らの仕事としていた．（中略）現在ではデカルト，カント，フッサー
　　　　ル，ハイデガーといった異質の哲学者の（様々な哲学者の）問題領域
　　　　にまで及んで（中略）いる．（廣松渉，他編『岩波哲学・思想事典』岩波書
　　　　店，1998 年，東京）

分析と総合：一般には，多様な意味内容を持つ
1．分析：対象，表象・概念などをそれを構成する要素に分けて解明すること.
　　総合：関係する幾つかのものを集めて一つの統一体となるようにすること.
2．分析：アストテレスは論理学用語としてよく用い，「命題を諸前提まで遡
　　　　及してゆくこと」を意味した.
　　総合：分析によって諸前提に到達したのとは反対の順序で，「諸前提から
　　　　結論を導き出すこと」を意味した.
3．分析：証明すべき命題から，それを成立させる条件へつぎつぎに遡ってゆ
　　　　く証明の仕方．（上向）
　　総合：原理から出発してその帰結に至ること．公理から出発して定理を証
　　　　明する数学の提示法はその典型（下向＝より基本的なものから，次に基
　　　　本的ななものへと，進めるから）.

分析
1．ある事を分解して，それを成立させている成分，要素，側面を明らかにすること．
2．物質の検出，特定，また，化学的組成を定性的，定量的に識別すること．
3．概念の内容を構成する諸徴表を要素に分けて明らかにすること．

総合
1．個々別々のものを一つに合わせまとめること．
2．原理から出発してその帰結に至ること．公理から出発して定理を証明する数学の提示法はその典型，反対は分析
3．弁証法で相互に矛盾する定立と反定立とを止揚すること＝合（ごう）（ただし，弁証法はそもそも成立しないことに注意されたい（本書補論2を参照））．

分析的判断・総合的判断
分析的判断：主語概念の内包の内に述語概念が含まれている判断，つまり主語概念の分析のみによって真と知られる判断．例えば「いかなるやもめも結婚していない」のように，それを言い表す文に含まれる語句の意味によって真とされる言明が分析的言明，
総合的判断：主語概念の内に述語概念が含まれておらず，主語概念の分析だけでは真偽が知られないが，だからこそ真と知られたときにはわれわれの認識を拡張してくれるものである．そのような仕方では真偽が決定されず，事実との照合を必要とする言明が総合的言明である．カントによる用語である．
以上は
廣松渉ほか編『岩波哲学・思想事典』岩波書店，1998年.
新村出編『広辞苑』第6版，岩波書店，2008年.
山田忠雄他編『新明解国語辞典』第7版，三省堂，2017年.
による．

分析と総合（カント）
分析：主語の内に述語がすでに含まれているもの．
　　　「物体は延長している」．

総合：主語の概念の内には入っていない内容が述語として付加された判断．
「物体は重さを持つ」．
(カント著篠田英雄訳『純粋理性批判　上』岩波文庫，1961 年，66 頁)．

理念型：ある現象について，現実をありのまま再現するのではなく，現実には
分散的に存在している諸特徴をとりだし，それ自身矛盾のないように
こうせいしたもの．現実に対するあるべき規範ではなく，実在の現象
と比較し，またその文化的意義を明らかにするための手段．理想型

理念：決断や解釈の目的（現代），非感覚的な永遠の真実性．人間の心的内容た
る観念アイディア，（デカルト）世界，神，霊魂など経験を超えた対象，
超越論的理念，純粋理性概念（カント），絶対的な実在を意味するもの
（ヘーゲル）

類推（アナロジー）：二つの事物が，いくつかの性質や関係を共通にもち，かつ，
一方の事物がある性質または関係をもつ場合に，他方の事
始もその同じ性質または関係をもつだろう，と結論する推
理を，類推という類推は，特殊的なものか，特殊的なもの
への推理である．類推は論証ではない．しかしそれにもか
かわらず，類推は新しい真理を発見する手びきとして，有
力なものである．類推によってみいだされた結論は，別の
方法によって確かめられなければならない（寺沢恒信『形式
論理学要説』清水弘文堂，1968 年（初版））．

論（judgment）：論理学の対象を思考の働きとする立場において，概念・推理と
ともに思考の根本形式．形式論理学における命題に該当し，い
くつかの概念または表象の間の関係を肯定したり否定したりす
る作用で，「ＳはＰである」「ＳはＰでない」という形式をとる．

参 考 文 献

逢沢明『ゲーム理論トレーニング』かんき出版，2003 年.

青木昌彦・奥野正寛編著『経済システムの比較制度分析』東京大学出版会，1996 年.

ミッシェル・アグリエッタ著，若森章孝・山田鋭夫・大田一廣ほか訳『資本主義のレギュラ
シオン理論（増補新版）——政治経済学の革新——』大村書店，2000 年.

阿部誠『サクッとわかる ビジネス教養 行動経済学』新星出版社，2021 年.

ダン・アリエリー，ジェフ・クライスラー著，櫻井祐子訳『アリエリー教授の「行動経済
学」入門　お金篇』早川書房，2018 年.

アリストテレス著，中畑正志・早瀬篤・近藤智彦・高橋英美訳「カテゴリー論，命題論」
『アリストテレス全集』1，岩波書店，2013 年.

アリストテレス著，今井知正・河谷淳・高橋久一郎訳「分析論前書，分析論後書」『アリス
トテレス全集』2，2014 年.

アリストテレス著，山口義久・納富信留訳「トポス論・ソフィスト的論駁について」『アリ
ストテレス全集』3，2014 年.

アリストテレス著，戸塚七郎訳『弁論術』岩波文庫，1992 年.

板倉聖宜『科学と方法——科学的認識の成立条件——』季節社，1969 年.

今井亮一・工藤教孝・佐々木勝・清水崇『サーチ理論——分権的取引の経済学——』東京大
学出版会，2007 年.

ウエーバー著，富永祐治・立野保雄訳，折原浩補訳『社会科学と社会政策にかかわる認識の
「客観性」岩波文庫，1998 年.

ウィトゲンシュタイン著，中平浩司訳「名辞，命題，因果律などの定義」『論理哲学論考』
ちくま学芸文庫，2005 年.

ウィトゲンシュタイン著，丘澤静也・野家啓一訳『哲学研究』岩波書店，2013 年.

大垣昌夫・田中沙織『行動経済学（新版）——伝統的経済学との統合による新しい経済学を
目指して——』有斐閣，2018 年.

大竹文雄『行動経済学の使い方』岩波新書，2019 年.

大竹文雄『あなたを変える行動経済学——よりよい意思決定・行動をめざして——』東京書
籍，2022 年.

小河原誠『ポパー——批判的合理主義——』講談社，1997 年.

加賀野井秀一『ソシュール』講談社選書メチエ，2004 年.

柏崎利之輔ほか『経済原論』図説経済学体系　2，学文社，1983 年.

加藤敏春『エコマネーの新世紀——"進化"する 21 世紀の経済と社会——』勁草書房，

254

2001 年.

ルドルフ・カルナップ著，吉田謙二訳『論理的構文論』晃洋書房，2007 年.

ルドルフ・カルナップ著，竹尾治一郎訳「科学の普遍言語としての論理的言語」（坂本百大編『現代哲学基本論文集Ⅰ＝フレーゲ，ラッセル，ラムジー，ヘンペル，シュリック，ノイラート，カルナップ＝』頸草書房，1986 年.

カント著，篠田英雄訳『純粋理性批判　上』岩波文庫，1961 年.

カント著，篠田英雄訳『純粋理性批判　中』岩波文庫，1961 年.

カント著，篠田英雄訳『純粋理性批判　下』岩波文庫，1962 年.

ジル＝ガストン・グランジェ著，植木哲也訳『哲学的認識のために』法政大学出版局，1996 年.

クワイン著，持丸悦郎訳『論理学的観点から―― 9 つの論理・哲学的小論――』岩波書店，1972 年.

クワイン著，中村秀吉・大森荘蔵・藤村龍雄訳『論理学の方法』岩波書店，1978 年.

G. キング・R. O. コヘイン・S. ヴァーバ著，真渕勝監訳『社会科学のリサーチ・デザイン――定性的研究における科学的推論――』勁草書房，2004 年.

H. ブレイディ・D. コリアー編，泉川泰博・宮下明聡訳『社会科学の方法論争――多様な分析道具と共通の基準――』勁草書房，2008 年.

神戸大学西洋経済史研究室『経済紙教材　1』晃洋書房，1973 年.

資本主義の欠陥の修正方法（『日経ビジネス』2020，12，14，No. 2070）

小室直樹「構造―機能分析の論理と方法」，青井和夫編『理論社会学』（社会学講座Ⅰ），東京大学出版会，1974 年.

近藤洋逸・好並英司『論理学概論』岩波書店，1964 年.

近藤洋逸・好並英司『論理学入門』岩波書店，1979 年.

篠田英朗「橋下徹氏に見る憲法学通説の病理」『Hanada』2022 年 7 月号.

柴山盛生・遠山紘司『問題解決の進め方』放送大学教育振興会，2012 年.

A. ジョージ・A. ベネット著，泉川泰博訳『社会科学のケース・スタディ――理論形成のための定性的手法――』勁草書房，2013 年.

新村出編『広辞苑』第六版，岩波書店，2008 年.

鈴木幸寿ほか編『社会学用語辞典』学文社，1972 年.

レヴィ・ストロース講演集，大橋保夫『構造・神話・労働』みすず書房，1979 年.

世良晃志郎『歴史学方法論の諸問題（第二版）』木鐸社，1975 年.

高田誠二『科学方法論序説――自然への問いかけ働きかけ――』朝倉書店，1988 年.

竹内啓『（増補新装版）社会科学における数と量』東京大学出版会，2013 年.

多田顕・久保芳和，図説，経済学体系 6『経済学史』学文社，1979 年.

デカルト著，落合太郎訳『方法序説』岩波文庫，1953 年.

寺沢恒信『認識論史』青木書店，現代哲学全書 1，1956 年.

寺沢恒信『形式論理学要説』清水弘文堂，1968 年.

リチャード・ドーキンス著，日高敏隆・岸由二・羽田節子・垂水雄二訳『利己的な遺伝子
　　——増補改題「生物＝生存機械論」紀伊国屋書店，1993年.

富永健一「社会大系分析の行為論的基礎」青井和夫編『理論社会学』（社会学講座 I），東京
　　大学出版会，1974年.

中村元『龍樹』講談社，2002年.

西村孝夫『経済学体系と歴史——一つの学史的試論——』未来社，1962年.

日経 BP『日経ビジネス』「特集　リブラ・インパクト——お金と国の進化論——」，2019.
　　09.30 No.2010.

日本数学会編『数学辞典』第3版，岩波書店，1985年.

D.C.ノース著，竹下公視訳『制度，制度変化，経済成果』晃洋書房，1994年.

パース著，上山春平・山下正男訳「論文集，パース，II，記号論の哲学的基礎，第四章，人
　　間記号論の試み，二，すべての精神作用は推論である」，（中公バックス，責任編集上山
　　春平『世界の名著，59—パース，ジェイムズ，デューイ』），中央公論社，1980年.

T.パーソンズ，N.J.スメルサー著，富永健一訳『経済と社会　I』岩波書店，1958年.

濱田嘉昭ほか『科学的探究の方法』放送大学教育振興会，（NHK），2011年.

林健太郎『史学概論（新版）』有斐閣，教養全書，1970年.

ハンソン著，村上陽一郎訳『科学理論はいかにして生まれるか—事実から原理へ—』講談社，
　　昭和46年（1971年）.

廣松渉ほか編『岩波哲学・思想事典』岩波書店，1998年.

G.フォルマー著，入江重吉訳『認識の進化論』新思索社，1995年.

フリードマン著，佐藤隆三・長谷川啓之訳『実証的経済学の方法と展開』富士書房，昭和52
　　年（1977年）.

ブレイディ・コリアー編，泉川泰博・宮下明聡訳『社会科学の方法論争——多様な分析道具
　　と共通の基準——』勁草書房，2008年.

F.L.G.フレーゲ著，藤村龍雄訳『フレーゲ著作集1，—概念記法—』勁草書房，1999年.

F.L.G.フレーゲ著，黒田亘・野本和幸訳『フレーゲ著作集4，—哲学論集—』勁草書房，
　　1999年.

保城広至『歴史から理論を創造する方法——社会科学と歴史学を統合する——』勁草書房，
　　2015年.

K.ポパー著，久野収・市井三郎訳『歴史主義の貧困——社会科学の方法と実践——』中央公
　　論社，昭和40年（1965年）.

K.ポパー著，大内義一・森博共訳『科学的発見の論理』上，恒星社厚生閣，1971a年.

K.ポパー著，大内義一・森博共訳『科学的発見の論理』下，恒星社厚生閣，1971b年.

ローベル・ポワイエ著，山田鋭夫・井上泰夫編訳『入門・レギュラシオン——経済学／歴史
　　学／社会主義／日本——』藤原書店，1990年.

M.ポランニー著，高橋勇夫訳『暗黙知の次元』ちくま学芸文庫，ホ，10.1，筑摩書房，
　　2003年.

256

エドワルト・マイヤー，マックス・ウエーバー著，森岡弘通訳『歴史は科学か』（改訂版）
　　みすず書房，1987年.

真壁昭夫監修『イラスト＆図解　知識ゼロでも楽しく読める！行動経済学のしくみ』西東社，
　　2022年.

松永澄夫『哲学の歴史・知識・経験・啓蒙―18世紀　人間の科学に向かって』第6巻，中央
　　公論社，2007年.

ニコラス・マネー著，世波貴子訳『利己的なサル――人間の本性と滅亡への道――』さくら
　　舎，2021年.

マルクス著，武田隆夫ほか訳『経済学批判』岩波文庫，昭和31年（1956年）.

丸山圭三郎編『ソシュール小事典』大修館書店，1985年.

水野勝之・土居拓務編著『明治大学リバティブックス，新行動経済学読本――地域活性化へ
　　の行動経済学の活用――』明治大学出版会，2021年.

見田石介『科学論と弁証法』見田石介著作集，第2巻，大月書店，1976年.

美馬佑造『入門日本商業史』晃洋書房，2003年.

美馬佑造「再考，K・ポランニーの貨幣論」『経済研究』第62巻　第1・2号，2016年.

宮本勝浩『移行経済の理論』中央経済社，2004年.

J. S. ミル著，江口聡・佐々木憲介編訳『論理学体系4』京都大学出版会，2020年.

J. S. ミル著，大関將一訳『論理学体系――論証と帰納――』I，春秋社，1949年.

J. S. ミル著，大関將一訳『論理学体系――論証と帰納――』II，春秋社，1959年.

J. S. ミル著，大関將一・小林篤郎訳『論理学体系――論証と帰納――』III，春秋社，1959年.

J. S. ミル著，大関將一訳『論理学体系――論証と帰納――』IV，春秋社，1959年.

J. S. ミル著，大関將一・小林篤郎訳『論理学体系――論証と帰納――』V，春秋社，1950年.

J. S. ミル著，大関將一・小林篤郎訳『論理学体系――論証と帰納――』VI，春秋社，1950年.

J. S. ミル著，塩尻公明・木村健康訳『自由論』岩波文庫，1971年.

美馬佑造『貨幣帝国主義論』晃洋書房，2004年.

森嶋通夫『マルクス経済学』　森嶋通夫著作集，7，岩波書店，2004年.

盛山和夫『制度論の構図』創文社，1995年.

八木沢敬『意味・真理・存在――分析哲学入門・中級編――』講談社，2013年.

山田忠雄ほか編『新明解国語辞典』第7版，三省堂，2017年.

米盛裕二『アブダクション――仮説と発見の論理――』勁草書房，2007年.

ラッセル著，市井三郎訳『西洋哲学史――古代より現代に至る政治的・社会的諸条件との関
　　連における哲学史――』みすず書房，1961年，元3分冊.

アラン・リピエッツ著，若森章孝・若森文子訳『レギュラシオンの社会理論』社会学の思想，
　　6，青木書店，2002年.

人 名 索 引

事 項 索 引

《著者紹介》

美 馬 佑 造 (みま　ゆうぞう)

　1944 年　奈良県生駒市生まれ
　1976 年　大阪府立大学（現大阪公立大学）経済学研究科博士後期課程単位取
　　　　　得満期退学
　　　　　元大阪商業大学総合経営学部教授

主要業績

　『入門日本商業史』（晃洋書房，2003 年）
　『貨幣帝国主義論』（晃洋書房，2004 年）
　『近世畿内在払制度の研究』（松籟社，2006 年）

入門　社会「科学」方法論

2023 年 12 月 20 日　初版第 1 刷発行　　＊定価はカバーに
　　　　　　　　　　　　　　　　　　　　表示してあります

　　　　　　　　　　著　者　美　馬　佑　造Ⓒ
　　　　　　　　　　発行者　萩　原　淳　平
　　　　　　　　　　印刷者　田　中　雅　博

　　　　　発行所　株式会社　晃　洋　書　房

　　　　〒615-0026　京都市右京区西院北矢掛町 7 番地
　　　　　　　　　　電　話　075 (312) 0788番(代)
　　　　　　　　　　振 替 口 座　01040-6-32280

装丁　野田和浩　　　　　　印刷・製本　創栄図書印刷㈱

ISBN978-4-7710-3821-9